第一辑

中国劳动研究

CHINA LABOR REVIEW

冯喜良　主编

中国工人出版社

图书在版编目（CIP）数据

中国劳动研究．第一辑 / 冯喜良主编．—北京：中国工人出版社，
2021.4
ISBN 978-7-5008-7654-0

Ⅰ．①中…　Ⅱ．①冯…　Ⅲ．①劳动关系—研究—中国
Ⅳ．① F249.26

中国版本图书馆 CIP 数据核字（2021）第 080308 号

中国劳动研究（第一辑）

出 版 人	王娇萍
责任编辑	罗荣波
责任印制	栾征宇
出版发行	中国工人出版社
地　　址	北京市东城区鼓楼外大街45号　邮编：100120
网　　址	http://www.wp-china.com
电　　话	（010）62005043（总编室）　（010）62005039（印制管理中心） （010）62382916（工会与劳动关系分社）
发行热线	（010）82029051　62383056
经　　销	各地书店
印　　刷	三河市万龙印装有限公司
开　　本	710毫米×1000毫米　1/16
印　　张	16.75
字　　数	240千字
版　　次	2021年9月第1版　2021年9月第1次印刷
定　　价	58.00元

《中国劳动研究》学术顾问委员会

主　编

冯喜良

编辑部成员

于桂兰　孟　泉　王天玉　张成刚

杨　涛　安　静　罗荣波

探索劳动发展新趋势

劳动在创造物质财富和精神财富的活动中变动不居，从农耕时代的《庄子·让王》中的“春耕种，形足以劳动”，到工业化时代的体力劳动和教育劳动、医疗劳动、艺术劳动、媒体劳动等智力劳动，再到现在网络化时代的平台劳动、网约劳动、创意劳动、在线劳动、智能劳动等，劳动形态更加多元，劳动内涵不断丰富，即使机器取代人的劳动也取代不了人的能动性、主动性、创新性和柔性。

当前，新技术革命使新业态“无中生有”和传统产业“有中出新”交织演进，与经济高质量发展合力推动劳动领域出现趋势性变化。一是劳动力需求由数量型向质量型转变，普工迅速向技工转变，逐步消除无技能上岗现象。截至 2020 年底，中国有技能劳动者超 2 亿人，其中高技能人才约 5800 万人，约占技工总量的 30%，但与德国、日本等世界制造强国高技能人才占技工总量约 50% 尚有较大差距。差距就是潜力，缩差就是动力。“十四五”时期，中国将进入高技能人才引领的技工时代，劳动密集型产业向技能密集型产业演进，人力资源向人力资本转变，人口红利向技能红利发展，劳动者迎来技能劳动时代。二是劳动力供给由无限供给转向有限供给。我国在 2010 年新增农民工达到 1245 万人的峰值后增幅逐年下降，2019 年增长 286 万人，2020 年下降 570 万人。在 2020 年 3 月的防疫与复工中，广东、浙江等用工大省包飞机、高铁、大巴，“点对点”接农民工返城，“硬核”复工加奖励，充分说明农民工不再是取之不尽的劳动力“蓄水池”，已成为宝贵的人力资源，谁聚集技能劳动者谁就占有高质量发展的先机。三是在劳动形态上，一大批新生代劳动者投身到快递、外卖配送、网约车服务、寻呼服务、家庭服务、平台服务和网络营销服务等现代服务新业态中，成为数据驱动、网络支撑、平台协同的新就业形态的劳动者主力。新就业形态在战疫情中发挥了“保就业”的新支柱作用，在经济恢复中发挥出畅通“毛细血管”的新动能。

新冠肺炎疫情给劳动就业带来前所未有的冲击，但危机中孕育着生机，突破常规的新事物纷纷涌现，劳动力市场创新迭出。网约用工、灵活用工、众包用工、共享员工快速发展，劳动管理上突破工业化时代签订劳动合同建立劳动关系“一统天下”的格局，出现不完全“符合”劳动关系情形的平台网约劳动用工，这使新业态下的零工经济和传统灵活就业有了分界线，劳动管理向“适应新就业形态，推动建立多种形式、有利于保障劳动者权益的劳动关系”转变。伴随着劳动形态日益多元新颖，劳动管理正经历着深刻变革。

新就业形态以平台网约劳动为主要特征，它的优势体现在：劳动和服务的精准性提升，劳动效率提高；劳动就业灵活自由，既顺应了新生代劳动者自由劳动的择业取向，也有助于发挥劳动者的自主性和积极性；提供了大量进入门槛相对较低、能够迅速获得较多收入的就业机会，吸纳新生代、中生代劳动者快速进入；网约劳动大都按单计酬，劳动者收入与工作付出的关联更加密切，有利于坚持多劳多得，同时鼓励技高多得。与此同时，新业态劳动用工发展中也显现出亟须研究解决的新问题，主要包括：就业稳定性低，人员“换岗”流动率高；符合确立劳动关系和不完全符合确立劳动关系并存下如何进行劳动监管；以农民工为主的新业态劳动者如何在就业地参加城镇职工社保问题亟待解决；新业态劳动用工的劳动争议处置与劳动监察执法需要探索新办法来保护劳动者权益。新业态呼唤新管理，不能简单用以往办法管理新业态，也不能让新业态劳动权益监管出现空白。平台网约劳动从先发展后规范到边发展边规范，现在到了以规范促发展的阶段。新就业劳动者的劳动权益维护正在“破题”，区分符合和不符合劳动关系情形进行分类管理，组织灵活就业人员参加职业伤害保险试点，放开灵活就业人员在就业地参加城镇职工社保的户籍限制等政策都在有针对性地推进，劳动争议在线调解仲裁、智慧监察也在探索中，这些系统性政策调整和变革性制度设计，为劳动者权益保护提供了新的方式。网约劳动的平台算法应与平台劳动标准相结合，算法“取中”、避免“过劳”，实现平台网约劳动者的体面劳动。要在加强平台各市场主体权益保护的同时，明确平台企业的劳动保护责任。

疫情尚未结束，创新正在进行。积极探索劳动就业发展新趋势、深度研讨劳动领域新问题，要努力让研究走在政策制定前面，让政策走在市场曲线前面。劳动多元化、探索无止境，客观地对劳动领域热点、难点问题进行理性分析，有利于从劳动力市场新变化中研究出新见解，积极应对新就业形态劳动者劳动权益维护的新挑战。

理论是实践的升华，勇于探索劳动发展新趋势的一批理论工作者，正在将劳动领域新变化的实践上升到理性层面进行深度研究，颇有学术功底的中国工人出版社与中国劳动学会副会长、首都经济贸易大学劳动经济学院院长冯喜良教授积极合作，集合众多劳动研究的专家学者，编辑出版《中国劳动研究》集刊，以“大劳动”的视野，聚焦劳动领域的前沿变化，透视劳动社会热点问题，汇聚原创性、创新性、前瞻性的研究成果，通过对劳动者权益维护进行深入分析，给我国劳动领域的学术发展提供具有洞察力的思考，及时以鲜活的研究对时代问题做出回应，这对构建新阶段和谐劳动关系、促进国家劳动管理治理体制机制的完善创新具有理论和实践意义。创刊号围绕新就业形态与职工权益维护这一热点问题，从机制构建、典型案例、高质量就业、技能提升、劳动兴趣、工会建设、劳动关系形态、社会保障需求等多维度辑录一批高质量的学术文章，展开多学科视角的分析，突出了新观点交流、新思维启迪、新趋势预判，也为本集刊开了个好头。期待《中国劳动研究》今后能有更多优质研究成果，助力劳动管理创新在贯彻新理念中有新认识、进入新发展阶段中有新办法、构建双循环发展新格局中有新作为。

我们已进入数字化、智能化时代，正处于数字赋能的深度认知和人智融合加快发展的阶段，“数据”这个新的生产要素运用到劳动领域的研究将产生超乎想象的效果。工业化时代分工越细越能提升劳动效率，网络时代越融合越能产生劳动新效益。工业制造消耗的是材料和电，智能制造依靠的更多是数据和算法。拥抱数据、创新无限，拥抱劳动、发展无限，拥抱研究、未来无限！我们要深入领悟习近平总书记关于尊重劳动、关心劳动者的系列重要论述，意气风发地在新征程中开辟劳动学术研究新天地。

杨志明

国务院参事室特约研究员，中国劳动学会会长，

人力资源和社会保障部原党组副书记、副部长

2021 年 8 月

目录

专题：新就业形态与职工权益维护

劳动研究

工会研究

［专题：新就业形态与职工权益维护］

新就业形态劳动法律调整探究*

林　嘉

摘　要： 新冠肺炎疫情突如其来，新就业形态对就业机会的增加和促进作用脱颖而出。新就业形态欲顺势而为，亟须确认和保障从业者劳动权益，补齐劳动法律短板。新就业形态类型繁多，劳动法律要规范保护的对象主要是具有不同程度从属关系的从业者。新就业形态是非典型劳动进入人工智能时代的发展演化结果，追溯非典型劳动的发展历程及其法律规制，可探究劳动法律应如何调整当前新就业形态的启示。新就业形态面临用工关系性质难以认定，平台、代理商、从业者三方关系复杂多变，缺乏必要劳动基准保护导致职业风险激增，社会保险缺位等劳动法律保障短板。未来劳动法律调整对策应以识别隐蔽雇佣关系为基础，制定新就业形态下劳动权益保护立法，创新改革社会保险制度，并充分发挥社会软法的助推作用。

关键词： 新就业形态　非典型劳动　劳动权益保障　劳动法律调整

引　言

新就业形态是伴随新一轮科技革命的发展和移动互联网、大数据、云

---

* ［基金项目］本文为国家社科基金重大项目“社会法的概念、原则、理论与实践”（18ZDA140）阶段性成果。

［作者简介］林嘉，中国人民大学法学院教授，中国人民大学劳动法和社会保障法研究所所长。

计算等信息技术的运用而出现的一种新型就业形态，不同于传统产业模式，它通常以新技术为依托，呈现出灵活多样的就业形态。2015 年 10 月，党的十八届五中全会通过的《中共中央关于制定国民经济和社会发展第十三个五年规划的建议》首次公开提出“新就业形态”这一概念，明确指出“加强对灵活就业、新就业形态的支持，促进劳动者自主就业”。随后，2016 年的《政府工作报告》在“着力扩大就业创业”方面也提到，加强对灵活就业、新就业形态的支持。2019 年底，《国务院关于进一步做好稳就业工作的意见》中再次强调“支持灵活就业和新就业形态”，要“研究完善支持灵活就业的政策措施，明确灵活就业、新就业形态人员劳动用工、就业服务、权益保障办法，启动新就业形态人员职业伤害保障试点，抓紧清理取消不合理限制灵活就业的规定”。

“2020 年 1 月 20 日至 3 月 30 日，美团新注册骑手达 45.78 万人”，在 2020 年全国两会政协经济界联组会上，国务院发展研究中心原副主任王一鸣委员向习近平总书记提到这一数据。习近平总书记指出，新冠肺炎疫情突如其来，新就业形态也是脱颖而出。要顺势而为。当然这个领域也存在法律法规一时跟不上的问题，当前最突出的就是新就业形态劳动者法律保障问题、保护好消费者合法权益问题等。要及时跟上研究，把法律短板及时补齐，在变化中不断完善。① 同年 11 月，《国务院办公厅关于印发全国深化“放管服”改革优化营商环境电视电话会议重点任务分工方案的通知》进一步强调，“稳定和扩大就业，破除影响就业特别是新就业形态的各种不合理限制”“把灵活就业、共享用工岗位信息纳入公共就业服务范围，对设立劳务市场或零工市场给予支持、提供便利”。

新冠肺炎疫情以来，新就业形态已成为“六保”中保居民就业的重要途径。正如王一鸣所说：“互联网平台催生了一大批新就业形态，因其就业容量大、灵活性强，成为吸纳就业的重要渠道。”他提到，线上零售、线上教育、视频会议、远程办公等不仅是疫情期间维系城市正常运转的“摆

① 《习近平谈新就业形态：顺势而为、补齐短板》，新华社，http：//www. xinhuanet. com/politics/2020-05/23/c_ 1126023919. htm.

渡人”，还提供了大量灵活就业岗位。① 然而，由于新就业形态的模式新、技术新，法律关系上主体多元且关系多变，新就业形态从业者与各类平台的就业关系难以完全适用现行劳动法律规范，因此从业者劳动权益保障法律出现短板。随着新就业形态的蓬勃发展，从业者劳动权益保障法律缺失的问题越发凸显。补齐新就业形态的劳动权益保障法律短板，应首先确认劳动法律重点关注和调整的法律关系范畴，确认保护群体，由此展开困境梳理与对策研究。

一、新就业形态的界定及类型

（一）新就业形态的界定

对新就业形态的概念和界定有多种说法。朱松岭将新就业形态划分为五种模式：创客模式、威客模式、对客模式、圈客模式和兼客模式。② 冯帅章等指出，新就业形态包括依托服务性中介平台的交通运输、配送服务、生活服务工作；围绕电商平台的直播营销、物流快递工作；依托信息传播平台的知识服务、自媒体工作等。③ 丁芳认为，据人社部 2020 年最新职业资料显示，电商主播、电子竞技选手、网约配送员、全媒体运营师等

---

① 《让更多新就业岗位成长起来“新就业形态”要补什么短板》，中国青年报，http：//k. sina. com. cn/article_ 3937348351_ eaaf2aff02000pmwx. html.

② 新就业形态的模式大概可以分为五种：一是创客模式，指就业者通过自主创业的方式实现创新型发展的新就业形态。二是威客模式，指那些通过互联网把服务转化成收益的人。换言之，是公司将各类工作分解为碎片化的任务，如程序开发、广告设计等，面向互联网大众发布，集合网络威客共同完成。三是对客模式，指就业者打破原有营销模式约束，通过互联网平台直接对接客户（消费者）的就业模式，例如滴滴出行、民宿 App 爱彼迎（Airbnb）等互联网就业模式。四是圈客模式，指就业者依托社群经济，依靠交流分享圈，利用交流分享圈社员的信任获取收益的就业模式。五是兼客模式，指就业者通过兼职获取收益的模式，将自己的本职工作延伸到下班后、网络上，如教师兼职补课等。参见朱松岭：《新就业形态：概念、模式与前景》，《中国青年社会科学》2018 年第 3 期。

③ 冯帅章、孙坚栋：《暨南大学丨新就业形态在稳就业方面的机遇与挑战》，https：//www. thepaper. cn/newsDetail_ forward_ 7598941.

新职业均已正名，成为新就业形态的代表职业。[①] 中国就业促进会认为，新就业形态是指与建立在工业化和现代工厂制度基础上的传统就业方式相区别的就业形态，主要包括伴随着互联网技术进步与大众消费升级而出现的去雇主化就业模式及借助信息技术升级的灵活就业模式。[②]

尽管论述角度、分类标准各有不同，可以梳理的共识是，新就业形态是以新产业、新业态、新商业模式为基础，以互联网平台、共享经济、零工经济为依托的一种新型就业形态。与传统就业方式不同，新就业形态呈现出以下特点。第一，新就业形态以新产业、新业态、新商业模式（“三新”）为基础，借助互联网技术创造大量新型就业机会。第二，就业门槛低，形式灵活多样，即时性强。不同于传统就业遵循的“用人单位+工作场所+员工”模式，新就业形态省去烦琐的公司招聘程序和线下管理流程，呈现为“平台+注册+个人”的新模式，个人只需在平台注册就能成为平台从业人员，个人注册的同时与平台签订各种形式的默认用工协议，通过简单的线上培训即可上岗完成工作任务并结算报酬。第三，平台与从业者之间的关系较为松散。从业者的工作时间具有较强的自主性，工作内容具有一定的任务性与短期性，根据平台规则与指示接受管理，劳动报酬来自平台和用户。第四，法律关系难以确定，劳动者权益保护具有不确定性。由于新就业形态在工作时间、工作地点、管理模式等方面区别于典型劳动关系，导致法律关系的定性模糊，从业者与平台之间究竟是劳动关系还是合作关系，或者是介于两者之间的第三种关系？这成为争论的焦点。

（二）新就业形态的类型

从属性是劳动法律关系区别于其他法律关系的关键特征。为探究新就业形态的劳动法律调整范畴，可以以从属性即人身从属、经济从属和组织从属为标准对新就业形态进行类型划分。第一类是具有不同程度从属性的

① 丁芳：《新就业形态新在何处》，人民论坛网，http：//www. rmlt. com. cn/2020/0923/594219. shtml.

② 中国就业促进会：《就业新概念 · 新就业形态》，《中国就业》2017 年第 11 期。

就业形态，通常发生在不平等主体之间，主要是指基于共享经济、零工经济发展起来的，以自主注册接单、自行根据平台规则完成工作任务、通过平台结算报酬并接受评价为流程的平台就业，如网约车、外卖配送等。① 第二类则是不具有从属性或从属性并不是主体之间社会交往主导要素的就业形态。这类就业形态主要是围绕物质产品和知识产品创新营销产生的就业形态。物质产品创新营销指以电商、新零售、"网红经济"为代表的就业、创业，如直播、短视频带货等；知识产品创新营销指以自媒体运营、知识技能分享、社群经济为代表的知识服务行业，如付费课程、内容打赏、有偿问答、知识社群等。当然，物质产品和知识产品的创作、销售和传播常常同时交织进行，典型的例子如"微博大V引流→吸引粉丝→产品推广"。

零工经济对劳动力市场的影响可以被描述为非典型劳动的现代演化②："在过去的几十年中，在发达国家和发展中国家，从标准就业向非标准就业有了明显的转变……包括临时就业、兼职工作、临时代理工作和其他多方雇佣关系，隐蔽雇佣关系和从属的自雇者。"③ 可见，第一类新就业形态本质上是非典型劳动的一种，成立劳动关系、劳务关系等雇佣关系。从业者不同程度地从属于平台，受平台明示或暗示的指挥、管理与控制，经济上也相当依附于平台，其劳动权益应得到法律保障。第二类新就业形态成立委托关系、承揽关系、经纪代理关系、网络服务关系等服务提供关系。虽然此类法律关系存在一定的指示与管理要素，也呈现出劳务给付的外观，但未达到"从属"之程度，未落入劳动权益保障范畴。因此，劳动法律要重点关注和保护的对象，是第一类新就业形态中具有从属关系的从业

---

① 王天玉将该类用工称为真正共享经济意义上的互联网平台用工，体现出对闲置劳动力的开发与整合。参见王天玉：《互联网平台用工的合同定性及法律适用》，《法学》2019年第10期。

② Jeremias Adams-Prassl, "What if your boss was an algorithm? Economic Incentives, Legal Challenges, and the Rise of Artificial Intelligence at Work", Comparative Labor Law & Policy Journal 123.

③ International Labour Office, Non-Standard Employment Around the World: Understanding Challenges, ShapingProspects (ILO 2016) 2.

者。如何保护新业态从业者的劳动权益？需要劳动法律法规针对这一新型非典型劳动进行规范与调整。

二、我国非典型劳动的发展历程：由来和启示

随着中国改革开放的发展和劳动力市场的建立，对劳动用工多元化和灵活性的需求催生了在传统劳动用工形式外的各种非典型用工方式：在国家经济体制改革、中国加入 WTO、劳动政策灵活多样等外在因素作用下，出现了大量非典型用工方式，包括劳务派遣、劳务外包、非全日制用工等。而随着互联网科技的快速发展和广泛运用，依托互联网、大数据、人工智能等产生的新就业形态更是异军突起，成为非典型劳动的重要形式。

在劳动力市场发展的历史上，非典型劳动与典型劳动长期共存。一方面，非典型劳动在创造就业岗位、满足弹性化用工需求、提高劳动力资源配置效率和转移农村富余劳动力等方面发挥着重要作用；另一方面，与典型劳动相比，非典型劳动从业者的劳动与社会保险权益保障缺失问题也一直存在。因此，对非典型劳动的法律规制是历史发展的必然结果。下文将对我国非典型劳动的发展历程做简要梳理，通过追溯非典型劳动的发展历程以及法律规制，探究劳动法律应如何调整新就业形态。

（一）劳务派遣

我国劳务派遣最早出现于 20 世纪 70 年代末，随着改革开放政策的实施，外国驻华机构日益增多，我国建立外国企业服务机构，引入劳务派遣，以规范常驻代表机构聘请工作人员。20 世纪 90 年代初至 2000 年前后，为了促进国企下岗职工再就业和农村富余劳动力转移就业，各地政府鼓励设立劳务派遣机构或劳动服务公司，通过发展劳务派遣、就业基地等组织形式，为灵活就业提供服务和帮助。21 世纪以来，随着经济全球化进程加快，各国劳动用工呈现弹性化趋势，非典型劳动快速发展。劳动用工弹性化发展的浪潮也影响到我国，大量民营、外资派遣公司出现，我国劳

务派遣的规模急剧扩张。并且，由于大部分行业与岗位对劳务派遣适用无限制，劳务派遣用工出现“泛化”现象，劳务派遣人员从临时性岗位扩展到相对稳定的岗位，劳务派遣单位与被派遣劳动者的总体数量均大幅增加。2007 年《劳动合同法》颁布，明确规定了劳务派遣作为一种特殊用工形式，并规定了劳务派遣单位及用工单位的法定义务及相应法律责任，同时，对设立劳务派遣单位仅在注册资本方面有特殊规定，未规定劳动行政部门的前置审批，由此大大降低了劳务派遣的准入门槛。[①] 越来越多用人单位出于降低劳动成本和用工灵活性的考虑，将直接雇佣改为劳务派遣。

劳务派遣作为一种新型的用工方式，在满足用人单位用工灵活性需求、推动劳动力市场多元化发展、促进劳动就业等方面起到积极作用。然而，在劳务派遣实践中，由于行业准入门槛低、缺乏必要的监管，其弊端也显而易见，如被派遣劳动者同工同酬、社会保障、参加工会等权利容易受到侵害，还有些派遣单位为避免与被派遣劳动者订立劳动合同，以职业介绍、外包、承揽等形式伪装派遣，或者用人单位将直接雇佣的员工改签到劳务派遣公司，以规避法定义务与相应法律后果，等等。

针对劳务派遣实施中出现的问题，2007 年颁布的《劳动合同法》将劳务派遣制度纳入其中，立法的初衷是希望通过规定劳务派遣，将其纳入法律规制中，控制其发展势头。但《劳动合同法》实施后，劳务派遣的发展势头并未得到遏制，反而愈演愈烈，其保护被派遣劳动者合法权益的预期效果也未能实现。有鉴于此，2012 年全国人大常委会启动《劳动合同法》修改工作，专门修改劳务派遣的内容，增加了经营劳务派遣业务的行政许可，明确同工同酬原则，对劳务派遣的“三性”做明确界定，并加重了违反劳务派遣行为的行政处罚力度。2014 年，人社部颁布《劳务派遣暂行规定》，进一步对劳务派遣用工范围、被派遣劳动者比例做出严格限定，对《劳动合同法》中争议较大的“辅助性”岗位做了明确规定。从上述法律法规的具体内容看，其所体现的立法精神是严格规范劳务派遣，使已经

---

① 《劳动合同法》实施之前，诸多地方都规定设立劳务派遣单位须先经劳动保障行政部门的审核批准。参见林嘉：《劳动法的原理、体系与问题》，北京：法律出版社，2016 年。

“泛滥”的劳务派遣能够受法律调控，作为劳动用工的“补充形式”。

（二）劳务外包

随着我国劳动法律法规加强对劳务派遣的管控，劳务外包悄然兴起，成为替代劳务派遣的一种用工形式，直至今日仍然流行。新就业形态中常见的众包用工本质也是一种劳务外包，两者的区别在于承包主体的不同。严格来说，劳务外包是一个产业经济学概念，而非法学概念，此处“劳务”只是劳务外包关系中的合同内容而非合同标的，“劳务外包”本意应为“业务外包”。[①] 从法律关系上看，劳务外包的实质是发包方与承包方订立的以一方完成特定工作任务或提供特定工作成果、另一方支付对价为内容的民事合同。承包方与劳动者建立典型或非典型关系，劳动者在承包方的管理监督下提供劳动。

劳务派遣和劳务外包在外观和作用上存在相似性：均涉及使用劳务单位、提供劳务单位和劳务提供者三方主体；劳务派遣和劳务外包均是企业整合外部资源以寻求自身价值最大化的经营管理模式。一般认为，使用劳务单位与劳务提供者之间是否存在实质从属关系，这是劳务派遣和劳务外包最主要的区别。

2014 年以来，在《劳务派遣暂行规定》对劳务派遣范围、被派遣劳动者比例等条件严格限制的背景下，企业为了适应用工需求，节约人力成本，开始寻求用劳务外包的方式减少本单位直接用工数量。由于劳务派遣和劳务外包的相似性，实践中出现用人单位为了规避法律义务和责任，假借劳务外包之名，以劳务派遣的方式使用劳动者的情况，即所谓“假外包、真派遣”。“假外包、真派遣”成为用工单位减少劳务派遣用工比例的首选方式，是用工企业逃避责任的挡箭牌。为防止“假外包、真派遣”现象的加剧，《劳务派遣暂行规定》第二十七条对此做出规定：“用人单位以承揽、外包等名义，按劳务派遣用工形式使用劳动者的，按照本规定处理。”

---

① 外包劳务并对劳务进行管理控制，就与劳务派遣实质相同。参见周国良：《论劳务派遣难以转成业务外包》，《中国劳动》2012 年第 11 期。

（三）非全日制用工

非全日制用工是区别于实行八小时工作制的全日制工作的一种就业形式。20世纪90年代以来，随着经济全球化的发展，企业对劳动用工灵活性需求加大，非全日制用工在各国就业市场的重要性与日俱增。许多欧盟国家非全日制就业人数占劳动力总数的比重达到1/4至1/3（1997），其中荷兰占37%、英国占24%。[①] 1994年国际劳工组织通过了《非全日制工作公约》（Part-Time Work Convention，第175号），旨在加强对非全日制劳动者的保护。

在我国，非全日制用工是在市场经济快速发展、就业形势日益严峻的大背景下发展起来的一种灵活用工形式，以餐饮、超市、社区服务等行业聘用钟点工、临时工为典型。在《劳动合同法》出台之前，我国对非全日制用工的界定主要依据2003年劳动和社会保障部颁布的《关于非全日制用工若干问题的意见》，其中将非全日制用工界定为“以小时计酬、劳动者在同一用人单位平均每日工作时间不超过5小时累计每周工作时间不超过30小时的用工形式”。

2007年，肯德基、麦当劳的“低薪门”事件轰动一时，非全日制劳动者合法权益保障缺失引发社会关注。[②] 有学者指出，“某些为适应‘灵活用工’的特别安排，在实质上容易导致非全日制用工的劳动者与全日制用工的劳动者在待遇上的不平等，从而可能会变相‘鼓励’用人单位采用这种‘成本低、责任少’的用工形式，进而危及原本应当实行全日制用工的岗位，最终阻碍整体就业”[③]。2007年的《劳动合同法》第五章“特别规定”用五个条文专门对非全日制用工做出规定，包括对非全日制用工的日工时和月工时标准做了严格规定，对工资水平和支付时间进行严格要求。《劳

---

① 金维刚：《我国非全日制就业问题研究》，《经济研究参考》2003年第4期。

② 《肯德基、麦当劳“低薪门”事件面面观》，中国经济网，http://finance.ce.cn/law/ldbz/xwbd/200706/06/t20070606_11619661.shtml.

③ 王倩：《非全日制用工规定的缺陷及其完善：以麦当劳低薪事件为例》，《法学》2007年第7期。

动合同法》对非全日制用工进行规定的立法意图较为明显，即防止在劳动关系的定性这一问题上产生混乱，并严格限制非全日制用工的不当扩张，以免对劳动者权益保护不利。[①]

（四）建筑业农民工就业

以建筑业为代表的农民工就业具有特殊性，由于建筑业项目工作具有周期性、季节性的特点，而普遍实行的承包制、分包制导致欠薪问题突出，容易引发劳资关系恶化，导致建筑业农民工大多从事的是短工化的非典型劳动。有调研发现，建筑业都是人随项目走，人员流动性大，培训的对象不确定、责任主体也难以明确，对劳务人员上岗素质更难以把握。[②]

农民工是指具有农村户籍身份却在城镇或非农领域务工的劳动者，是中国传统户籍制度下的一种特殊身份标识，是中国工业化进程加快和传统户籍制度严重冲突所产生的客观结果。[③] 农民工就业短工化现象的形成是一个历史的过程，是一种就业质量偏低的表现。改革开放初期，资本极度短缺，而农村剩余劳动力几乎可以“无限供给”，这种背景决定了雇主总是处于强势的、主动的地位，农民工的弱势地位导致其无法获得高质量就业。[④] 21 世纪以来，新生代农民工回流农村的人数减少，城市就业压力增加。城市就业形势依然严峻，加之金融危机的冲击，农民工作为低学历、低技能群体，其在就业过程中容易处于劣势地位。

建筑行业中，由于存在分包体制和包工头问题，劳动法律保障缺失尤为突出。长期以来，农民工群体劳动合同签订率低、短工化就业现象突出、劳动权益保障缺失成为重要的社会问题。我国多年来久治不愈的欠薪

① 田野：《非全日制用工法律规制的几点思考》，《西北工业大学学报（社会科学版）》2013 年第 2 期。

② 《人大代表建议：国企应带头保障建筑业农民工权益》，中国新闻网，https://www.chinanews.com/gn/2019/03-16/8781654.shtml.

③ 郑功成、黄黎若莲：《中国农民工问题：理论判断与政策思路》，《中国人民大学学报》2006 年第 6 期。

④ 郑功成：《让农民工从流动走向安居乐业》，《新农业》2012 年第 4 期。

问题就特指企业拖欠农民工工资问题，并在很大程度上等同于建筑业农民工工资拖欠问题。建筑业农民工工资拖欠包括“行规惯例”、隐性欠薪、恶性欠薪、经营性拖欠等多种工资拖欠情形，不断引发讨薪群体事件，恶化劳资关系，并侵害农民工生存权和人权。①

自2003年底“总理讨薪”开始，2004年国务院《政府工作报告》指出，切实保障农民工工资按时足额支付。多年来，中央及各级政府坚持开展农民工欠薪问题治理攻坚行动，多次明确要根治欠薪顽疾。2020年5月1日，《保障农民工工资支付条例》（下称《条例》）施行。《条例》从落实主体责任、规范工资支付行为、明确工资清偿责任、细化重点领域治理措施、加强实名制管理和监督等工资支付全环节进行制度设计，形成了一套农民工工资支付保障体系。《条例》并没有从非典型劳动关系切入、采用划分劳动关系性质的方式为农民工提供保护，而是着眼于其工资报酬权利，直接对特定劳动权利进行特别法保护。当下，企业生产组织方式和用工模式日趋复杂，承包形式层级多样，劳动关系性质及清偿责任主体难以确定，《条例》的制度设计较好应对了上述难题，保障了农民工无论其用工形态如何都能得到法律的保护。

（五）众包用工

众包是新就业形态中一种常见、典型的用工模式，可以说是共享经济、零工经济趋势中最主要的一种新型用工模式，以平台与从业者间“不同程度从属性”为突出特征。以众包物流为例，众包物流是将物流配送服务工作外包给社会上闲置的不特定大众服务人员，国内从事众包物流的平台主要包括美团、蜂鸟、闪送、达达等。2020年4月，中国互联网络信息中心（CNNIC）发布的第45次《中国互联网络发展状况统计报告》显示，

---

① 李海明：《农民工欠薪问题的成因及其治理：以建筑业农民工工资拖欠及其法律救济为例》，《河北法学》2011年第7期。

我国网上外卖用户规模达3.98亿人，占网民整体的44.0%。[①] 中国饭店协会、美团外卖、艾瑞集团共同发布的《2020年外卖行业报告》显示，2019年我国外卖交易额达到6035亿元，同比增长30.8%，外卖市场规模有望持续扩大，预计2020年市场规模将突破6500亿元。[②] 近年来，我国外卖产业交易额、订单量逐年上涨，外卖规模持续扩大，由此创造了大量外卖骑手就业岗位。2020年上半年，通过美团获得收入的骑手总数达295.2万人，同比增长16.4%。[③] 可见，众包逐渐成为新就业形态中一种极具典型性、前沿性和革新性的就业形态。

众包（crowdsourcing）一词是杰夫·豪在2006年《连线》杂志的一篇文章中创造的。[④] 他将一个叫iStockphoto的互联网图片库平台的经营模式称为众包。[⑤] 众包模式这一经营理念，最早可以追溯到20世纪末的开放源代码软件运动。开放源代码软件运动的具体行动是程序员在互联网上将自己编写的软件源代码公开，任何其他程序员都可以参与开发和修改。开源软件的核心特征是源代码免费获取、自由修改和自由重新发布，其结果使开源软件更适合商业使用，更方便推广。可见，无论是iStockphoto还是开源软件运动，众包最早的运作逻辑都是企业把过去需要特定人员（一般是员工）完成的工作任务，通过信息发布平台，交由大众网络中的相关从业者以自由自愿的形式完成。

随着共享经济和互联网平台的发展繁荣，众包作为一种成本低、即时性高、灵活性强的用工形式，其优势逐渐显现，被广泛应用于平台经济。

---

① 中国网信网：《CNNIC发布第45次〈中国互联网络发展状况统计报告〉》，http://www.cac.gov.cn/2020-04/28/c_1589619527364495.htm.

② 《预计2020年外卖市场规模将突破6500亿元，线上“破圈”或成酒店餐饮“快刀”》，中国产业经济信息网，http://www.cinic.org.cn/hy/sp/856388.html?from=singlemessage.

③ 《美团有单骑手达295.2万人，同比增长16.4%》，中新网，https://baijiahao.baidu.com/s?id=1672465006533397551&wfr=spider&for=pc.

④ Howe J. The Rise of Crowdsourcing, Wired, 2006, 149（6）：176-183.

⑤ iStockphoto上的图片，都是摄影爱好者或者独立摄影师拍摄并上传的，根据大小不同明码标价（1美元、3美元、5美元、10美元、15美元、20美元几个档），任何人都可以到iStockphoto购买图片。图片的销售收入由iStockphoto网站和图片作者进行分成。

在众包发展演变的过程中，平台的作用越发重要，平台的角色定位不再局限于居间中立的信息提供方。[①] 平台通常以“自由工作”“门槛低”“利用空闲时间赚钱”等广告吸引众包从业者加入。众包从业者在平台抢单，需严格遵守平台设置的一系列规则并完成订单任务，按照规则完成工作之后得到订单显示的收入。平台掌握着劳务提供方和需求方的海量信息，可以对交易流程、交易规则、人力使用方式进行管理支配；对平台从业者而言，其工作过程中应尽量遵守平台内置的一系列流程规则及随时弹出的指令安排，否则将面临经济惩罚。[②]

如今，众包平台已经成为创造与发展新就业形态的重要阵地。然而，众包从业者作为不同程度从属于平台的劳动者个体，其劳动和社会保障权益缺失是当下新就业形态最大的法律短板。如何在巩固甚至激发新经济活力的同时对众包用工进行适当的规范与规制，成为新就业形态劳动法律调整的首要目标。

（六）非典型劳动演变的启示

从历史经验看，各种非典型劳动的兴起和发展都不外乎两个因素的驱动：一是内在动因，即用工单位对降低成本、规避风险和增加弹性的驱动；二是外在动因，即政府行为和市场经济推进。非典型劳动在发挥正面作用的同时，不可避免地引发负外部性问题，即“市场失灵”，这成为法规政策对非典型劳动规制、监管的正当化基础。非典型劳动的演变与法律

---

① 王天玉将提供居间服务的平台称为自治型平台，自治型平台上的劳务供需双方就工作内容、完成期限、报酬等进行协商并达成合意，劳务提供者利用其自身的技术、设备完成工作任务，由劳务需求者验收并支付报酬，平台在交易达成后收取一定的费用。平台不使用劳务提供者所谓之劳务，当然也就不涉及管理控制。平台的功能仅为提供信息，劳务供需双方之间须存在明确、独立的缔约行为，此点是其与组织型平台的根本区别。参见王天玉：《互联网平台用工的合同定性及法律适用》，《法学》2019 年第 10 期。

② 如美团通过“微笑行动”这一抽检程序随机对骑手的着装、安全设备等进行监督管理。“令阿斗最难忘的一次‘微笑行动’，出现在大暴雨爆单的时候。那天，他穿着雨衣，路都看不太清楚，还需要把车停在路边，把雨衣脱下来，露出工牌和衣服，拍一张照片。同站点的另一位骑手因为手机在口袋里没有听到提示音，最终被罚款 400 元”。参见赖祐萱：《外卖骑手，困在系统里》，《人物》2020 年第 8 期。

规制的跟进，是劳动法管制历史进程的一部分。

因此，新就业形态的兴盛基本遵循了我国非典型劳动发展演变的历史规律。新就业形态就业容量大、进出门槛低、灵活性强，成为吸纳就业的重要渠道。在新冠肺炎疫情期间，其减缓就业波动、促进经济恢复的作用更为凸显。中央及地方各级政府积极支持新就业形态的发展，促进新就业形态持续稳定，强调“顺势而为”。与此同时，从业者劳动法律保障短板已构成较突出的负外部性问题，需要补齐短板，使新就业形态步入法治轨道。

补齐法律短板，即对新就业形态进行法律规制，核心命题就是在国家、平台与从业者之间进行用工责任的合理分担，从而有效规范、维护、约束各类市场主体的权、责、利。既要包容创新创造，又要托起民生重担。恰当的国家干预和科学合理的制度设计，需要兼顾劳资利益，维护新就业形态灵活性与安全性的平衡。只有切实保障从业者劳动权益，才能实现高质量经济发展，才能使新就业形态释放更大的潜力和持续的活力。

三、新就业形态从业者劳动权益保障存在的短板

新就业形态种类繁多，现阶段劳动法律规范的重点是与平台具有不同程度从属性的从业者。所谓不同程度从属性，是指此类从业者均不同程度地接受平台的指挥、管理与监督。从外观看，新就业形态及其具有直接管理监督要素的用工关系不可避免地涉及劳动关系认定的争论；从内在看，从业者相较控制运营规则与掌握信息数据的平台而言处于弱势地位，劳动权益极易受损。因此，从属性从业者的劳动和社会保险权益保障缺失，成为劳动法律规范调整新就业形态的关键。

（一）用工关系性质难以认定

新就业形态作为非典型劳动的当代版本，不具备我国劳动法律采取的认定劳动关系的全部要素特征，因此其用工关系能否认定为劳动关系，能

否适用现行劳动法律规范及相配套的社会保险法律法规，这在理论和司法实践中都存在争论。劳动者与用人单位建立劳动关系，是适用劳动法律的基本前提。我国通过制定《劳动法》《劳动合同法》《社会保险法》《安全生产法》《国务院关于工作时间的规定》《劳动争议调解仲裁法》等一系列法律法规，形成劳动者权益保障的法律体系。

我国劳动法律并未明确规定劳动关系认定标准，实践中从属性认定主要依据原劳社部《关于确立劳动关系有关事项的通知》。从学理上分析，劳动关系成立与否需要通过从属性来判断：一是人格从属性，即在劳动过程中，劳动者要服从用人单位的管理和指挥，遵从用人单位的工作安排，遵守用人单位的劳动规章制度；二是经济从属性，即劳动者通过提供劳动获取劳动报酬，经济上依附于用人单位；三是组织从属性，即劳动者的劳动是用人单位经营业务的组成部分，劳动者是为用人单位劳动而非为自己劳动。

现行劳动关系从属性判断标准，主要针对的是大工业时代传统稳定、单一的劳动关系，其以大工业劳动者为对象构成，重工业体系的建立，大批量、流水线生产方式的革命，强化了雇主与劳动者之间的从属关系。[①]在传统生产作业中，劳动时间、劳动场所等工作要素较为固定，劳动者接受用人单位严格的指挥管理，一个从业者仅为一个雇主提供劳务且在生存性收入上依赖于该雇主。新就业形态则呈现出新特征。具体而言，在平台用工中，平台通常要求劳动者自带生产工具和设备，管理方式呈现碎片化，从业者可以自主决定工作开始和结束的时间，劳动报酬通常是平台按比例分配，平台通过线上评分体系对从业人员进行业绩考核和奖惩。同时，平台往往事先通过签订线上协议的方式将平台与从业者之间的关系约定为合作关系或居间关系而非劳动关系或雇佣关系，以排除劳动法律的适用。由此，现行劳动关系判断标准很难直接适用于新就业形态。

然而，新业态用工依然体现出一定的从属性特征，即平台对从业人员施加了不同程度的控制，这使得劳动关系认定陷入更大的争议当中。新就

---

① 田思路：《工业 4.0 时代的从属劳动论》，《法学评论》2019 年第 1 期。

业形态呈现的管理监督形式是基于大数据、人工智能和算法等新技术展开的，以外卖配送行业为例，尽管平台宣称“接单自由”“随时兼职赚外快”，但平台实际上可以通过即时配送系统算法对骑手展开全流程控制。首先是对接单自由的控制，平台根据骑手的接单表现确定派单质量，骑手拒绝订单次数增多，直接影响派单数量和订单质量。其次是对配送过程的监控，平台通过 GPS 定位、突击拍照检查、评分机制，对骑手的配送行程、速度、时间、服务态度和装备穿着等进行实时监控，骑手一旦违反规定则触发相应惩罚机制。最后是通过薪酬等级体系对骑手工作各环节实施控制管理。平台根据骑手的各项工作表现划分骑手的等级序列，高级别骑手会被优先派单或者拿到酬金更优厚的单子；骑手为了实现升级奖励目标，必须服从平台给出的各项指示，如果拒绝指示或违背命令，则会面临不同程度的结算收入减少。

因此，一方面，骑手工作过程并非如平台宣传中那样“自由”，想要接到高质量订单和获取更高报酬，则必须增加接单时间并根据平台指令完成工作；另一方面，相较于典型劳动关系，平台对新业态从业者的指挥管理是碎片化、短期性的，从业者进出平台较为自由，拥有更大的自主空间。人力资源管理技术的进步使平台对从业者的控制在不知不觉中发生，却又难以形成典型劳动关系中持续、一贯、标准的从属关系，一系列技术的复杂性进一步加大了从属性判断和劳动关系认定的难度。用工性质难以确定的后果是责任主体的模糊，进而导致从业者劳动权益处于极大的不确定性中。

（二）平台、代理商、从业者三方关系复杂多变

众包用工是新就业形态中的一种基础用工模式。随着平台的发展壮大，平台与从业者之间的众包关系中出现了一个新的主体——代理商，又称站点。以众包物流为例，在代理商模式下，平台与代理商之间签订合作或加盟协议，约定由代理商负责某片区的配送业务，这一关系实质上类似于劳务外包模式。代理商在合同约定片区招聘骑手，经营该片区配送业

务。如美团将其代理商模式命名为“美团专送”，所招聘骑手是全职骑手，以区别于平台与骑手直接发生用工关系的“美团众包”及“兼职骑手”。①“美团专送”呈现出代理商与骑手之间成立的典型劳动关系。② 然而，在实际用工中，代理商与平台均不同程度地同时对骑手进行指挥管理，可称之为“双重控制”：一般情况下，平台的接单、送单规则和行程规划、工资报酬由平台决定；极端天气下，骑手的人工运力调度、装备配备、保险、组织开会等日常管理由站点负责。因此，对采用代理商模式的平台用工，实际实施监督管理职能的用工主体是平台还是代理商，已成为相关案件最大的争议焦点。

随着算法技术应用的深入，厘清主体、确认责任承担的裁判工作将越来越困难。某些案例中，有代理商称“对骑手的选任无决定权”“骑手通过美团 App 接单，配送费由美团后台对配送业务进行结算后经代理商转发”“教育培训骑手是为美团平台服务，并非用人单位对劳动者的管理行为”。③ 另有代理商认为“原被告之间是委托运输关系，只有站长、区域经理、总监是被告的正式员工”“原告所称工资实际是派送费的结算”“原告在被告处没有最低工资保障，原告要是整月休息，也就没有派送费的收入”。④ 如何处理平台与代理商线上、线下的“双重控制”关系，成为裁判实践的棘手难题。

（三）缺乏必要劳动基准保护，职业风险激增

新业态从业者无法进入劳动法律法规保护范畴，平台通过技术控制推动从业者加大工作强度且不加节制，由此导致从业者职业风险激增。其

① 参见美团配送招聘官网，https：//peisong. meituan. com/app/riderRecruitmentFusion/index？ cityCode＝100000&channelCode＝bd35&recruitType＝102#/info.

② 专送是隶属配送站的全职骑手，有底薪，有规定的上下班时间，接受系统的派单，以好评率和准时率作为考核标准。众包则是兼职骑手，准入门槛极低，一人、一车、一个App，注册通过后可以立刻上岗，他们没有底薪，可以自由抢单，可以拒绝系统派单，但多次拒绝会被限制抢单。参见赖祐萱：《外卖骑手，困在系统里》，《人物》2020 年第 8 期。

③ （2019）黑 10 民终 1571 号民事判决书。

④ （2018）苏 05 民终 4683 号民事判决书。

中，涉及公共安全和人身安全的运输行业极为典型，而新就业形态中流行最广泛的即时配送、网约车服务恰恰属于物流配送和客运服务行业。骑手、司机常年在户外工作，追求运输速度、接单数量，平台对其工作总时长、工作连续时间等劳动基准项目较少设限，这对从业者自身安全和公共安全都埋下了巨大隐患。官方统计数据显示，北京市朝阳区每天发生并上报的交通事故达 500 起左右，其中因外卖、快递车辆交通违法引起的占 20%。①

当前，部分平台采取了强制骑手投保意外险或要求代理商为从业者购买第三者责任险的做法。以“美团众包”为例，劳动者注册成为众包骑手的同时即与平台签订《网约配送员协议》，但协议当事人并非平台，而是第三方某人力资源公司。该人力资源公司每日从骑手服务费中扣除 3 元意外险费用。根据该人事结构，美团平台与美团骑手之间不存在任何法律关系，投保人是第三方公司。在配送实践中，一旦骑手发生人身伤害，前期医疗费垫付、申请理赔款等具体事项由第三方公司办理，第三方公司破产、倒闭、拒负责任等风险则只能由骑手个人承担。② 还有平台声称，从业者提供服务的对象是平台内商家而非平台，“被告袁某提供配送服务的对象并非我公司，达达 App 对平台用户不进行任何人身性质的管理，我公司提供居间服务，用户向商户进行配送”③。在纷繁复杂的用工关系下，职业风险承担主体愈加模糊。

---

① 《外卖和快递如何平安准时送达?》，法治日报，https：//www. sxcntv. com/shehui/2020/1202/400015897. html.

② 在一起外卖骑手事故中，美团加盟商（即美团某区域外卖业务外包公司）只转给病人 2 万元，仅够用一个星期。美团平台方跟进回复记者称，“病人现状并不太好，需长期住院，未来或产生很高的费用，后续赔付方案不是一时就能出来。我们会敦促加盟商解决问题，在法律的规定范围内，按责任比例垫付医药费。如果加盟商破产跑路了，美团平台方也会尽量去协商解决”。参见《外卖骑手出事故治疗赔偿陷困境，平台 3 元意外险难兜底》，http：//epaper. oeeee. com/epaper/H/html/2020-11/04/content_ 32096. htm.

③ （2019）鄂 0112 民初 993 号民事判决书。

（四）社会保险缺位，从业者社会安全缺乏保障

社会保险是国家通过立法建立社会保险基金，对公民在年老、疾病、工伤、失业、生育等情况下给予物质帮助的制度。社会保险制度采取社会风险分担机制，化解各种社会风险，为劳动者提供生存保障。我国“劳动关系——社会保险”在制度上存在较强的捆绑关系，而在新就业形态下，由于用工关系性质的不确定，平台并没有为从业者缴纳社会保险费，通常是由平台从业者个人选择自行缴费参加社会保险，但只能缴纳养老保险和医疗保险，保障水平相当有限，当发生工伤、失业、生育等情况时，难以获得必要的社会保障。工伤保险缺失已成为平台从业者职业风险加大的关键原因。由于个人缴纳社会保险费是自愿性的，大量平台从业者为了减轻当前生活压力，并没有加入社会保险制度，其社会保险权益缺少必要保障。在新京报的调查中，68.36%的外卖骑手希望平台能提供社保或商业保险，并在“希望得到的帮助”项目中占比最高。[①]

四、新就业形态的劳动法律调整对策

在早期关于平台用工的研究中，“除了热烈地研讨其与劳动关系的界分，鲜有论及其劳动权益保护问题”[②]。随着平台用工的持续扩展，网约车司机遇害[③]、外卖小哥送餐途中受伤[④]、外卖小哥超长加班[⑤]等社会现象引发公众及学界关注，平台从业者劳动权益被忽视的社会性风险越发凸显。

---

① 《外卖骑手职业报告：超五成外卖骑手对工作满意，期待更多尊重》，新京报，http：//www.xinhuanet.com/2020-11/13/c_ 1126733605.htm.

② 粟瑜：《我国灵活就业中自治性劳动的法律保护》，《东南学术》2016年第3期。

③ 《贵州一网约车司机深夜遭杀害，嫌疑人将其抛尸河中》，腾讯网，https：//new.qq.com/omn/20181205/20181205B0FUFV.html.

④ 《外卖小哥上岗5天送餐途中受伤获赔6万元》，腾讯网，https：//ln.qq.com/a/20171113/003239.htm.

⑤ http：//hunan.sina.com.cn/news/s/2018-01-03/detail-ifyqcwaq7283135.shtml？from=hunan_ ydph.

为回应现实，学者们逐渐摒弃“劳动关系不应被泛化”[①]的论调，挣脱“对劳动和社会保险权利的争取需首先转化为劳动关系认定争议”[②]的限制，转向对平台从业者劳动权益保护缺位问题进行关注及反思。对于平台用工这一互联网时代诞生的非典型用工方式，“其特殊性决定了未必可适用典型劳动关系的各种保护手段”[③]。尤其是在我国“劳动关系—劳动权利—社会保险在制度上存在极强的对应和捆绑”[④]的背景下，单纯依靠全有或全无的劳动关系认定方法无法为平台从业者提供足够保护。聚焦提供哪些保护、什么程度的保护、如何保护等问题，学者们提出了多种分析路径，如增设中间类型劳动者、劳动法律向“三分法”转型[⑤]、劳动权利的具体化扩展[⑥]、劳动法律保护手段的选择适用[⑦]、混合保护[⑧]，不一而足。

2019 年 8 月，国务院办公厅印发的《关于促进平台经济规范健康发展的指导意见》提出，“科学合理界定平台责任”，包括明确平台在“劳动者权益保护等方面的相应责任”。可见，新就业形态的劳动法律保护问题，已逐渐凝聚起“网约工无论有无劳动关系，对其劳动权益都应当予以保护”的共识。[⑨]国外学者更是提出“我们不应该再谈论劳动法，而应谈论

---

① 王天玉：《基于互联网平台提供劳务的劳动关系认定：以“e 代驾”在京、沪、穗三地法院的判决为切入点》，《法学》2016 年第 6 期。

② 肖竹：《第三类劳动者的理论反思与替代路径》，《环球法律评论》2018 年第 6 期。

③ 王全兴、王茜：《我国“网约工”的劳动关系认定及权益保护》，《法学》2018 年第 4 期。

④ 肖竹：《第三类劳动者的理论反思与替代路径》，《环球法律评论》2018 年第 6 期。

⑤ 参见王天玉：《互联网平台用工的“类雇员”解释路径及其规范体系》，《环球法律评论》2020 年第 3 期；班小辉：《“零工经济”下任务化用工的劳动法规制》，《法学评论》2019 年第 3 期。

⑥ 肖竹：《第三类劳动者的理论反思与替代路径》，《环球法律评论》2018 年第 6 期。

⑦ 王全兴、刘琦：《我国新经济下灵活用工的特点、挑战和法律规制》，《法学评论》2019 年第 4 期。

⑧ 战东升：《民法典编纂背景下劳动法与民法的立法关系：以“类似劳动者型劳务提供人”的保护为切入点》，《法学》2018 年第 10 期。

⑨ 王全兴、王茜：《我国“网约工”的劳动关系认定及权益保护》，《法学》2018 年第 4 期。

劳动权利”的命题。[①] 劳动权益已成为新就业形态从业者劳动法律保护的核心关键，新就业形态的劳动法律调整也应围绕劳动权益保障展开。

（一）识别隐蔽雇佣关系

隐蔽雇佣关系最早是由国际劳工组织在其相关文件中提出和界定的。根据国际劳工组织的定义，隐蔽雇佣通过形式上制造与客观用工状况不相符合的表面现象，以此规避法律规制，目的是降低用工成本。[②] 识别隐蔽雇佣关系在我国主要是指识别隐蔽劳动关系。[③] 在新就业形态中，隐蔽劳动关系广泛存在，司法案例中常见的劳动关系认定争议就是揭开隐蔽劳动关系面纱的过程。

一方面，对于平台与从业者直接发生用工关系的情形，符合从属性标准的，应认定为劳动关系。英美法系和大陆法系国家对此呈现出极强的一致性，主要体现在不考虑工作合同本身标签的“事实第一原则”，以及雇佣（劳动）关系确认标准的多因素性与灵活性。[④] 新兴技术的应用使得识别隐蔽劳动关系的工作更加困难，司法裁判应仔细甄别：对于平台主张的“自由灵活”情形，要求清晰举证；对于平台采用算法系统实施的精准、碎片化控制，应综合全盘考虑，通过对现有法律条文的文义解释、扩大解释、体系解释、目的解释等规范分析方法，做出合理合法的判决。

另一方面，对于平台委托代理商或第三方公司与从业者签订用工协议、合作协议的情形，需要厘清平台、代理商和从业者三方关系，明确各主体法律责任。在代理商模式相关案例中，存在三种截然不同的裁判结果：一是代理商明确承认其与劳务提供者之间的劳动合同关系；二是代理

---

① Esther Sanchez Torres，The Spanish Law on Dependent Self-Employed Workers：A New Evolution in Labor Law，Comparative Labor Law&Policy Journal，Vol. 31，No. 2，2010，pp. 239-248.

② 袁文全、徐新鹏：《共享经济视阈下隐蔽雇佣关系的法律规制》，《政法论坛》2018年第1期。

③ 参见董宝华：《“隐蔽雇佣关系”研究》，《法商研究》2011年第5期。

④ 肖竹：《第三类劳动者的理论反思与替代路径》，《环球法律评论》2018年第6期。

商不承认其与劳务提供者之间的劳动合同关系，法院考察代理商对劳务提供者的指挥、管理和报酬，认定二者为劳动合同关系，由代理商承担责任；三是代理商明确承认其与劳务提供者之间的劳动合同关系，但法院认定代理商是劳务派遣公司，平台是实际用工单位。[①] 为规避用人单位责任，代理商往往倾向于拒绝承认其与平台从业者的劳动关系。此时，如何解释劳务派遣关系对“三性”岗位的法定限制，如何确定责任主体，如何分配各主体应承担的责任大小，成为制度设计的重难点。就新业态从业者的“双重控制”问题，未来还需构建平台与代理商的风险分担机制，以合理分配用工责任，如参照劳务派遣制度设计连带责任等特殊责任制度。

（二）制定新就业形态下劳动权益保护立法

新就业形态用工关系的法律调整，是纳入现行劳动法律体系规范，还是针对新业态用工关系另行立法，抑或是保持现状，通过双方意思自治设定权利义务，再由法院进行个案衡量，这是一个立法政策选择的问题。目前我国的劳动法律制度主要构建在典型劳动关系基础上，追求劳动关系的安全与稳定，对劳动者保护较为周全，对用人单位的法定义务要求也较为严格。随着《劳动合同法》的颁布实施，引发了用工成本提高、劳动力市场灵活性不足的争论。从全球范围看，随着市场竞争的加剧，各国劳动法律也在逐渐向增强灵活性转变。有学者指出，“二战”后以稳定标准雇佣关系为调整对象而被称为“社会契约”的劳动法律调整模式正在走向瓦解。[②]

首先，对于新就业形态用工关系的调整，显然不适宜全部直接纳入现行劳动法律体系中。大多新就业形态不具备典型劳动关系的全部要素，现行劳动法律规范也并不具备调整灵活就业的制度工具。其次，是否采取平等主体之间的民事法律关系调整模式，目前各方仍存在争议。如有学者提

---

① 参见王天玉：《互联网平台用工的合同定性及法律适用》，《法学》2019 年第 10 期。

② Takashi Araki & SylvaineLaulom, “Organization, Productivity and Well-Being at Work”, Transformations of Work Challenges for the Institutions and Social Actors.

出，借《民法典》编纂之机，将雇佣合同有名化，并对雇佣合同的定义、报酬支付、雇主义务、合同解除等规则进行合理设计，就可以为“类似劳动者型劳务提供人”提供一定程度的保护。[①] 然而，随着《民法典》颁布出台，雇佣合同未纳入《民法典》合同编体系已成现实。在这种前提下，采取平等主体之间的民事法律关系调整模式，对于处在弱势地位且缺乏谈判议价能力的从业者而言，保护效果不佳。

综上所述，本文认为应采取劳动法律特别立法的模式为新就业形态从业者劳动权益提供保障。事实上，在非典型劳动的发展历史上，《劳务派遣暂行规定》《保障农民工工资支付条例》等法律法规已做出有益尝试，即针对某类就业群体的某项劳动权益进行特别立法，也为新就业形态特别立法提供了经验借鉴。特别立法的方式既能契合新就业形态下用工关系的特点，又能更好地回应从业者的合法权益保护需求，从而促进新就业形态的健康发展。

（三）创新改革社会保险制度

《关于促进平台经济规范健康发展的指导意见》指出，由人力资源和社会保障部负责“抓紧研究完善平台企业用工和灵活就业等从业人员社保政策，开展职业伤害保障试点，积极推进全民参保计划，引导更多平台从业人员参保”。当前，部分平台企业出于对社会责任和降低经营风险等的考虑，为平台从业人员购买了商业综合险，涵盖人身意外险和第三者责任险等。由于商业综合险是市场化运营，有营利目标，不可避免地存在缴费高、范围窄、保障低、理赔难等问题，且商业综合险均为一次性待遇，没有长期待遇，难以真正发挥有效的保障作用。[②]

对于新业态从业者社会保险权益的缺失，未来应创新发展社会保险制

---

① 战东升：《民法典编纂背景下劳动法与民法的立法关系：以“类似劳动者型劳务提供人”的保护为切入点》，《法学》2018 年第 10 期。

② 中国劳动和社会保障科学研究院工伤保险研究室：《新就业形态人员职业伤害保障的模式选择》，《工人日报》2020 年 1 月 13 日 7 版。

度，为大规模增加的新业态从业人员提供社会保障。一方面，应将社会保险关系与劳动关系做适当分离，改变“参加五个险种必须以劳动关系为前提”的观念；另一方面，可以尝试对社会保险各险种做适当分离，首先允许从业者单险种参加工伤保险，将职业伤害保险纳入现行工伤保险制度统筹管理。具体操作可借鉴建设工程领域由施工项目总承包单位或项目标段合同承建单位一次性代缴本项目工伤保险费的做法①，规定新业态从业者工伤保险强制由平台或代理商缴纳、分担费用。基本养老保险和医疗保险在现行居民社会保险基础上改造提升，根据从业者工作时间、累计时长等要素，划分不同缴费档次、比例，由平台、代理商、从业者合理分担费用。

（四）充分发挥社会软法的助推作用

有关部门、行业协会可通过非强制性的社会软法，对平台企业进行鼓励倡导、奖励激励，推动企业自发、主动承担社会责任。“实现更好工作的方式并非采用国家强制性规定，而是培养形成公司的治理责任感、良好管理和内部稳定的雇佣关系。”② 通过助推型的规制来诱导市场主体做出合理的选择，如在不影响劳动力自由流通和市场公平竞争的前提下，对某些为劳动者提供恰当保护的企业提供一定的奖励措施，有助于鼓励平台企业与其员工建立更为长远和良性的合作关系。③ 在社会保险领域，可以鼓励平台企业在工伤保险基础上积极参加补充商业保险，实行工伤保险、商业保险与新业态企业三方风险共担机制。在德国，众包协会（Crowdsourcing

---

① 《人力资源社会保障部　交通运输部　水利部　能源局　铁路局　民航局关于铁路、公路、水运、水利、能源、机场工程建设项目参加工伤保险工作的通知》第三条：依法合理确定缴费比例。建筑施工企业相对固定的职工，应按用人单位参加工伤保险。不能按用人单位参加工伤保险的职工特别是短期雇佣的农民工，应按项目优先参加工伤保险，一般应由施工项目总承包单位或项目标段合同承建单位按照劳动雇佣关系一次性代缴本项目工伤保险费，覆盖项目使用的所有职工，包括专业承包单位、劳务分包单位使用的农民工。

② The Taylor Review of Modern Working Practices（2017），Good Work.

③ 丁晓东：《平台革命、零工经济与劳动法的新思维》，《环球法律评论》2018 年第 4 期。

Association）制定颁布《行为准则：更好的有偿众包——公司、客户和众包工作者之间繁荣和公平合作的指导方针》（下称《行为准则》），目前已有九家知名众包公司签署。《行为准则》的目的是为众包企业制定一般准则，作为现行法律的补充，从而为平台、客户和众包从业者之间的信任和公平合作创造基础。它还希望为有关人员的双赢局面做出贡献，以便充分发挥众包这种新工作形式的潜力。①

结 语

新就业形态要顺势而为，亟须确认和保障从业者劳动权益。新就业形态的蓬勃发展，彰显了劳动关系的多元化发展趋势势不可当。基于大工业时代制定的单一的劳动关系认定标准与劳动权益保障体系难以为新业态从业者提供足够保护。当下，应破除劳动关系认定作为劳动权益保障前提的救济思路，转向以劳动权益保障为核心目标。未来，应适时启动劳动权益保护特别立法，并对社会保险制度进行相应创新改革，同时结合现行法律开展解释适用和体系整合工作，形成多方合力，助推新就业形态步入法治轨道，有力保障新业态从业者的合法权益。

On the Labor Law Regulation of New Employment Patterns

Jia Lin

Abstract: With the sudden arrival of the new crown epidemic, "new forms of employment" stand out for their role in increasing and promoting employment. In order to follow the trend of "new forms of employment", there is an urgent need to confirm and protect the labor rights and interests of employees and to supplement the shortcomings of labor laws. There are many different types of "new employment patterns", and the objects to be regulated and protected by labor law

① http：//crowdsourcing-code. com.

are mainly employees with different degrees of subordination. The "new employment pattern" is the result of the development and evolution of atypical labor into the era of artificial intelligence. Tracing the development of atypical labor and its legal regulation can explore the inspiration of how labor law should regulate the current "new employment pattern". The "new employment pattern" is faced with the shortcomings of labor law protection, such as the difficulty to determine the nature of employment relationship, the complicated and changeable tripartite relationship between platform, agent and employee, the lack of necessary labor benchmark protection leading to the proliferation of occupational risks, and the absence of social insurance. In the future, labor law should be regulated based on the identification of hidden employment relationships, the formulation of legislation on the protection of labor rights and interests under the "new employment pattern", the innovation and reform of the social insurance system, and the full play of social soft law to promote.

Key words: New Employment Patterns; Atypical Labor; Labor Rights Protection; Labor Law Regulation

新就业形态法律制度建构中的十大关系*

王天玉

摘　要： 新就业形态随着网络技术的发展而大规模兴起，已成为重要的就业方式。新就业形态在实践中以平台用工为代表，表现为不同的平台模式，分为自治型平台与组织型平台。除其中部分属于劳动关系外，新就业形态从业者参与平台用工的本质是灵活就业在网络平台推动下的升级版，新就业形态的内涵是以往作为正规就业补充的灵活就业在网络技术的推动下发展为行业性、大规模的就业形态。面对这一新问题，法律制度的建构应以面向数字时代劳动变革为方向，不拘泥于现行劳动法的制度和思维惯性，从抽象与具体、创新与常规、自主与控制、算法与规制、议价与定价、风险与保障、国内与域外、立法与司法、法律与政策、理性与现实这十大关系出发，全面分析和认识新就业形态的法理与规制问题，在当前"劳动法—民法"构成的"劳动二分法"立法框架外，探索建立"类雇员法"及其知识体系，填补制度空白，并推动劳动法律框架向"劳动三分法"转型。

关键词： 新就业形态　平台用工　类雇员　劳动关系

习近平总书记在2020年全国两会期间指出，新冠肺炎疫情突如其来，

* ［作者简介］王天玉，中国社会科学院法学研究所社会法室副主任、副研究员。

新就业形态也是脱颖而出。要顺势而为。当然这个领域也存在法律法规一时跟不上的问题，当前最突出的就是新就业形态劳动者法律保障问题、保护好消费者合法权益问题等。要及时跟上研究，把法律短板及时补齐，在变化中不断完善。而在法律短板方面，当前最为突出的就是新就业形态职业伤害保障问题。《中共中央关于制定国民经济和社会发展第十四个五年规划和二〇三五年远景目标的建议》提出，促进平台经济、共享经济健康发展，支持和规范发展新就业形态。

新就业形态是随着移动互联网技术而兴起，与共享经济、零工经济、平台经济等诸多新经济模式相伴发展，目前尚未形成统一的学术概念。如果说学界就此有怎样的共识，那么最为明确的是新就业形态的灵活性与多元性。同时，社会广泛关注外卖骑手、网约车司机等平台从业者的劳动权益保障问题，以职业伤害保障为重点的新就业形态法律制度建构已势在必行。在当下这一时点，我们事实上处于两难状态：一方面，在事实层面尚未对新就业形态予以充分梳理和提炼，从立法论的角度说是对法律的调整对象把握不够充分；另一方面，新就业形态仍在快速发展，从业者的权益保障刻不容缓，既没有时间让学界对新就业形态进行抽丝剥茧似的精细研究，也可能意味着任何立法在出台之后就滞后于实践的发展。那么，我们既要用制度化的方法应对新就业形态发展中的种种问题，亦要克服制度化自身的弊端。这需要在制度建构的起点就跳出工业时代形成的单一抽象的立法思维，全面剖析新就业形态法律制度建构中的各个维度。本文通过十大关系分析新就业形态在实践形态与法理认知上的复杂关系，以此促进面向数字时代新劳动的制度建构。

一、抽象与具体

新就业形态是什么？新就业形态最早出现在中共十八届五中全会公报及 2016 年政府工作报告中，与灵活就业配套使用，即“加强对灵活就业、新就业形态的支持”。但这一政策表述尚未形成学理共识，缺乏清晰的概念内涵和外延。有学者提出，可以从生产力和生产关系两个角度理解新就业形态：从生产力的角度看，新就业形态描述了新一轮工业革命带动的生产资料智能化、数字化、信息化条件下，通过劳动者与生产资料互动，实现虚拟与实体生产体系灵活协作的工作模式；从生产关系的角度看，新就业形态指伴随着互联网技术进步与大众消费升级出现的去雇主化、平台化的就业模式。在表现形式上，新就业形态包括创业式就业者、自由职业者及依托于互联网或者市场化资源的多重职业者。① 这种学理阐释试图建立一个人们理解和分析新就业形态的框架，发现新就业形态内在的技术因素，并由此探索建构法律制度的支点。

新就业形态相对于以往就业方式的核心特征是劳动与互联网平台的紧密结合，或者说是技术和网络平台已成为生产力发展的主要推动力。在这个意义上，新就业形态与平台用工基本是对同一类就业新趋势的不同角度表述，前者强调信息化条件催生就业方式更迭，后者侧重新就业发生的技术条件以及劳动特征。从平台用工的角度切入，我们可以发现新就业形态的理论建构难以沿着“抽象—具体”的逻辑推进，原因在于劳动与平台结合的方式灵活多元，且模式变化迅速。如果从理论上抽象一个新就业形态，再用此概念去框定实践中的各种平台用工模式，几乎不可能实现理论对实践的涵盖，更不能实现理论对实践的解释及指导。因此，从当前平台用工实践入手的“具体—抽象”分析路径更为可行，从平台用工模式的概括、类型化再到新就业形态的构成要件、本质界定，以此完成学理建构。

在“具体—抽象”的框架下，首先需要注意的一个误区是不能将某种平台用工形态及其问题笼统地说成是全部平台用工或者说新就业形态的问题，典型例证是外卖送餐中的骑手权益保障问题。一篇《外卖骑手，困在系统里》的文章引发热议，外卖骑手与平台之间是否构成劳动关系在学界有较大分歧，那么可以说平台用工中存在劳动关系认定的问题，但是不能说平台用工的问题就是劳动关系认定问题，也不能说平台用工就是对劳动

① 张成刚：《就业发展的未来趋势，新就业形态的概念及影响分析》，《中国人力资源开发》2016 年第 19 期。

法的挑战，原因在于外卖骑手只是平台用工诸多形态中的一种，不能因外卖骑手的社会关注度最高、最易为公众所认知，就将其等同于平台用工。“具体”不能形成刻板印象，不能以偏概全。

新就业形态按照平台在劳动过程中的功能可以分为两种主要类型：[①]

一种是自治型平台。此类平台发挥的功能是提供虚拟交易场所及交易规则，劳务供需双方分别在平台上注册，相当于进入交易场所。劳务需求者发布工作任务、期限和报价，劳务提供者选取工作任务，完成“要约—承诺”的交易过程，平台不参与定价和缔约，但在交易成功后收取一定的费用，具有代表性的平台如亚马逊 Amazon's Mechanical Turk（AMT）。该平台上的劳务类型通常是仅需基本计算和语言能力的小额工作（microwork），例如选取图片、修改文章、段落翻译、调查问卷等。[②] 在劳务供需双方交易成功后，劳务需求方应向 AMT 平台缴纳其支付劳务对价的20%作为平台使用费（MTurk Fee），最少为 0.01 美元。[③] 平台处于中立地位，劳务提供者亦不将平台视为劳务交易合同相对方。

另一种是组织型平台。此类平台基于互联网创设远程交易路径（access）并制定交易规则，统一集成在终端 App 中。劳务供需双方注册并使用该 App 的行为包含承认平台交易规则和使用网络交易路径两方面的内容。与自治型平台不同，组织型平台的交易路径并不连通劳务供需双方，而是使二者分别与平台连接。劳务供需双方分别与平台进行缔约，二者之间没有直接的缔约行为。平台通过劳务定价、接收劳务要约、配置劳动力的方式组织整个交易链条，形成了“劳务需求者—平台”“平台—劳务提供者”两个合同关系。劳务需求者作为客户通过 App 向平台发出劳务要约，该要约是平台定价及服务规则与具体劳务需求的计算结果，平台基于技术设定予以快速承诺，成立劳务需求合同。为履行该劳务需求合同，平

① 引自王天玉：《互联网平台用工的合同定性及法律适用》，《法学》2019 年第 10 期。

② Panagiotis G. Ipeirotis, Analyzing the Amazon Mechanical Turk Marketplace, http://crowdsourcing-class.org/readings/downloads/platform/analyzing-mturk.pdf, 2021/2/2.

③ 此规定为一般平台使用费，如果某项劳务需分解为 10 个及以上工作任务，那么劳务需求方应向平台按劳务对价的 20% 支付额外费用，https://www.mturk.com/pricing, 2021/2/3.

台以一定方式组织和配置劳动力。平台的作用是劳务交易组织者,[①] 或者说其本质上已不是具有承载性的平台，而只是交易渠道。

在不同平台类型下，劳动组织模式有显著差异。在自治型平台下，平台使得交易机会突破地域限制，“降低了与匹配交易方有关的成本，降低了实际交易成本”[②]。平台发挥中介作用，功能仅为提供信息，不涉及管理控制，劳务供需双方存在明确、独立的缔约行为。在组织型平台下，劳动组织模式可分为：平台直接雇佣劳动者的 A 模式、代理商雇佣劳动者的 B 模式、劳务提供者自主注册和接单的 C 模式。[③] 组织型平台有一部分是以劳动关系为基础运行的，而能够称为新业态的是组织型平台 C 模式。如果看从业者的构成，根据《中国共享经济发展年度报告（2020）》，2019 年我国共享经济服务提供者约 7800 万人，兼职就业成为共享经济领域具有代表性的就业形式。[④]

据此“抽象”地认识新就业形态，我们发现，并非“平台+劳动力”都是新就业形态，应从平台与劳动力组合的本质来看。无论是自治型平台还是组织型平台，除劳动关系外的从业者都是利用平台获得工作机会，工作方式相对于劳动关系具有显著的自主性和灵活性。因此，新就业形态的本质是灵活就业在平台经济下的表现形式，可以称之为灵活就业 2.0 版。

---

① 对于网络平台组织者的身份定位，张新宝以“顺风车”为例指出，网络平台将乘客与顺风车车主双方的需求经由复杂的技术手段匹配起来，并为顺风车业务的顺利进行提供了相当的技术保障。网络平台的这些行为已经构成了一场异常复杂的“组织行动”。因此，网络平台应当基于《侵权责任法》第三十七条的规定承担组织者安全保障义务。参见张新宝：《顺风车网络平台的安全保障义务与侵权责任》，《网络信息法学研究》2018 年第 2 期。

② ［美］奥利·洛贝尔：《分享经济监管：自治、效率和价值》，汪雨蕙译，金晶校，《环球法律评论》2018 年第 4 期。

③ 参见王天玉：《互联网平台用工的合同定性及法律适用》，《法学》2019 年第 10 期。

④ 滴滴平台上兼职司机大约占到九成，78.9%的兼职司机每天在线时间少于 5 小时；美团平台上 52%的骑手每天工作 4 个小时以下；爱彼迎平台上近九成的中国房东是兼职。参见《中国共享经济发展年度报告（2020）》，http：//www.sic.gov.cn/News/568/10429.htm，2021/2/2.

二、创新与常规

新就业形态的“新”体现在哪里？在讨论中，有部分观点以平台用工为研究对象，否定新就业形态的创新性，认为平台用工“实质上具有以民事关系掩盖雇佣关系、以非标准劳动关系掩盖标准劳动关系的隐蔽性”，[①] 将平台用工等同于隐蔽雇佣。隐蔽雇佣的概念是国际劳工组织在《关于雇佣关系的建议书》第四条提出的，意指“雇主以一种掩盖某人作为雇员的真实法律地位的方式，不把他或她当作一个雇员对待”。[②] 针对这一观点的评价是发现新就业形态创新性的重要视角。

第一，平台用工在整体上不等同于隐蔽雇佣。如前所述，平台用工的类型多样，且处于不断发展变化中，不可能对平台用工作出整体性判断，任何关于平台用工法律问题的分析都应首先明确针对何种平台类型。不论是去劳动关系化还是隐蔽雇佣，都不能对平台用工一概而论。因此，可以说平台用工中存在隐蔽雇佣的问题，但不能断言平台用工就是隐蔽雇佣。

第二，平台用工中存在隐蔽雇佣的问题。隐蔽雇佣的第一种情形是以民事关系掩盖雇佣关系，平台用工 A 模式下存在这种情况，相关文献引用的典型案例是“好厨师案”，[③] 该案中合同约定内容与平台实际管理不符。[④] 笔者认为，“该案中的用工模式与常规劳动关系无差别”，[⑤] 无疑构

---

① 袁文全、徐新鹏：《共享经济视阈下隐蔽雇佣关系的法律规制》，《政法论坛》2018 年第 1 期。

② 国际劳工组织：《关于雇佣关系的建议书》（第 198 号建议书），https：//www. ilo. org/wcmsp5/groups/public/---ed_ norm/---normes/documents/normativeinstrument/wcms_ r198_ zh. pdf，2021/2/2.

③ 参见班小辉：《“零工经济”下任务化用工的劳动法规制》，《法学评论》2019 年第 3 期；肖竹：《第三类劳动者的理论反思及替代路径》，《环球法律评论》2018 年第 6 期。

④ 虽然该案中平台主张其仅提供在线预约厨师上门服务，但根据法院查明的事实，厨师须每天 10 点到公司办公室报到打卡，迟到扣钱，受公司管理，由公司负责派工，没有订单时厨师穿着工作服为公司上街宣传。平台亦在宣传中强调全职厨师为其特色。参见北京市第三中级人民法院（2017）京 03 民终 11768 号民事判决书；北京市第三中级人民法院（2017）京 03 民终 11769 号民事判决书。

⑤ 参见王天玉：《互联网平台用工的合同定性及法律适用》，《法学》2019 年第 10 期。

成隐蔽雇佣。隐蔽雇佣的另一种情形是“以非标准劳动关系掩盖标准劳动关系”，此处所指是在B模式下，平台将业务外包给代理商，而代理商并非真正的雇主，只是承担劳务派遣中介的角色。据此理解，这种隐蔽雇佣就是通常所说的“假外包、真派遣”。《劳务派遣暂行规定》第二十七条规定，用人单位以承揽、外包等名义，按劳务派遣用工形式使用劳动者的，按照本规定处理。由于平台用工的代理商B模式广泛存在，各地操作的规范性不一致，存在一部分“假外包、真派遣”是可能的。

第三，隐蔽雇佣与模糊雇佣应明确区分。隐蔽雇佣是将劳务给付之从属性以其他法律形式予以掩盖，而模糊雇佣是劳务给付之从属性本身存疑。[①] 在前述文献中，“闪送案”是用以论证隐蔽雇佣的基本材料之一，[②] 但是此案与“好厨师案”的根本区别在于合同约定内容与实际履行内容无明显差别，闪送平台并未如好厨师平台一样实施直接的指挥管理行为。因此，“闪送案”可能涉及模糊雇佣，而很难说是隐蔽雇佣。笔者认为，目前的学术争论主要是组织型平台C模式下的劳动关系认定问题，可以结合模糊雇佣进行讨论，但并非隐蔽雇佣。

第四，不能用隐蔽雇佣来倒推平台用工的法律关系。隐蔽雇佣是劳动世界中长期存在的一种社会现象，平台用工产生之后亦不能豁免。既然隐蔽雇佣的实质是劳动关系，存在用人单位的指挥监督，则能够依据从属性理论予以辨识和认定。但是，不能借此作逆向推理，即从平台用工中存在隐蔽雇佣出发，推论“网约工”均可认定劳动关系。[③] “好厨师案”作为平台用工中的不法特例可以证明存在隐蔽雇佣，但不足以证明平台用工均为劳动关系。

综上，平台用工包括平台及其代理商作为用人单位的劳动关系，以及自治型平台和组织型平台C模式中灵活就业的新业态。前者是“披着平台

---

① “模糊雇佣关系”是客观上难以确定的雇佣关系，其与“隐蔽雇佣关系”的区别请参见董保华：《“隐蔽雇佣关系”研究》，《法商研究》2011年第5期。

② 参见北京市海淀区人民法院（2017）京0108民初53634号民事判决书。

③ 参见王全兴、王茜：《我国“网约工”的劳动关系认定及权益保护》，《法学》2018年第4期。

外衣”的常规用工模式，无论是A模式下以民事关系掩盖劳动关系，还是B模式下“假外包、真派遣”，劳动法均有相应规定，可以按照违法行为进行处理，也有明确的劳动争议救济程序，并不因平台而存在适用劳动法的障碍，因而不具有创新性，不应视为新就业形态。

新就业形态的创新性体现在将零散、个别发生的、以劳务为内容的承揽，通过网络技术快速升级为社会化的服务形态。常见之外卖送餐、同城快递的承揽特征鲜明，即便是网约车、代驾，作为运送合同在性质上也属于承揽合同。[①] 基于这一视角，平台用工是承揽人（劳务提供者）面向定作人（平台）以外的第三人完成特定劳务结果，而该劳务结果是定作人与第三人约定的，因此承揽合同亦约定了承揽人面向第三人完成劳务结果的方式和标准，这就是行为外观因素。而顾客评价系统实质是将定作人（平台）对承揽人（劳务提供者）完成劳务结果的评价权部分转移给了第三人（顾客），但最终评价仍是定作人（平台）作出的，即定作人（平台）根据第三人（顾客）的评价对承揽人（劳务提供者）作出奖惩决定。由于该承揽关系在一段时间内连续发生，因此承揽人的劳务完成情况以及第三人评价对其承揽对价和缔约机会造成影响，这种影响已经客观化为“平台积分”，笔者认为可以纳入经济从属性来理解。劳务提供者因为“平台积分”，与平台之间的经济性结合更紧密，其遵从平台定价机制和服务标准要求的意愿也更强烈，劳务提供者作为承揽人的独立性渐趋弱化，获得社会保护的需求则不断强化。

三、自主与控制

新就业形态中的从业者享有多大程度的自主？或者说在多大程度上受到平台控制？从现有文献来看，研究者中一方强调控制，主张平台控制是

---

① 通说以为运送系具有承揽性质之契约类型，其一定工作之完成即到达目的地，并经交付物品或使旅客安全离开。参见林诚二：《民法债编各论（中）》，北京：中国人民大学出版社。

信息条件下的新型控制方式，用以证明成立劳动关系；另一方强调自主，主张劳务提供者具有不同于劳动关系中劳动者的自主性，以此主张不成立劳动关系。

关于平台用工的事实，研究者关注的两个最具法律意义的要点是：一方面，平台通过评分机制和数据收集，对劳务提供者的服务过程进行控制。以网约车为例，“司机完成工作的方式与工作环境受到评分机制的管控……评分机制暗含监督管理权与冲突的转移”。[①] 另一方面，劳务提供者享有很大的工作自主权，能够决定是否工作、何时工作以及何地工作，这是常规劳动关系下不可能存在的。

第一，关注“控制”的学者主张平台与劳务提供者之间成立劳动关系。学界对平台控制的评价分为两种：一种认为平台对劳务提供者的控制比常规劳动关系更强，例如常凯等指出：“劳动者在平台上的任何操作都在互联网企业已设定的程序范围之内，可以说，互联网企业无时无刻不在对平台劳动者下达工作指令、进行工作指挥……互联网经济中的劳动者受到相比传统企业中的直接监控更加严格的人格约束。”[②] 谢增毅亦认为“相比传统劳动关系，从某种意义上看，平台企业对工人的控制不是减少了，而是加强了”。[③] 另一种认为平台对劳务提供者的控制比常规劳动关系更弱，结果是劳务提供者的从属性随之减弱。为了描述这一状态，现有文献发展出非典型劳动关系的概念，张素凤在网约车的研究中提出，“专车软件运营商和专车司机之间形成了一种从属性弱化、用工关系性质模糊的非典型劳动关系”。[④] 田思路主张，网络平台共享劳动等灵活就业形态弱化了从属性，“比如从业者依据用户企业或网络平台公司的指示提供服务，具

---

① 参见吴清军、李贞：《分享经济下的劳动控制与工作自主性：关于网约车司机工作的混合研究》，《社会学研究》2018 年第 4 期。

② 常凯、郑小静：《雇佣关系还是合作关系：互联网经济中用工关系性质辨析》，《中国人民大学学报》2019 年第 2 期。

③ 谢增毅：《互联网平台用工劳动关系认定》，《中外法学》2018 年第 6 期。

④ 张素凤：《“专车”运营中的非典型用工问题及其规范》，《华东政法大学学报》2016 年第 6 期。

有了部分从属性的特征，处于雇佣与自营的中间领域”。①

第二，关注“自主”的学者主张平台与劳务提供者之间不成立劳动关系。持此观点的学者主张平台用工不符合劳动关系从属性标准，其中于莹指出：“由于劳务提供者可以自己掌握工作的时间和强度，其人格的从属性很弱。在报酬上，劳务提供者一般是按次计酬，平台并不控制工资，经济上的从属性也相对弱化。另外，此时劳务提供者更是不从属于企业的体系，也未纳入企业组织之中，组织的从属性也较难符合，不符合从属性理论的要求。”② 班小辉认为，平台用工作为“零工经济的任务化用工”，“劳务提供者受到平台企业控制的特征并不明显”，与常规劳动关系相比，平台用工“削弱了用工关系的继续性，模糊了用工关系的人身从属性，弱化了用工关系的组织从属性，降低了用工关系的经济从属性”。③ 娄宇更是直接指出，“劳动者参与经济生活和获取报酬的方式也发生了本质的变化，他们不再是雇主组织中的雇员，而演变成为与平台企业合作的自我雇佣者”。④

需要明确的是，该讨论所针对的对象主要是组织型平台 C 模式，不适用于自治型平台以及组织型平台 A 模式、B 模式。笔者针对组织型平台 C 模式所代表的一类新就业形态提出四点意见：

第一，平台在劳动过程中对数据信息的收集和记录不等同于控制。劳动关系语境下的控制应包含明确的指挥监督，其与隐含在该指挥监督后的惩戒构成了人格性结合的基础。但平台并非在劳动过程中针对劳务提供者发出具体而明确的指令，其所收集和记录的信息本质上是事后评价劳务质量的证据。并且，这种对劳动过程的监督也包含平台履行政府强制安全保障义务的内容。应当注意的是，我们在讨论控制时设想的场景大多为网约车或代驾，它们存在司机与乘客直接接触的服务过程，而在大量其他平台

① 田思路：《工业 4.0 时代的从属劳动论》，《法学评论》2019 年第 1 期。

② 于莹：《共享经济用工关系的认定及其法律规制：以认识当前“共享经济”的语域为起点》，《华东政法大学学报》2018 年第 3 期。

③ 班小辉：《“零工经济”下任务化用工的劳动法规制》，《法学评论》2019 年第 3 期。

④ 娄宇：《新就业形态群体的社会保险制度设计》，《中国医疗保险》2020 年第 1 期。

用工场景中，例如外卖送餐和同城快递，平台很少主动监管劳动过程，而更加重视劳务结果，一般是准时和完好。因此，笔者认为平台对劳动的控制并非更强，而是更弱。

第二，顾客评价体系不足以证明存在劳动关系。德国学者 Waas 认为顾客对服务的事后评价几乎不能被视为从属性工作，评价体系对劳务提供者的影响主要是未来与平台订立合同的机会，不能导致人格从属性（personal dependence），顶多是经济从属性（economic dependence）。而顾客评价体系的惩罚效果（disciplining effect）也仅是合同罚则（contractual penalties），在劳动关系以外的合同中亦十分常见，难以证明劳动关系的存在。① 笔者亦认为，顾客的评价体系在于帮助平台进行服务质量控制，可以说平台将对劳务结果的管理转移给了顾客，而对劳务结果的管理并不等于雇主，雇主的权利包括对劳动全过程的管理，或者说雇主通过对劳动过程的管理实现对劳务结果的控制。顾客评价体系中的惩戒实质是劳务提供者未充分履行平台用工合同约定的违约责任，而不是雇主的惩戒，后者是劳动者违反雇主广泛指示权的后果，属于雇主管理行为。据此，平台用工之顾客评价体系不能证明人格从属性，而其对经济从属性的影响不足以证明存在劳动关系，正如德国慕尼黑地方法院在 2019 年的一份平台用工争议判决中指出的，以平台用工为主要收入来源的劳务提供者认为其迫于压力而持续与平台缔约，该事实不意味着劳务提供者有权适用针对雇员的保护规定。②

第三，劳务提供者的自主性是否定劳动关系的重要证据。美国著名劳动关系学者 Harris 认为，“独立从业者可以自行决定何时以及是否向顾客提供服务”是“平台—独立从业者关系中最重要的创新”，由此导致的结果是“平台与独立工作者都会对工作有所控制”“但关键决策权仍由独立从业者控制。也许最重要的是，没有雇员可以像独立从业者一样选择何

① See Waas, Liebman, Lyubarsky, Kezuka, Crowdwork— A Comparative Law Perspective, Bund-Verlag GmbH 2017, pp. 154-155.

② LAG München, 4. 12. 2019-8 Sa 146/19.

时、是否、如何以及在何地工作”。[①] 前文所述的学理争论中，主张平台用工控制更强的观点未能充分说明劳务提供者的自主性问题，假定平台对劳动过程的控制增强了，但劳务提供者可以自主决定是否工作以及工作的时间和地点，那么能否说平台用工在整体上对劳务提供者的控制更强了？对于这一问题，主张平台用工控制更弱的观点将劳务提供者的自主性归结为用工灵活性，从而调和了这一矛盾。否定劳动关系的观点则将劳务提供者的自主性拓展至劳动过程，并且在一定程度上弱化了平台的控制。笔者认为，我们应当对劳务提供者的自主性予以充分的考量。平台用工通过赋予劳务提供者自主性，打破了工业时代建立时形成的立体化劳动组织模式，形成了基于网络平台的平面化劳动组织模式，平台经济的灵活性、效率与劳务提供者的自主性是互为一体的。劳务提供者的自主性在科层制的立体劳动组织中是不可能存在的，这正是 Harris 所说的“没有雇员可以像独立从业者一样”，也是平台用工的创新所在。凭借此自主性，劳务提供者几乎不可能与平台形成人格性结合。

第四，多指标的综合判断须以人格从属性为依归。平台用工存在多个相互冲突的指标，包括平台对信息的独占、平台的价格决定、劳务提供者佩戴平台标识及穿着平台服装等行为外观因素等。笔者认为，平台在信息、技术以及定价上的强势地位能证明的是劳务提供者在此关系中的弱者性，但不能证明劳务提供者的从属性，平台外观因素也是如此。无论如何列举用工的指标，个案中对全部指标的综合判断都要归结到是否形成了人格性结合。需要特别指出的是，大陆法系的从属性理论与英美法系的控制理论虽然都是对劳动关系本质的法律抽象，但在个案中的推理方法有所不同，从属性理论以归纳为重点，将现实中形态各异的用工特征代入从属性“公式”以得出结论；而控制理论则强调演绎，追求充分列举劳动关系典

① ［美］赛思·D. 哈瑞斯：《美国“零工经济”中的从业者、保障和福利》，汪雨蕙译，《环球法律评论》2018 年第 4 期。

型用工特征,[①] 作为法官裁判指引。那么，在我国大陆法系的体制下,[②] 将判断从属性的各种用工特征予以列举或者指标化，有助于法律关系的定性，但是不应将大陆法系与英美法系两套裁判推理思维混淆，个案中的全部指标均服务于从属性“公式”，最终仍要采用归纳的方法，判断从属的程度是否构成人格性结合，那么各项从属性指标并非具有相同的法律意义，只有能够直接证明人格从属性的指标才是证明力最强的，包括过程控制、指示频率、拘束程度，而生产条件、劳动对价、经营风险作为证明经济从属性的指标，是辅助性的，证明力相对较弱。[③]

四、算法与规制

Min Kyung Lee 等在 2015 年对网约车的研究中提出了“算法管理”的概念，意指人类的工作通过算法和数据进行分配、优化和评估。[④] 此后，这一概念为学界所接受，国际劳工组织在 2018 年的报告中亦引入了此概念。[⑤] 算法运用到人力组织和管理，实质是借助数据收集和监测形成一整

---

① See S. G. Borello& Sons, Inc. v. Dep' t of Indus. Relatins, 48 Cal. 3d 357 (1989); United States v. Silk, 331 U. S. 704 (1947).

② 我国司法实践中判断劳动关系的基本依据是原劳动和社会保障部发布的《关于确立劳动关系有关事项的通知》，该文将中国关于劳动关系的从属性审查模式确立为“构成要件”式。参见王天玉：《基于互联网平台提供劳务的劳动关系认定》，《法学》2016 年第 6 期。

③ 关于判断从属性程度的指标体系参见王天玉：《经理雇佣合同与委任合同之分辨》，《中国法学》2016 年第 3 期。

④ Min Kyung Lee, Daniel Kusbit, Evan Metsky, and Laura Dabbish. "Working with Machines: The Impact of Algorithmic and Data-Driven Management on Human Workers." https://www. academia. edu/12866011/Working_ with_ Machines_ The_ Impact_ of_ Algorithmic_ and_ Data_ Driven_ Management_ on_ Human_ Workers, 2021/2/14.

⑤ ILO. (2018). Digital labour platforms and the future of work: Towards decent work in the online world. International Labour Office - Geneva. [PDF] Available at: https://www. ilo. org/wcmsp5/groups/public/---dgreports/---dcomm/---publ/documents/publication/wcms_645337. pdf, 2021/2/14.

套人力远程配置的技术工具，以便实现自动或半自动决策。① 算法的设计和应用五花八门，在平台经济兴起之前，算法即已用于人员招聘②和产业链人力配置③。进入平台经济后，数据收集变得效率更高、成本更低，算法也因此迅速发展。抛开算法的各种表现形式，其具有共性的基本特征是“自动识别数据集中变量之间的关系，以便在此基础上进行分析，并根据数据进行预测或决策。从根本上来说，算法的工作就是分辨、挖掘数据”。④ 为此，掌握算法的公司主张，由计算系统实施的商业实践与人类做出的管理决策有意义上的不同。⑤

新就业形态的兴起与算法密切相关，正是在算法的支撑下，灵活就业才能发展出精准劳动的新特征。无论是自治型平台还是组织型平台，平台算法均对劳务供需双方的匹配发挥重要作用。以最受关注的外卖送餐为例，最大的配送平台美团的单日订单峰值已经超过了 4000 万单，⑥ 这一业务规模在非算法时代是难以想象的，依靠人脑决策是不可能在短时间内完成如此量级的人力与订单匹配。但是算法不可避免地会根据其自身逻辑对从业者造成伤害，例如“合法或善意算法造成的纯粹偶发伤害”（purely incidental harms resulting from legitimate or well-intentioned algorithm），此类伤害是设计算法时未考虑或不可预见的情形。此外，还有平台利用规制不足导致的偶发算法伤害（incidental algorithmic harms）和算法滥用（abusive

---

① Alexandra Mateescu, Aiha Nguyen, Algorithmic Management in the Workplace, https://datasociety.net/wp-content/uploads/2019/02/DS_Algorithmic_Management_Explainer.pdf, 2021/2/14.

② Ned Rossiter, Software, Infrastructure, Labor: A Media Theory of Logistical Nightmares, https://www.academia.edu/33736671/Software_Infrastructure_Labor_A_Media_Theory_of_Logistical_Nightmares, 2021/2/14.

③ Gideon Mann and Cathy O'Neil, Hiring Algorithms Are Not Neutral, https://hbr.org/2016/12/hiring-algorithms-are-not-neutral, 2021/2/14.

④ Zane Muller, Algorithmic Harms to Workers in the Platform Economy, 53 Columbia Journal of Law and Social Problems, 2020 (2).

⑤ Orly Lobel, The Law of the Platform, https://www.law.umich.edu/centersandprograms/lawandeconomics/workshops/Documents/Paper%206.%20Lobel.%20The%20Law%20of%20the%20Platform.pdf, 2021/2/14.

⑥ https://cj.sina.com.cn/articles/view/2780826007/a5c0099700100oyn4, 2021/2/14.

practices)。[①]

算法作为新生产力的典型形态无疑提升了劳动的效率，对平台和从业者两方面均实现了赋能，但平台获得的赋能明显更大，拥有从业者无法比拟的优势地位。有观点主张直接对算法进行规制，重点是加强算法的透明度。[②] 算法本身固然需要规制，但围绕劳动问题的核心仍然是利益分配。平台依据算法垄断了劳动定价权，这种定价权并不是单个订单价格的狭义定价权，而是包括接单规则、积分规则、奖惩规则等的全方位的广义定价权，这种定价权利结构上的不平等直接损害了从业者的劳动权益。平台经常提出的抗辩理由是规则是由算法决定的，这在某种程度上是转移问题的焦点，从利益分配问题转向算法规制问题。在算法与利益两者中，针对算法的是事前规制，针对利益的是事后规制。笔者认为，法律规制策略应是以事后规制为主，通过重构平台与从业者之间的权利结构，重塑平台定价权，进而矫正利益分配结果，并在此过程中迫使平台修正算法。

五、议价与定价

新就业形态从业者如何获得公平的劳动待遇？这是新就业形态劳动对价的形成机制。对于自治型平台，劳务供需双方通过协商确定劳务价格，遵循市场化定价机制，平台不参与议价和定价。学界的主要研究对象是组织型平台的从业者劳动对价问题，包括订单定价、订单完成时限、调价机制、超长劳动时间等，从法学角度一般归纳为劳动基准问题。劳动基准又称劳动标准，这一概念源自劳动法，主要是适用于劳动法上劳动者的工资、工时强制性规范，具有公法效力，是劳动关系双方订立劳动合同的前置性条件，不得以双方合意的方式变更，实质是国家公权力介入劳动关

① Zane Muller, Algorithmic Harms to Workers in the Platform Economy, 53 Columbia Journal of Law and Social Problems, 2020 (2).

② Robyn Caplan, Joan Donovan, Lauren Hanson, Jeanna Matthews, Algorithmic Accountability: A Primer, https://datasociety.net/wp-content/uploads/2018/04/Data_ Society_ Algorithmic_ Accountability_ Primer_ FINAL-4.pdf, 2021/2/14.

系，确立了雇主与劳动者之间的基础性利益分配标准。从劳动基准的形成历史来看，美国芝加哥工人罢工争取 8 小时工作制拉开了劳动基准立法的帷幕，在此之前自由放任的资本主义制度并不干预劳动条件和劳动合同条款，而正是激烈的劳资冲突促使政府制定劳动基准，缓和社会矛盾。① 劳动基准立法的成果不仅有法定最低工资标准以及最高工作时间标准和加班限制，还有劳动关系双方在法定基准之上进行集体协商（或称集体谈判）的团体性缔约制度，而劳资集体协商制度在本质上是程序性制度，立法仅确立谈判的主体及实施方式，并不预设谈判的条款和结果。

据此，劳动关系中实际履行的劳动基准是由实体和程序两项制度共同构筑的，实体制度是规定最低工资具体金额和最高工时具体时长的劳动基准立法，程序制度是规定劳资团体性缔约程序的集体协商制度，后者的谈判条款以前者为基础，并且不得降低前者的实体规定。如果从谈判和缔约的角度来看，劳动基准立法是国家代表全社会劳动者与资方完成初次劳动条件谈判，确立强制性的工资底线和工时上限，也可视作国家将劳动者以工人运动这种激烈谈判方式所取得的缔约条件予以法定化。集体协商则是国家给予劳资双方在法定缔约条件之上进行利益再分配的制度空间。

对于新就业形态而言，由于从业者与平台之间的劳动关系难以认定且争议较大，因此讨论新业态从业者的工资、工时问题是借用了劳动基准的概念，实质仍是从业者与平台之间围绕基本利益分配产生的谈判和缔约问题。在以平台用工为代表的新业态发展历程中，平台一直单方掌握从业者的劳动定价及工作时长确定机制，政策层面以鼓励和引导为取向，采取了审慎包容的态度，形成了相对宽松的制度环境，以便配合就业和扶贫的整体目标。但是，这一政策取向在当前已发生了根本性变化，我们从几个标志性文件来进行分析。

2019 年 8 月出台的《国务院办公厅关于促进平台经济规范健康发展的指导意见》（国办发〔2019〕38 号）虽然提到“保护平台从业人员的权

---

① See Irving Bernstein, The Turbulent Years: A History of the American Worker, 1933-1940, (Chicago: Haymarket Books, 2010), pp. 217-317.

益”，但关注点仅为“职业伤害保障制度”，即“抓紧研究完善平台企业用工和灵活就业等从业人员社保政策，开展职业伤害保障试点，积极推进全民参保计划，引导更多平台从业人员参保”。从文件措辞可以看出，该文件对于平台从业者职业伤害的保障更多的是强调政府责任，而非平台责任，这也契合该文件提出的“不得将本该由政府承担的监管责任转嫁给平台”。

然而，到了2020年7月，国家发展改革委牵头多部门发布的《关于支持新业态新模式健康发展激活消费市场带动扩大就业的意见》（发改高技〔2020〕1157号），政策取向发生显著变化，该文件将“强化灵活就业劳动权益保障”单列一条，提出“探索适应跨平台、多雇主间灵活就业的权益保障、社会保障等政策。完善灵活就业人员劳动权益保护、保费缴纳、薪酬等政策制度，明确平台企业在劳动者权益保障方面的相应责任，保障劳动者的基本报酬权、休息权和职业安全，明确参与各方的权利义务关系”。可见，在该文件中，政策规制的落脚点从政府转向了平台企业，要求平台企业在劳动权益保护上承担相应责任，并列举了基本报酬权、休息权和职业安全。

时隔半个月，《国务院办公厅关于支持多渠道灵活就业的意见》（国办发〔2020〕27号）（以下简称27号文）发布，针对平台就业劳动权益保障问题提出甚为具体的意见，包括“引导互联网平台企业、关联企业与劳动者协商确定劳动报酬、休息休假、职业安全保障等事项，引导产业（行业、地方）工会与行业协会或行业企业代表协商制定行业劳动定额标准、工时标准、奖惩办法等行业规范。依法纠正拖欠劳动报酬等违法违规行为”。可见，在该文件中，政策层面已经引入了新就业形态的劳动条件谈判与缔约机制，实质是改变平台企业独占劳动定价权的现状，将平台的一部分权利通过集体协商机制转移到劳动者团体（企业工会）或者劳动者法定代表机构（产业、行业、地方工会）。

新就业形态劳动基准的未来发展若以27号文为依据，这就需要根据前述学理分析，评估和判断27号文将如何发挥作用。笔者认为，27号文表面上看是采取了“单集体协商”模式，① 包括两条协商路径：一是平台企业与从业者之间的直接协商路径，即“引导互联网平台企业、关联企业与劳动者协商确定劳动报酬、休息休假、职业安全保障等事项”；二是平台企业与劳动者法定代表机构之间的间接协商路径，即“产业（行业、地方）工会与行业协会或行业企业代表协商制定行业劳动定额标准、工时标准、奖惩办法等行业规范”。该文件不再强调平台企业与从业者之间的劳动关系，可视为将集体协商制度从劳动法中抽离出来，或者说与劳动关系“解绑”，由此产生的法律效果是对于没有劳动关系的从业者群体，也可以通过集体协商制度与平台企业进行协商和缔约，实现利益分配。

但是，如果从这两条路径的定价机制来看，直接协商路径与劳动法上的集体协商制度无异，属于程序性协商与定价机制，平台企业与从业者群体须经过程序性协商过程才能确定工资、工时等劳动基准。集体协商制度的重点在于协商程序，而非提供明确的合同条款，合同条款是协商程序的结果。另外，集体协商的路径虽然以“协商”为名，但文件已经明确其为“制定行业规范”，该行业规范包括“行业劳动定额标准、工时标准、奖惩办法等”，可见该路径的“协商”不是团体性协商程序，而是通过团体代表机制解决行业性定价问题，亦即行业性劳动基准的实体内容。

综上，笔者认为，从 27 号文的实质上看，未来新就业形态劳动基准制度将是“程序+实体”的复合结构，已经超越了“单集体协商”模式，基本符合“类雇员”的劳动基准立法模式，既给予没有劳动关系的家庭工作者以集体协商权利，又通过行业协会或行业企业代表与产业（行业、地方）工会这一集中定价机制，确定本地实体性的劳动基准，其组织与运作程序与德国家内工作者委员会大致相同。②

---

① 这一模式的实质是将劳动关系与集体协商制度“解绑”，使得集体协商制度可适用于非劳动关系的平台用工。参见班小辉：《超越劳动关系：平台经济下集体劳动权的扩张及路径》，《法学》2020 年第 8 期。

② 德国家内工作者委员会是依据《家内工作法》设立的，由三名家内工作者代表、三名合同相对方代表以及一名当地劳动主管部门任命的主席组成，主要职责是确定本地家内工作者的最低工资和工作条件。See Manfred Weiss & Marlene Schmidt, Labour Law and Industrial Relations in Germany, pp. 48-49.

在27号文确定的制度结构下，笔者认为，程序性的劳动基准制度不会真正发挥作用，真正能够起作用的是实体性的劳动基准制度，平台企业在现阶段应当将工作重点放在集中定价机制的准备工作上，理由在于：

第一，我国的集体协商制度仍不健全，实施效果有待加强，诸如工资集体协商的“彩虹计划”等都是政策推动的，在企业层面成功的案例有限。在此制度环境下，即便是正规就业的标准化劳动关系，都难以通过集体协商制度实现用人单位内部的利益分配，更何况是新就业形态这种更为灵活、难以组织的工作模式。德国实践更是从反面证明，即便在发达集体协商制度和实践的氛围下，“类雇员”的集体协商依然不能起作用，将其移植到我国现有条件下的效果可想而知。不排除一些地方政府为了宣传或政绩的考虑，在某些情况下推动当地从业者与平台进行集体协商，但从全国范围来看，笔者认为，此项程序性的劳动基准模式很难发挥效果。

第二，行业规范将发挥劳动基准的作用。虽然27号文在劳动基准的问题上没有提及政府，但从我国政策实施逻辑来看，行业规范不可能只是“产业（行业、地方）工会”与“行业协会或行业企业代表”两方主体，政府必然会参与其中，或者说“台前是工会，幕后是政府”，从而形成事实上的三方结构，亦即“政府—工会—行业企业代表”三方集中定价机制。所谓“协商”亦是形式，定价决定权将向政府转移，简单来说，政府不拍板，行业规范不可能出台。从政策走向上看，平台企业独占劳动定价权或者说劳动基准决定权是不可能的了，这一权利必然会被政府制约或分享。

六、风险与保障

新就业形态从业者的职业风险应该如何保障？最让社会关注的是外卖骑手因交通事故受到的伤害，这也是如今讨论新就业形态职业伤害保障制度的起因。根据《人力资源社会保障部对政协十三届全国委员会第三次会议第3391号（社会管理类287号）提案的答复》，“由于平台用工方式的特殊性，难以按照现行确立劳动关系的有关标准认定双方为劳动关系，导致包括外卖骑手在内的新就业形态人员无法纳入现行工伤保险制度。目前，多数平台企业都通过购买商业保险实现其从业人员的职业伤害保障，初步解决了职业伤害保障‘有没有’的问题，但平台企业之间、行业之间也存在保障力度差异较大，保障水平总体偏低等突出问题，需要政府介入规范，创新解决职业伤害保障‘好不好’的问题”。《中共中央关于制定国民经济和社会发展第十四个五年规划和二〇三五年远景目标的建议》提出，支持和规范发展新就业形态，促进平台经济、共享经济健康发展。在新业态职业伤害保障制度的讨论中，有四个基本问题对于制度建构至关重要：为什么要建构新业态职业伤害保障制度？此制度保障的是哪些群体？此制度与现行工伤保险制度是什么关系？应当如何建构？

第一，建构新业态职业伤害保障制度的必要性。在平台经济兴起之前，灵活就业已长期存在，但是灵活就业中没有劳动关系的人员并无职业伤害保障。《社会保险法》规定无雇工的个体工商户、未在用人单位参加基本养老保险的非全日制从业人员以及其他灵活就业人员可以参加基本养老保险、职工基本医疗保险，但未规定这一群体可以参加工伤保险。此后人社部《实施〈中华人民共和国社会保险法〉若干规定》明确非全日制从业人员按照工作时段参加工伤保险，这就遗留了无雇工的个体工商户和其他灵活就业人员的职业伤害保障问题，也就是说，大量灵活就业人员长期没有职业伤害保障。以家政工人为例，我国有近3000万名家政工人，大多数都是灵活就业。根据《人力资源社会保障部对十二届全国人大三次会议第4999号建议的答复》，家政工人主要是靠亲友或中介机构推荐，并无制度性保障，不管是在家内摔伤还是外出发生交通事故，只能依靠私人之间的帮扶和救助。由于原有灵活就业的职业风险对社会生活的影响不大，因此长期处于制度空白状态。

随着平台经济的兴起，以众包方式参与平台用工的灵活就业人员大规模快速增加，更为重要的是，外卖送餐、城市闪送等典型平台用工形态的职业风险外溢到公共交通风险中，骑手因交通事故造成自己或他人伤亡的事件频见报端，成为公众认识新业态职业风险的直观印象。从历史脉络看，灵活就业以往是零散、小规模分布，在移动互联网技术的赋能下，得以在平台经济中形成行业性、大规模的新业态就业。[①] 因此，若要回答“为什么要建构新业态职业伤害保障制度”，一个最简短的答案就是“要补上灵活就业人员没有职业伤害保障的制度漏洞”。

第二，新业态职业伤害保障制度的适用对象。此项保障制度因灵活就业的新发展而成为必要，那么该制度的适用对象必然是灵活就业人员。应当明确的是，平台用工并不限于外卖骑手，不能形成外卖骑手就是平台用工的刻板印象。平台用工有多种商业模式，存在多种用工形态。仅就外卖送餐平台而言，大量骑手是与代理商建立劳动关系的专送骑手，不属于灵活就业人员，这一群体应当依法参加现行工伤保险。那么，什么人是平台经济下的灵活就业人员呢？人们最为关注的外卖送餐仅是平台的一种类型，因平台在交易过程中的组织作用而被称为组织型平台，消费者与平台缔约，平台与骑手缔约，类似的平台还包括网约车、城市闪送、代驾等。此类平台下的众包从业者是灵活就业人员，并且可以分为全职从业者与兼职从业者。根据《中国共享经济发展报告（2020）》，兼职就业是共享经济领域具有代表性的就业形式。滴滴平台上兼职司机大约占到九成，78.9%的兼职司机每天在线时间少于5小时；美团平台上52%的骑手每天工作4个小时以下。[②]

此外，容易被人忽视的是大量未进入公众视野的群体，例如家政工人、上门维修工等，这一群体大多通过中介型平台或者说自治型平台提供服务，此类平台与组织型平台的根本区别是不参与交易过程，仅提供工作机会，由消费者与从业者直接缔约。此类群体的规模要远大于外卖送餐员，并且以全职工作为主，但职业风险并非主要表现为交通事故风险。

第三，新业态职业伤害保障制度的性质和定位。此项制度应为独立于

① 王天玉：《互联网平台用工的合同定性及法律适用》，《法学》2019年第10期。

② 《中国共享经济发展年度报告（2020）》，http：//www.sic.gov.cn/News/568/10429.htm，2021/2/8.

现行工伤保险的社会保险制度。自社会保险制度建立之时，除全日制人员以外的灵活就业人员未能以自愿的方式加入工伤保险，根本原因在于灵活就业的劳动形态与劳动关系的劳动形态有本质区别。工伤保险与劳动关系不能解绑，劳动关系的本质是用人单位与劳动者之间因指挥监督管理形成人格从属性，用人单位既对劳动者负有安全保障义务，又对劳动者造成他人损害承担替代责任。工伤保险是为免除劳动者通过民事诉讼获得赔偿的成本，提高救济效率，通过保险机制替代用人单位的责任。而灵活就业人员并不存在这样的从属关系，其工作过程具有显著不同于劳动关系的自主性和灵活性，难以在工伤认定、工伤责任等诸多方面与工伤保险制度契合。以家政工人为例，如果其在家内摔伤，那么是要求哪一方承担用人单位的责任呢？消费者还是中介机构？恐怕都不可行，正是这一原因，才使得工伤保险制度未对灵活就业人员开放一个接口。

时至今日，在平台经济的背景下讨论灵活就业人员的职业伤害保障，不可拘泥于工伤保险，也不能将保障对象仅限定为外卖骑手。应当看到，随着平台经济形成的用工领域主要是城市服务业，大量灵活就业人员在信息技术的赋能下以较低的投入获得相对较高的收入。那么，可以预见，随着技术的进步，服务业领域的就业将以灵活多元为趋势，新业态职业伤害保障制度应发挥的作用是工伤保险之外的安全网，使得脱离劳动关系的灵活就业人员能够获得保障。鉴于此项制度旨在弥补社会保险的制度空白，那么其应当是与现行工伤保险制度并行的一种社会保险制度，按照社保机制运行，包括强制参保、人社部门主管、政府补贴等。

第四，新业态职业伤害保障制度建构的三个基本规则。一是平台与灵活就业人员共同缴费。平台与灵活就业人员之间的关系用劳动关系的雇主理论无法解释，而仅仅根据平台通过灵活就业人员获益或者社会责任就主张平台承担类似雇主的责任缺乏足够的说服力。平台对灵活就业人员所承担的责任需要理论基础，应当协调考虑平台的规则及算法要求与灵活就业人员的自主性，双方对于职业风险的控制均有一定义务和能力，应将二者视为应对风险的共同体，创新平台义务的理论基础，适应数字时代的发展需要。

二是根据平台类型和职业风险类型建立阶梯化保障机制。平台用工的不同类型对应的职业风险差异很大，当前最高风险类型应是外卖送餐等组织型平台用工，应设定最高保险费率。并且此类平台对从业者的规则要求相对较强，应承担主要缴费义务，从业者承担次要缴费义务。家政工人的职业风险低于外卖骑手，中介型平台对从业者的规则要求较低，因此这一类型的平台用工可设定相应保险费率，由从业者承担主要缴费义务，平台承担次要缴费义务。

三是建立灵活就业人员个人账户制度，采取记账制以便接续转移。基于技术条件可以实现每个灵活就业人员建立个人账户，对兼职人员可以覆盖标准就业以外的工作时间，对全职人员可以跟随其转换职业。假设某众包外卖骑手工作一段时间后停止从业，此职业伤害保障个人账户可处于中止状态，在其开始灵活就业后再启动。并且，此个人账户不应以实际金钱缴费，而应折算为记账基点，以此计算职业伤害保险待遇等级，更是能够方便灵活就业人员在不同地区从业的保险接续转移。

七、国内与域外

新就业形态在国内与域外有何异同？首先应认识到，新就业形态作为移动互联网的产物率先在美国兴起，典型代表是 Uber、Lyft 等网约车平台，网约车也是当前美国最具代表性的平台用工形式，此后在欧美逐渐发展出了外卖送餐，众包骑手亦随之成为平台用工的研究对象。学界在讨论此类平台用工模式时普遍使用共享经济的概念，旨在解释网约车最初兴起时具有“顺风车”色彩的参与形式。对于通过以 Amazon’s Mechanical Turk (AMT) 等自治型平台完成小额劳务的平台用工形态，学界发展出了零工经济的概念。

从平台用工产生的司法争议来看，平台用工从业者权益保障问题集中在网约车平台，而非自治型平台。在少数因自治型平台发生的争议中，最著名的是 CrowdFlower 案。CrowdFlower 是数据分析公司，其将工作任务拆分，并在 AMT 平台上作为劳务需求者（Requesters）发包给多位劳务提供者（Turkers）。劳务提供者起诉 CrowdFlower 公司，要求其承担雇主义务，但并未将 AMT 平台作为雇主或连带雇主。① 可见，在自治型平台上，各参与方都意识到平台不参与定价和具体劳务交易，不涉及从业者的权益保障问题。而在组织型平台方面，大量诉讼围绕组织型平台发生，但法官对于如何判断此类从业者与平台的法律关系亦存在困难。例如，在 Uber 案中，法官 Edward Chen 明确表示，现有司法测试体系是基于传统的雇佣模式，其中很多要素在 Uber 案中已经明显过时了，而其他一些能够反映当下经济现实的因素却并未明确纳入其中，例如利润分享的比例、议价能力、劳务可替代性等。② 在 Lyft 案中，主审法官 Vince Chhabria 认为，在线平台工作者"似乎不像雇员"，但也不像"独立承包商"，"当被要求依法对在线平台工作人员进行分类时，法官拒绝了这一要求并表示，陪审团面临在两个圆形的孔中选出一个，钉入一个方形桩的难题"。③ 这两起案件最终都以和解的方式结案。

此后美国劳工团体积极推动立法，但屡屡受挫。先是西雅图市于 2015 年 12 月允许 Uber、Lyft 等平台司机组建工会，但美国商会（US Chamber of Commerce）起诉西雅图市，主张此项措施违反反垄断法，最终 2017 年 4 月西雅图市联邦法官 Robert Lasnik 判决西雅图市败诉，叫停了司机组建工会。④ 而后在联邦层面，2019 年 4 月美国劳工部发布意见书（Opinion Letter），倾向认为网约工不是《公平劳动标准法》（Fair Labor Standards

---

① 法院最终判决劳务提供者是独立承包人（Independentcontractor），与 CrowdFlower 公司不构成劳动关系。Otey v. CrowdFlower, Inc., No. 12-CV-05524-JST, 2013 WL 5734146 (N. D. Cal. Oct. 22, 2013).

② Douglas O'Connor, et al., v. Uber Technologies, INC., et al., Case No. 13-cv-03826-EMC., Docket No. 357 (2015).

③ Cotter v. Lyft, Inc., No. 3: 2013cv04065 - Document 256 (N. D. Cal. 2016).

④ Gene Johnson, Judge refuses to block Seattle Uber, Lyft driver union law, https://www.sfgate.com/business/article/Judge-refuses-to-block-Seattle-Uber-Lyft-driver-11962122.php, 2021/2/8.

Act）意义上的雇员，不受有关工资工时的保护。[①] 2019 年 6 月，美国劳资关系委员会的总法律顾问办公室（Office of the General Counsel）发布《建议备忘录》（Advice Memorandum），认为网约车司机不是《国家劳资关系法》（National Labor Relations Act）意义上的雇员，不享有组建工会的权利。[②]

在此情况下，如同美国多次权利运动一样，法院成为劳工团体斗争的主阵地。加州推出的 AB5 法案并不是直接确认网约工的雇员身份，而是要求加州法院采用 ABC 测试（ABCtest），替代现行 Borello 测试。[③] ABC 测试是加州最高法院在 Dynamex Operations West，Inc. v. Superior Court of Los Angeles 案中确立的，主要内容是通常应将通过劳动取得报酬的工人认定为雇员，用工一方若想否认就必须同时证明以下三点：A. 根据合同和事实两方面判断，工人在履行工作方面不受用工一方的控制和指导；B. 工人所从事的工作超出了用工一方的业务范围；C. 该工作与工人通常独立从事的职业、行业或业务在本质上相同。法院只有在无法适用 ABC 测试时，才能适用 Borello 测试。然而，该法案对很多自由职业者群体造成了损害，加州卡车协会（California Trucking Association）、加州自由撰稿人组织（Pacific Legal Foundation）等就该法提起诉讼。法院不得不列举大量不适用 AB5 法案的职业或工作形态，造成相当复杂的豁免适用情形。[④]

为了根本性地解决网约车司机的法律身份问题，加州在 2020 年 11 月 3 日的大选投票中设置了网约车司机（App-Based Drivers）议题，支持的

---

① https：//www. dol. gov/sites/dolgov/files/WHD/legacy/files/2019_ 04 _ 29 _ 06 _ FL-SA. pdf，2021/2/8.

② https：//www. laborrelationsupdate. com/files/2019/05/NLRB-Uber-memo. pdf，2021/2/8.

③ Borello 测试（Borello test）是加州最高法院（the Supreme Court of California）在 S. G. Borello& Sons，Inc. v. Dep' t of Indus. Relations 案中确立的判断劳动关系标准，一共包括 13 项考察要素，涵盖劳动关系可能表现的各个方面，其全面性毋庸置疑，但这些要素中没有一项对判断劳动关系有决定性作用，必须由法官在特定案件中分别评估和衡量，其作用更类似一套提示性指标体系，提示法官有各类劳动关系表征要素的存在。参见王天玉：《基于互联网平台提供劳务的劳动关系认定》，《法学》2016 年第 6 期。

④ California Assembly Bill 5（AB5），https：//www. investopedia. com/california-assembly-bill-5-ab5-4773201，2021/2/8.

内容是将网约车司机定义为独立承包人，但须引入专门劳动和工资政策；反对的内容是继续适用 AB5 法案以决定网约车司机是雇员还是独立承包人。最终，支持一方以 58.39%对 41.61%的较大优势获胜。[①] 这一结果标志着美国在原有“雇员—独立承包人”的“劳动二分法”基础上增加了第三类劳动主体，以独立承包人为原型增加强制性保障措施，使得法律框架向“雇员—特别保护的独立承包人—独立承包人”的“劳动三分法”转型。

我国平台用工在实践层面与美国的差异主要体现在组织型平台。我国某大型网络配送平台说明了三种劳务提供方式：一是“自营骑手”，即平台与劳务提供者订立劳动合同；二是代理商骑手，由平台代理商与劳务提供者订立劳动合同；三是 App 众包骑手，由自然人下载并注册平台 App，用自己的业余时间接单进行配送。[②] 其分别对应组织型平台的 A、B、C 三种模式，而美国以 Uber 为代表的组织型平台从未采取过 A、B 两种模式，仅采取 C 模式。据此，进行中美平台用工的比较研究不能泛泛地选取对象，必须将我国平台用工严格限定为组织型平台 C 模式才能与美国进行比较。

在制度层面，我国的法律框架与美国基本一致，亦属于“劳动二分法”，将各类劳务给付活动分为从属性劳动与独立性劳动，劳动法调整以从属性劳动为内容的劳动关系，强调劳动者与用人单位之间的不平等；民法调整以独立性劳动为内容之民事关系，以双方当事人之平等为出发点，包括雇佣、委托、承揽、保管等多种形式。又因我国劳动法在历史上形成了独立发展路径，始终未与民法血脉贯通，使得二者发展为各自独立的法律部门，[③] 从属性劳动与独立性劳动亦分野为两个并行的领域。在此“劳

---

① https：//ballotpedia. org/California_ Proposition_ 22，_ App-Based_ Drivers_ as_ Contractors_ and_ Labor_ Policies_ Initiative_ （2020），2021/2/10.

② 参见南京市鼓楼区人民法院（2017）苏 0106 民初 1322 号民事判决书。

③ 沈建峰就此指出，我国劳动法发展的起点是计划经济体制，其制度发展首先是为了引入市场经济的规则，解决市场化不足的问题，而不是解决过度市场化带来的社会问题。参见沈建峰：《劳动法作为特别私法：〈民法典〉制定背景下的劳动法定位》，《中外法学》2017 年第 6 期。

动二分法”下，劳务给付关系的定性决定了当事人权益的保障水平，而仅有的劳动法与民法两个选项形成了非此即彼的“两极”，要么是因大量强制性规范而保障充分的劳动关系，要么是缺乏强制性规范而难言保障的民事关系。因此，在美国已经证明无法在“劳动二分法”下解决新就业形态问题，并开启“劳动三分法”转型之时，我国应当借鉴美国的经验，增加新的劳动主体类型，引入“劳动三分法”框架，以增强法律的弹性和扩大涵盖面，应对数字时代的劳动新特点。

八、立法与司法

新就业形态“法律短板”是通过立法还是司法来填补？有一种观点认为，“我国目前暂时不必针对网络平台工人的身份制定专门规则，可通过最高人民法院出台司法解释来界定劳动关系的概念及判定因素”[①]。此项认识的前提是我国现行劳动法能够涵盖新就业形态，相应地新业态从业者的保障问题是法律执行问题，而不是立法不完善的问题。笔者检索“裁判文书网”上2014—2018年平台用工案例发现，涉及损害赔偿的争议有两类：第一类是劳务提供者因交通事故造成自身损害，法院须判断平台是否承担损害赔偿责任或支付工伤待遇；第二类是劳务提供者造成第三人损害，法院须判断是由平台还是劳务提供者对第三人承担损害赔偿责任。两类争议的焦点都是平台是否应承担雇主责任，亦即平台与劳务提供者之间是否成立劳动关系。法院对此存在分歧，根据已有判决分析，少数法院认定了劳动关系，多数法院予以否定。[②] 基层的司法实践已经表明，平台用工无法用劳动关系予以解释和有效调整，在我国司法机关没有立法权的前提下，最高法院即便能出台界定和判断劳动关系的司法解释，也不可能解决平台

---

① 谢增毅：《互联网平台用工劳动关系认定》，《中外法学》2018年第6期。

② 在笔者检索的案例中，劳务提供者自身损害的案件有8件，法院认定劳动关系的有3件，否定劳动关系的有5件，劳务提供者致第三人损害的案件有34件，法院判决平台承担雇主责任的有14件，判决劳务提供者个人承担责任的有20件。案件号及分析请参见王天玉：《互联网平台用工的合同定性及法律适用》，《法学》2019年第10期。

用工的法律问题。笔者一直主张在平台用工分类的基础上，应当看到平台用工中以组织型平台 C 模式为代表的新情况和新问题，现行法对此是存在明确弊端的，应当“避免用老办法管理新业态”。[①]

对于如何填补现行“劳动二分法”下的制度空白，现有讨论可归结为两种方案，一种是“劳动二分法”下的“大劳动法”；另一种是“劳动三分法”下的“类雇员”。

第一，“劳动三分法”下的“类雇员”方案更为可取。一是因为“劳动二分法”下空白地带的形成主要是社会分工中存在大量未形成人格性结合的劳务给付形态，平台用工就是“无人格从属性、有经济从属性”，本质是承揽社会化，而非雇佣社会化，不应执着于纳入劳动法调整，应就其特征建构独立的规范体系，创造劳务给付形态多元化的制度空间，适应劳动灵活化的发展趋势。二是因为劳动法是保障劳动权益的工具箱，从中选取适当的制度可以建构“类雇员”规范体系，例如工资保障、工时保障、职业安全等，仅需满足“类雇员”的经济从属性即可，不以劳动关系为前提，也不属于劳动法调整范围。由此形成的“劳动三分法”体系下的各部分关系清晰，便于区分。

第二，“劳动二分法”下的“大劳动法”方案不可取。“大劳动法”为了填补“劳动二分法”的制度空白，必须放宽从属性标准，那么放宽到什么程度合适？用非典型劳动关系的概念来说，“非典型”可以到什么程度？从前文所述观点来看，非典型劳动关系不要求人格从属性，而以经济从属性、用工继续性为依据。据此，“大劳动法”涵盖非典型劳动关系，以“部分保护”来扩大劳动法调整范围，即对非典型劳动关系适用一部分劳动法制度，改变劳动法适用“全有全无”的状况。在此笔者有三点疑问：

首先，欠缺人格从属性的劳务给付行为是否可以称为非典型劳动关系？如果可以，现有以人格从属性为核心的劳动关系就应称为典型劳动关系，那么作为二者上位概念的劳动关系应如何界定？若该上位概念劳动关

---

① 参见《国务院办公厅关于促进平台经济规范健康发展的指导意见》。

系须体现典型劳动关系与非典型劳动关系的共性，该共性只能是经济从属性，则劳动关系的基本特征应是经济从属性，那么仅具备经济从属性的劳动关系才应是“典型”，而在经济从属性之外增加了人格从属性的劳动关系是“非典型”。

其次，“部分保护”的前提应是劳动关系获得劳动法“全部保护”，但因非典型劳动关系的特殊性而给予“部分保护”，那么由谁，经什么程序确定非典型劳动关系下的劳动者获得什么样的“部分保护”？有文献以“好厨师案”和“闪送案”说明“部分保护”已有的司法探索。①笔者认为，现行法下法院无权进行“部分保护”的探索，如果认定劳动关系，劳动者就有权主张全方位的劳动保护，法院不能决定给予什么和不给予什么，法院能掌握的是根据当事人的诉讼请求和证据进行判断。如果当事人仅主张部分劳动权益，那么法院判决不涉及其他劳动权益，如“闪送案”；②或者当事人提出诉讼请求，但证据不足以支持，法院则不予支持，如“好厨师案”。③

最后，若是“大劳动法”方案下的“部分保护”是以立法的形式作出，实质上仍是针对“无人格从属性、有经济从属性”的群体进行单独立法，只是不用“类雇员”的表述，而是非典型劳动关系，在“劳动二分法”形式下发展为“劳动三分法”的结构，这种进路是否妥当？“大劳动法”应分为基于典型劳动关系的现行劳动法和基于非典型劳动关系的扩大劳动法，已有文献将现行劳动法称为“传统劳动法”，那么扩大的劳动法按照“传统”的反义词，似乎可以对应地称为“现代劳动法或前卫劳动法”，或许更适当的表述是根据调整对象将二者称为“典型劳动法与非典型劳动法”。这一结构的实质是将“劳动二分法”下的制度空白转移到了

① 参见王全兴、刘琦：《我国新经济下灵活用工的特点、挑战和法律规制》，《法学评论》2019年第4期。

② 参见北京市海淀区人民法院（2017）京0108民初53634号民事判决书。

③ 法院在“好厨师案”中认为双方当事人签订的《合作协议》是履行劳动关系的协议，因而未支持双倍工资；加班费请求因缺乏证据未予以支持；补缴社会保险费因不属于法院受理范围，未予以审处。参见北京市第三中级人民法院（2017）京03民终11768号民事判决书；北京市第三中级人民法院（2017）京03民终11769号民事判决书。

“大劳动法”内部，形成了现行劳动法之典型劳动法与填补空白之此时非典型劳动法的新“劳动二分法”，且二者的调整对象在从属性上有根本性差异，即便名称上仍是劳动法，但与当前劳动法的内涵已经不同。“大劳动法”内部也会冲突不断，典型劳动法与非典型劳动法的边界难以划清，实务操作将更为复杂，须先认定劳动关系，再认定是典型劳动关系还是非典型劳动关系，进而决定适用哪些制度。此时虽然劳动法在形式上扩大了调整范围，但对于解决现实问题仍是弊大于利。

综上，建构新就业形态立法应立足于“类雇员”的定位，通过“民法做加法”的进路，在平台用工合同基础上引入强制性保障机制，包括定价与报酬保障制度、连续在线时长控制制度、职业风险保障制度、纠纷申诉及救济制度，填补“劳动二分法”下的制度空白，丰富法律对劳动的认知和表达，推动制度框架向“从属性劳动—经营性劳动—独立性劳动”的“劳动三分法”转型，发展多层次的劳动群体保障体系。

九、法律与政策

新就业形态的立法应当通过怎样的路径实现？或者说用怎样的方法来填补“劳动二分法”下的制度空白，进而建构“类雇员法”？从大陆法系的立法传统来看，提炼抽象的“类雇员”并进行规范设计是很多法律学者的下意识想法，但是新就业形态所涵盖的具体劳动方式复杂多样，难以在单一法律中进行概念界定，为此有学者提出“在劳动基准法提供底线保护的基础上，通过对特定而非抽象类型主体和具体劳动权利法律调整的专门化，实现对劳动者的区别保护”①。笔者认为，“类雇员法”不应定位为某一个单行法律，而应是类似通则性的基础性法律，意义是突破“劳动二分法”，以开辟新的法律空间。以德国为例，德国从未制定“类雇员法”，但自 1926 年的《劳动

① 肖竹：《第三类劳动者的理论反思及替代路径》，《环球法律评论》2018 年第 6 期。

法院法》(ArbGG) 首次规定了“类雇员”之后,[①] 《集体协议法》(TVG),《联邦休假法》(BUrlG),《员工保护法》(BeschäftigtenschutzG),《劳动保护法》(ArbSchG) 等诸多立法均有针对“类雇员”的规定,适用于“类雇员”的情形愈加多样复杂,保障事项逐步增加,形成了一个相对独立的法律空间。那么,在信息时代,“类雇员法”的建构路径应当更多地依靠劳动政策。

劳动政策的主要形式是劳动行政主管机关和地方政府制定的部门规章、地方规章,还包括复函、通知等。对于劳动政策的效力,一般认为劳动政策是为了执行法律法规,具有行政效力。这一情况的产生与我国劳动法治化进程相关。在计划经济时期,劳动关系的调整大多依据劳动政策,以“红头文件”为主,实质是劳动行政化管理的一种手段。随着市场经济体制的建立,法治逐渐成为经济社会治理的基本方式,劳动立法不断加强,劳动法律体系日益完备。在此背景下,实务中形成的主流认识是将“法”限定为法律和行政法规,排除劳动政策,这在某种程度上也是对计划经济管理方式的扬弃。这种认识对于法治建设具有积极意义,但也有其局限之处。当前的劳动政策与计划经济时期的劳动政策截然不同,是劳动法治的重要组成部分。在新就业形态的制度建构中,劳动政策能够发挥特别法功能,主要原因包括以下三点:

第一,劳动政策能够细化并落实劳动法律法规确立的制度。我国立法层面长期存在着“法律不宜太细”的导向,全国人大常委会原委员长彭真同志曾指出,我们这样一个大国,各地政治、经济、文化发展很不平衡。因此,法律只能解决最基本的问题,不能规定得太细,太细了就难以适用全国。为了因地制宜地解决问题,一个法律制定出来以后,一般还需要制定实施细则,做出具体规定。全国性的实施细则,由国务院制定;地方性的实施细则,由省、自治区、直辖市的人大和人大常委会制定。在这一立法精神的指导下,我国劳动立法重在建构体系框架,而制度的细化和落实更多地依靠劳动政策。例如《劳动法》第五章关于“工资”的规定仅有六

---

① Vgl. RGB1. I 1926, S. 507. nach Nicole Neuvians, Die arbeitnehmerähnliche Person, S. 24.

个条文，可操作性差。原劳动部制定了《工资支付暂行规定》，对于工资定义、支付、保障等方面做出了规定。不止于此，地方政府可根据本地具体情况，制定地方规章，例如北京市政府制定了《北京市工资支付规定》。从劳动法律法规到劳动行政部门和地方政府的劳动政策，劳动规范性文件形成了一个逐级细化和充实的体系结构。以“非因劳动者原因造成单位停工、停产，超过一个工资支付周期，劳动者没有提供正常劳动”的情形为例，《工资支付暂行规定》第十二条规定的是“应按国家有关规定办理”，《北京市工资支付规定》第二十七条将此具体化为“不低于本市最低工资标准的70%”。

第二，劳动政策能够填补劳动法律法规的空白。我国劳动法律体系建设虽然取得了长足进展，但仍存在诸多制度空白，甚至是基础性的制度缺失。在实务中较为突出的是劳动关系认定规范，劳动法律法规均无规定，广泛适用的是原劳动和社会保障部发布的《关于确立劳动关系有关事项的通知》（劳社部发〔2005〕12号），此《通知》已成为司法裁判中认定劳动关系的主要依据，发挥的功能已不局限于辅助法院说理，甚至可以说是指引法院推理。此外，在工作时间方面，《劳动法》和《关于职工工作时间的规定》均未规定特殊工时制度，特殊工时制度是由原劳动部发布的两部部门规章建立的，即《关于贯彻执行〈劳动法〉若干问题的意见》（劳部发〔1995〕309号）和《关于企业实行不定时工作制和综合计算工时工作制的审批办法》（劳部发〔1994〕503号）。

第三，劳动政策能够应对重大突发事件下的劳动关系变动。我国劳动法律法规面对常规问题尚且存在诸多不足，对于重大突发事件更是缺乏制度安排，必须通过劳动政策及时、高效地予以应对，稳定受此影响的劳动关系，并为司法裁判提供依据。在各类重大突发事件中，2019年末暴发的新冠肺炎疫情无疑是影响最大最广的，大量用人单位因防疫隔离措施停工，劳动关系的变动急需规范指引。为此，人力资源和社会保障部以及各地方政府发布了一系列劳动政策文件，及时稳定了劳动关系。最高人民法院在2020年4月16日发布的《关于依法妥善审理涉新冠肺炎疫情民事案件若干问题的指导意见（一）》第四条规定，就相关劳动争议案件的处理，应当正确理解和参照适用国务院有关行政主管部门以及省级人民政府等制定的在疫情防控期间妥善处理劳动关系的政策文件。“应当”一词的使用是法院承认了劳动政策在疫情期间的特殊法地位。

综上，劳动政策能够灵活地应对不断更新的新就业实践，以较低的成本积累经验，待政策经过足够的考察和修正后再经立法程序上升为法律。

十、理想与现实

在新就业形态法律制度的讨论中，各方观点可以大致分为两类，一类是主张将新就业形态纳入现行劳动法适用范围，甚至不惜为此修正劳动关系的从属性标准，衍生出各种从属性的学说。另一类是主张根据新就业形态的特点新建法律制度，如笔者主张的“类雇员”学说，推动现行法律框架从“劳动二分法”向“劳动三分法”转型。这种观点的分歧映射的是对理想与现实的不同认识。

置身于历史进程中的个体很难认识正在发生的变革。在部分讨论者的眼中，新就业形态的“新”仅是用人单位指挥管理形式的改变，并未触及劳动组织方式的根本，因此从逻辑上讲，生成于工业时代的劳动法是完全可以适用的。更有甚者认为平台用工之所以能够发展到当今的规模，主要靠的是规避劳动法的用工成本，使平台企业攫取了超额利润。相对温和的观点是，新就业形态有其新特点，但同时劳动法也有适用的必要性。为了调和二者之间的矛盾，劳动法应当拓展适用范围，并建构差异化调整机制，为从业者提供相应的保障。笔者主张要对新就业形态的“新”有充分的认识，既不要形成平台用工就是外卖骑手的刻板印象，也不要仅将法律的任务限定在当下。正如网络技术、算法、大数据是前所未有的新生产要素一样，新就业形态也具有前所未有的新就业特征。新就业形态的本质是灵活就业在信息时代的升级版，网络技术使得原本作为正规就业补充的灵活就业成长为规模化、社会化的劳动就业形态。

无论观点如何，各方的理想都是建立一套公平劳动、体面劳动、幸福劳动的法律制度。朝向这一理想迈进，必须对现实有深刻的认识和把握，并且要有勇气突破惯有思维的局限。对于新业态的从业者，不认定劳动关系并非否认其是弱者。需要区分的概念是社会保护必要性与从属性。社会保护必要性（sozialeSchutzbeduerftigkeit）包括但不限于从属性，一方面，有从属性就有社会保护必要性，“根据从属性标准认定劳动关系的劳动者，当然具有社会保护必要性”；① 另一方面，有社会保护必要性不一定有从属性，“劳动法上的特别社会保护是劳动关系的结果，而不是劳动关系的前提”，② “类雇员” 也有社会保护必要性。③ 因此，笔者认为，社会保护必要性是与弱者相联系的概念，在某一关系中处于弱者地位的当事人有社会保护必要性，典型形态是劳动关系中的劳动者，因其是社会分工的基本角色，将其社会保护必要性特别抽象为从属性，但全社会各类劳务给付关系中处于弱者地位的当事人并不只有劳动者，除劳动者以外的弱者群体仍有社会保护必要性，新业态从业者就属于此类人群，身份是“类雇员”，其弱者性是劳动过程中“控制”与“自主”冲突融合的结果，不同于劳动者的从属性，因此社会保护必要性也不同，应据此建构保障力度适当的规范体系。

结　语

新就业形态受到全社会的广泛关注，引发了热烈的讨论。但是，很多参与讨论的观点和话语并不在同一频道上，甚至对于事实的理解和把握都并不一致，这在一定程度上导致了以“自说自话”的方式进行“批评与回应”，不仅难以形成共识，反而加大了沟通成本。究其根本，现有文献中尚缺乏对新就业形态的全景式把握，在实践的类型化与分析的学理化两方

① Rost, NZA 1999, S. 114.

② Boemke, ZfA 1998, S. 299.

③ Vgl. § 12a Abs. 1Nr. 1TVG.

面都不充分，从而导致的认识错误通常表现为“以偏概全”和“以情感代替理性”。

本文试图通过十大关系的阐释提供一个认识新就业形态的“路线图”，目的是勾勒其大致的轮廓。这十个方面针对的是当前三个基本问题，即新就业形态有何创新之处？从业者是否有劳动关系？应当如何保护从业者的劳动权益？本文的基本立场是新就业形态是网络平台技术推动下的劳动变革产物，或者说是工业时代劳动形态向数字时代劳动形态过渡的形态，在仍保留一部分常规劳动关系模式之外已实现了规模化、行业性的灵活就业。因此，这部分从业者不符合劳动关系的构成要件，但这并不否定其弱者性或者说社会保护必要性，应根据其劳动特点给予相应的保障，当前主要是劳动条件的定价权以及职业伤害保障。

超越基本问题来看讨论过程，思维方式亦需要突破。当新就业形态已在实践层面突破了“独立性劳动—从属性劳动”的“二分法”，众多讨论者并没突破“民法—劳动法”或者说“民事关系—劳动关系”的“二分法”，依旧秉持着“要保障就是劳动法”以及“提供劳动就是劳动关系”的狭隘观念，甚至可以说“困在陈旧的知识系统中”。数字时代的洪流滚滚而来，数据与劳动的结合必将持续改变劳动的形态，固守以往的经验和制度是难以适应未来发展的。环顾四周，数据的影响力和重要性获得了广泛的认可，《民法典》第一百二十七条规定：“法律对数据、网络虚拟财产的保护有规定的，依照其规定。”这实质上承认了数据独立的法律地位，而《中共中央关于制定国民经济和社会发展第十四个五年规划和二〇三五年远景目标的建议》首次将数据与土地、劳动力、资本、技术并列为要素市场。因此，我们要面向数字时代，面向劳动变革，既总结提炼新就业形态的特征与趋势，又审视自身的局限与不足，突破进取，为数字时代新的劳动保障体系探索道路。

Ten Major Relationships in the Construction of the Legal System of New Employment Patterns

Tianyu Wang

Abstract: The new employment pattern has emerged massively with the network technology and has become an important employment mode. In practice, the new employment pattern is represented by platform employment, which is manifested in different platform models, divided into autonomous platform and organizational platform. Except for some labor relations, the essence of the practitioners' participation in platform employment is the upgraded version of flexible employment promoted by network platform, and the connotation is that the previous flexible employment as a supplement to formal employment has developed into an industry-wide and large-scale employment pattern under the promotion of network technology. In the face of this new problem, the legal system should be constructed in the direction of labor transformation in the digital era, not bound by the system and thinking inertia of the existing labor law, and comprehensively analyze and understand the jurisprudence and regulation of the new employment pattern from the ten major relationships including abstract and concrete, innovation and routine, autonomy and control, algorithm and regulation, bargaining and pricing, risk and guarantee, domestic and extraterritorial, legislation and justice, law and policy, rationality and reality. In addition to the current legislative framework of "labor law-civil law", we explore the establishment of "employee-like person law" and its knowledge system, in order to fill the institutional gap, and promote the transformation of the labor legal framework to "labor trilogy".

Key words: New Employment Patterns; Platform Employment; Employee-like Person; Labor Relations

新就业形态的就业市场培育研究*

张成刚

摘　要： 本文讨论了新就业形态的就业市场培育问题。在分析我国新就业形态发展特征的基础上，本文分析了新就业形态就业市场的性质和目标。本文认为，新就业形态就业市场培育的目标是推动该市场规范发展，保障消费者、劳动者权益以及社会公众的利益，形成竞争有序、促进公平的发展格局。劳动保护问题的争议、规制和监管体系不适应、二元分割劳动力市场的影响、劳动者话语权不足、双边市场的市场势力以及算法共谋、算法歧视等问题都可能影响新就业形态就业市场的运行效率。新就业形态就业市场培育路径既与平台发展高度相关，也是政府规制和治理的结果。政府需要识别平台的发展阶段，选择合适的时机介入，推动新就业形态的就业市场培育。最后，本文结合上述分析给出了相应的政策建议。

关键词： 新就业形态　就业市场培育　就业市场规范

一、引言

移动互联网及相关数字技术发展而催生的新就业形态，已经发展成为我国新增就业的重要渠道。有学者从生产力和生产关系两个角度概括了新

---

* ［基金项目］本文是国家社会科学基金项目“新就业形态对去产能职工就业帮扶机制与政策评估研究”（17CJY069）的阶段性成果。

［作者简介］张成刚，经济学博士，首都经济大学劳动经济学院副教授，主要研究方向为劳动经济。

就业形态（张成刚，2016），并指出目前得到广泛发展的主要是生产关系角度的新就业形态，即由互联网平台凭借移动互联网、大数据、人工智能等信息技术，进行劳动者与服务消费需求的大规模、大范围的组织、调配、任务分派等活动，实现劳动者和消费者直接对接的就业形态①。新就业形态在中国劳动力市场出现并发展壮大的过程中，对其的批评和争议一直存在。诸如“7万研究生在送外卖”“青年们都去送外卖了，中国的制造业怎么办？”②“外卖骑手，困在系统里”③等讨论在社会公众和媒体语境中反复出现。

新就业形态的概念提出后，学术围绕新就业形态的各类讨论、批评和争议持续不断。不同学科背景、不同视角的研究者都加入对新就业形态认识的讨论中（张成刚，2018a；张成刚，2018b；王娟，2019；葛萍，2017）。目前关于新就业形态的讨论主要关注其对劳动者权益保障的影响（常凯，2019；丁晓东，2018；林嘉，2020；王甫希、习怡衡，2020），但对于新就业形态就业市场培育的问题却鲜见有研究进行讨论。本文主要讨论新就业形态就业市场培育的目标及路径，分析目前新就业形态就业市场培育中存在的问题，并结合分析给出相应的建议。

新就业形态就业市场培育问题与新就业形态劳动保障问题是新就业形态发展中同等重要的两个问题，也是目前亟待找到发展方向的政策问题。新就业形态的出现，不仅改变了劳动力市场的运行格局，其本身也创制了新的劳动力市场，即劳动者和服务消费者之间的交易可以依托这一全新“场所”。在该市场中，传统劳动力市场的竞争特性与制度发挥作用的方式发生了改变。该市场的规则制定目前主要由平台技术的提供者——平台企业制定和实现。平台企业基于促成该市场内交易的考虑，设定各类交易规则和操作流程，特别是涉及劳动者管理控制的规则。一方面，平台企业希望更好地促成交易，为此设定了交易明确金额、交易完成时限、交易中的

---

① 《新就业形态受到国家领导人关注，专家解读补短板方向》，《第一财经日报》2020年5月25日第四版。

② 《民工转行的劳动力经济学》，《中国新闻周刊》2020年总第957期。

③ 赖祐萱：《外卖骑手，困在系统里》，《人物》2020年第8期。

各类服务细则等；另一方面，平台企业也根据交易中各方的需要做必要的调整，例如网约车平台滴滴出行在“乐清女孩被害”事件后，在公众对平台安全性出现质疑后，投入巨额成本重新梳理了和安全相关的规则。饿了么平台在“外卖骑手，困在系统里”文章引起社会巨大关注后，在平台交易规则中增加了由消费者给予骑手更长响应时间的决定权。特定社会事件引起的政府和公众对新就业形态现状的关注，进而推动平台企业改变交易规则，反映了新就业形态的就业市场并非仅由平台企业决定。平台企业在设定和塑造新就业形态就业市场的过程中，必须考虑相关利益主体的诉求与偏好。

总体上说，新就业形态的就业市场目前仍然处于发展完善过程中，尚未形成较为统一、完整和规范的市场规范体系。不同平台的交易规则可能存在差异，不同行业或不同领域的平台对待劳动者权益保障问题也采取了不同的态度，平台的规模也是影响从业者报酬与福利的重要因素。除经济因素外，平台所处领域的监管和规范、政府部门的监管态度等都是影响新就业形态就业市场的重要因素。

社会对以互联网平台作为组织基础的新就业形态仍然抱有怀疑的态度。随着信息技术的发展，新就业形态在提升工作效率的同时，开始改变传统制造业的劳动关系。部分学者认为，新就业形态是一种零工经济，劳动者看似可以更自由、更灵活地在平台经济时代工作，但实则受到更多的压榨（崔学东、曹樱凡，2019）。许多零工不仅未能实现工作自由、收入增加的预期目标，反而沦为了“廉价苦力”的代言人（周颖嘉，2020）。

这些讨论的背后涉及新就业形态的发展问题。但是只通过规制，而不去培育，是否能够促进新就业形态健康发展？如何将新就业形态这一全新的事物嵌入我国劳动力市场的建设中，并培育壮大新就业形态的就业市场，使之在更大范围发挥要素配置作用？这是本文希望讨论的问题。本文使用就业市场而非劳动力市场，是因为就业市场更有制度意涵，也更贴合本文的理论和政策讨论。

二、中国新就业形态的发展特征

新就业形态已经在主要工业国快速发展。根据 Katz & Krueger（2016）测算，从 2005 年到 2015 年，美国经济中灵活的工作安排[①]增加了约 50%，并估计此增长占同期美国净就业增长的 94%。

新就业形态发展扩大了就业岗位规模。近几年，我国城镇新增就业每年保持在 1300 万人以上，新就业形态作用巨大。新就业形态扩展了消费市场，提升了服务消费的便利性，组织起规模庞大的劳动者与广泛分散的消费者需求进行对接。以美团平台为例，2019 年，通过美团平台获得收入的骑手总数达到 398. 7 万人。2020 年上半年新冠肺炎疫情期间，新就业形态更是“脱颖而出”，成为保障居民抗疫和满足基本生活需求的重要力量。例如，2020 年上半年，美团平台获得收入的骑手达 295. 2 万人，为大量学历、技能相对不高，或因疫情短暂失业的群体提供了收入机会。支持新就业形态在疫情期间脱颖而出的不仅有马路上奔波的外卖小哥，还有使用数字技术助力交易完成的平台企业。在“后疫情”时期，具有就业容量大、进出门槛低、灵活性强等特点的新就业形态将继续在“保就业”中发挥积极作用。

目前，关于中国新就业形态的规模仍然没有官方统计数据，现在引用较为广泛的是国家信息中心每年发布的《中国共享经济发展年度报告》中共享经济平台从业者数据。根据其统计，截至 2019 年，平台从业者规模已经达到 7800 万人（见图 1）。

新就业形态提升了低技能从业者的劳动生产率。数字经济出现之前，灵活就业劳动者面临客户资源分散、与消费者匹配困难、缺乏规范性进而导致消费体验差等问题，劳动生产率低下导致灵活就业者总是与低收入、

① 其所定义的灵活的工作安排包括“临时代理机构工作人员，应召人员，合同工以及独立承包商或自由职业者”，包括了通过 Uber，Task Rabbit 或 Amazon Mechanical Turk（MTurk）等数字劳动力市场完成工作的劳动者。

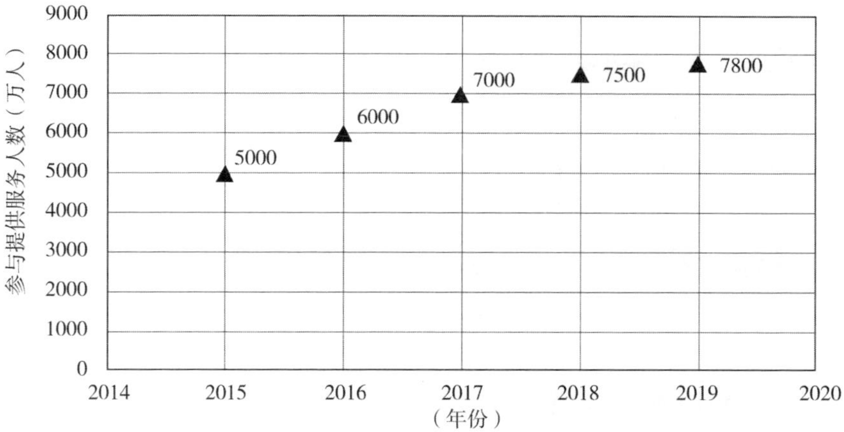

图 1　中国共享经济平台从业人数

（数据来源：《中国分享经济发展报告（2016）》《中国分享经济发展报告（2017）》《中国共享经济发展年度报告（2018）》《中国共享经济发展年度报告（2019）》《中国共享经济发展年度报告（2020）》）

工作不稳定、缺乏发展空间等现象相伴。在数字经济时代，互联网平台借助数字技术，通过对劳动者和用工方的地理位置、服务时间、服务过程等进行有效匹配，可以大幅提升灵活就业者的劳动生产率。

劳动生产率的提升是劳动者收入提升的根本保障。美团研究院问卷调查显示，目前平台灵活就业者中，40. 4%的从业者月收入为 3001 ~ 5000 元，42. 8%的从业者月收入高于 5000 元（23. 3%的从业者月收入为 5001 ~ 7000 元，9. 9%的从业者月收入为 7001 ~ 10000 元，9. 6%的从业者月收入在 10000 元以上）。灵活就业者的收入提升与其依托互联网平台提升了劳动生产率密切相关。

新就业形态从业者就业质量提升，主要表现在收入更有保障、工作时间灵活等方面。目前，通过平台就业的灵活就业者以按次收费、按单量收费为主，杜绝了工资拖欠现象。例如，根据美团平台的问卷调研，在各类灵活就业者中，按次收费、按单量收费占比为 54. 4%；底薪加提成占比为 33. 6%（提成是按次、按单量收费）。近七成灵活就业者以灵活就业为主要收入来源（张成刚，2020）。新就业形态从业者工作时间灵活，在张成刚（2018b）的调研中，81. 34% 的受调查者反映能够自主安排工作和休息时间。

上述发展特征表明，中国的新就业形态发展对劳动力市场运行起到积极的推动作用。随着中国新就业形态的范围扩大从业者规模不断增加，新就业形态的就业市场已经成为中国劳动力市场的重要组成部分。

三、新就业形态就业市场的性质与就业市场培育的目标

（一）新就业形态就业市场的性质

新就业形态就业市场的结构特点包括：（1）通过互联网接入，任务分派与任务反馈信息通过互联网传递；（2）市场是面向双边或多边的，其中至少有一边向公众开放，允许公众在市场中扮演多个角色（例如，内容创建者和内容使用者，服务的提供者和服务的使用者等）；（3）由于市场类型为双边市场或多边市场，因而新就业形态就业市场会受到网络效应的巨大影响。

新就业形态的就业市场不同于传统的劳动力市场，属于双边市场，劳动者和消费者之间存在交互网络效应和同边网络效应。尽管在双边市场中，平台企业是否具有垄断能力依然是研究的热点，但已经有研究证明平台企业在在线劳动力市场中具有市场力量（Arindrajit et al.，2019），这意味着平台企业具有工资设定能力。在线劳动力市场中平台企业的市场力量是否可以证明在平台服务市场中平台企业同样具有市场势力还有待商榷，但平台企业在新就业形态就业市场中所起的巨大作用是有目共睹的。

新就业形态就业市场的培育和塑造，并非只有平台企业发挥作用。新就业形态就业市场是以平台企业为主体，由平台企业、政府、消费者、劳动者共同塑造的、具有公共属性的合约模式（如图 2 所示）。该市场运行规则的形成，并非仅由平台企业制定，政府、消费者、劳动者共同对平台的交易规则、权利义务等进行界定。政府通过政策法律规定了新就业形态就业市场，包括行业法律、劳动和税收法律、反垄断法律等。行业法律对

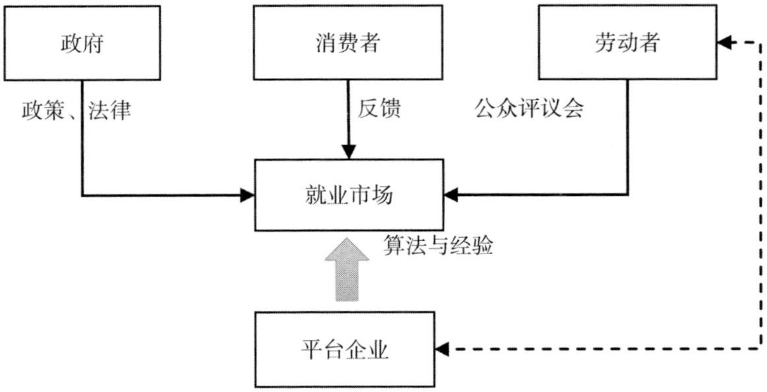

图 2　新就业形态就业市场与各利益主体的关系

新就业形态就业市场的交易产生直接的管制作用。例如，《网络预约出租汽车经营服务管理暂行办法》[①] 规定了网约车合规需要取得网约车驾驶员证、网约车运输证和网约车经营许可证，分别由符合条件的驾驶员、车辆和平台企业办理。这些准入门槛的设定意味着交易成本大幅增加，导致了该就业市场中兼职的从业者不断退出。表 1 显示从 2016 年我国网约车出现之初到 2019 年，兼职网约车司机的比例出现了明显的下降趋势。这是行业法律影响新就业形态就业市场的典型例证。

表 1　网约车司机兼职比例的变化

年份	兼职人员比例	数据说明	数据来源
2016 年	71%	滴滴平台 去产能职工司机	首都经济贸易大学劳动经济学院课题组，2017
2019 年	57%	女性网约车司机	滴滴发展研究院新就业研究中心，2019

数据来源：作者根据公开数据来源整理

劳动和税收法律也是塑造新就业形态就业市场的重要因素。尽管大部

① 2016 年 7 月 27 日交通运输部、工业和信息化部、公安部、商务部、工商总局、质检总局、国家网信办发布，根据 2019 年 12 月 28 日《交通运输部 工业和信息化部 公安部 商务部 市场监管总局 国家网信办关于修改〈网络预约出租汽车经营服务管理暂行办法〉的决定》修正。

分新就业形态从业者与平台企业之间并未建立劳动关系，但为了遵守现行劳动法律、税收法律的要求，一些平台企业采用劳务外包、转化为个体工商户等方式发放报酬，并用于抵扣企业税款。采取劳务外包的形式会增加平台企业和平台从业者之间的中间环节，这一环节成本的增加会影响骑手与平台之间的分成。如表 2 所示，尽管 2020 年该成本同比增长率从原来的 43. 3%下降到 29. 8%，但增长速度仍然较高。

表 2　美团平台用于劳务外包的成本变动

年份	其他外包劳动成本（千元）	同比增长率（%）
2020 年中期	1745562	29. 8
2019 年中期	1344524	
2019 年	2991197	43. 3
2018 年	2087398	

数据来源：作者根据美团点评公司年报整理

在新就业形态从业者身份未明确的情况下，司法实践也会影响新就业形态就业市场运行。目前法院对互联网平台用工的裁判中，对于平台企业与劳动者之间是否形成劳动关系并不统一，既有认定为构成劳动关系的案例，也有不认定构成劳动关系的案例（张成刚，2019；王甫希、刁怡衡，2020）。

消费者可以通过“用脚投票”和评分的方式对就业市场的服务质量进行反馈。劳动者缺乏对于自身劳动条件、劳动过程与报酬待遇的话语权，但劳动者同样可以通过“用脚投票”的方式对该就业市场产生反馈。个别平台企业通过创新的方式获得消费者、劳动者的反馈，如滴滴平台通过平台管理者、消费者代表和劳动者代表共同参与的公众评议会进行就业市场中部分交易规则、服务标准等的协商，可以产生一定程度的约束力，并形成对交易的规范。美团平台通过骑手恳谈会的方式，关注骑手体验和平台生态建设，迄今已收集建议约 50 条，涵盖骑手侧 App 功能优化、新骑手体验优化、配送机制优化等多个层面，其中超过 16 条建设性意见已纳入业务改进和产品迭代计划中。

（二）新就业形态就业市场培育的目标

新就业形态就业市场培育的目标是推动该市场规范发展，保障消费者权益、劳动者权益以及社会公众利益，形成竞争有序、促进公平的发展格局。竞争有序的就业市场意味着就业市场规则明晰，劳动者救济性权利明确、权利保障有力，能够促使劳动者在新就业形态就业市场与其他就业市场间合理流动和优化配置，激发从业者利用新就业形态创新创造创业活力。促进公平意味着在就业市场中可能占据市场力量的平台企业，与从业者在平台商业模式与传统商业模式之间进行利益调整，从而使劳动者既可以在新就业形态就业市场中获得公平，也可以在社会行业层面获得公平。

具体而言，应该通过新就业形态就业市场培育，实现新就业形态岗位供给增加、新就业形态从业者劳动生产率提高，以及从业者就业质量提高。通过新就业形态就业市场的发展，对在新就业形态就业市场之外的其他相关低技能劳动者产生“扩散效应”，改变相关劳动力市场的薪酬和就业质量。同时，通过新就业形态就业市场培育，增加新就业形态在提升经济效率、共享利用资源、建设社会信用等方面的正外部性。

国际上，大部分政府正在努力将新就业形态纳入治理的框架，但在现有的法律体系下，对新就业形态进行规制仍然充满挑战（张成刚，2018b）。各国政府需要在解决劳动力市场存在的问题、提高创造经济岗位的能力、减少劳动力市场摩擦与减少新就业形态对传统行业的冲击之间做出平衡的选择。一些政府为适应新就业形态做出了公共政策的创新（张成刚，2018b），但无论政府进行平衡选择，或者进行公共政策适应性创新，都应该有清晰的政策目标，即围绕新就业形态就业市场培育来开展。

四、新就业形态就业市场存在的问题

新就业形态就业市场可能存在如下问题，并导致该市场无法有效发挥资源配置作用。

新就业形态从业者是否应该受到当前劳动法律的保护是新就业形态就业市场培育的重要问题之一。新就业形态的出现，对传统的劳动力市场政策、法规提出了挑战。目前的劳动力市场政策、法规是工业时代的产物，其所对应的劳动力市场就业形态，是以工厂制和所谓的“标准”就业为基础。在数字经济时代，新就业形态的组织基础与合约模式发生了重大变化，即劳动力市场政策与法规适用的经济基础发生了改变。在这样的前提下，劳动法律是否需要作出修改以适应新就业形态就业市场发展的需要，还是坚持将新就业形态从业者纳入现行劳动法律保护的范围，依然是政策制定者、学术界等争论的焦点。

目前的规制和监管体系不适应新就业形态就业市场的发展。我国政府的规制和监管体系还是以部门分割、区域分割为主要特征，不适应新就业形态就业市场建立全国统一市场的特征。不同政府部门对应监管不同行业，对新就业形态中新涌现出的新行业缺乏支持管理部门。中央部委和地方政府在政策制定、政策执行方面存在分工问题，地方政府掌握具体劳动力市场政策的执行权，但地方政府只能对接新就业形态的本地市场，与平台总体无法形成高效率的对接。

新就业形态就业市场已经嵌入中国的劳动力市场，并受中国劳动力市场固有经济与制度因素影响。对新就业形态的讨论不应脱离中国劳动力市场的宏观背景。二元分割的劳动力市场是中国劳动力市场的主要特征之一。大量聚集于次级劳动力市场的劳动者是目前新就业形态就业市场的主要供给。一方面，分割的劳动力市场是导致我国劳动力资源配置扭曲的重要因素。二元劳动力市场分割同样导致了新就业形态就业市场劳动力资源配置扭曲，表现为部分行业新就业形态从业者的高流动率、缺少职业发展空间等。另一方面，分割的劳动力市场也导致对新就业形态从业者规范缺失和保障不足，如目前新就业形态从业者社会保障缴费率低、工伤保险缺失等。目前新就业形态从业者面临的部分劳动保障问题根源在于劳动力市场的制度性分割，而非新就业形态就业市场所特有。

新就业形态就业市场中劳动者的话语权不足，可能影响新就业形态就业市场的稳定。张成刚（2018b）的研究显示，少数平台企业会针对个别事项以调查问卷的形式征求劳动者的意见，多数情况下各类规则都是平台企业单方面说了算，劳动者只能被动遵守平台制定的各项规则。话语权的缺乏是所有就业形态的劳动者共同面对的问题。但在传统就业中，参加工会、召开职工代表大会、开展集体协商等制度可以在一定程度上发挥协调对话的作用。目前新就业形态中还缺乏保障劳动者话语权的制度机制。

新就业形态就业市场的非竞争性因素，可能降低新就业形态就业市场调配劳动力要素的效率。新就业形态就业市场的典型特征是双边市场，平台企业是否具有市场力量仍然没有定论。但一些实证研究逐步揭露出新就业形态的就业市场中，平台企业可能具有市场力量。Arindrajit 等（2019）的研究表明，MTurk 工人的薪水可能不到其生产力价值的 20%。MTurk 雇主的这种“高度强大且出人意料的高度市场力量”表明，效率低下的市场结构使雇主受益，损害了工人。市场参与主体的市场正常接入应受到保障，不应由任何平台公司、企业或政策措施损害劳动者自由进入、退出该市场。

由于平台交易主要通过算法完成，可能带来算法共谋、算法歧视等导致新就业形态就业市场缺乏效率的情况。由于平台海量的劳动、服务、交易、定价主要由算法完成，这就有可能出现算法促成的共谋，从而导致平台间劳动、服务、定价及其他劳动条件趋同，改变新就业形态就业市场的竞争秩序。传统研究认为，由于交易的匿名性和平台企业着力培养陌生交易者之间的信任，平台交易相对于线下交易产生歧视的可能性更小。但如果平台企业为了实现利润最大化，选择限制价格的透明度，实现动态差别定价，就会导致价格歧视。同时，机器学习等自动学习技术对平台交易数据不断学习，也可能会将现实世界中的歧视性信息吸收到算法中。当这样的算法被应用时，会形成对劳动者群体新的歧视。

五、新就业形态就业市场培育路径

各个国家和地区政府应对新就业形态，采取了不同的政策策略。这些政策策略中，有些是协调政府与新就业形态关系的原则，如“不干预”“威慑”和“禁止”；有些则体现了政府介入新就业形态就业市场的培育中，如“规制”和“协同治理”（见表3）。

表3　各个国家和地区政府应对新就业形态的政策策略框架

政策策略	示例
“不干预”——政府对新就业形态的发展采取包容审慎的态度	中国政府明确支持新就业形态的发展
“威慑”——政府不干预新就业形态的发展，但通过个别惩罚对其发展形成威慑	2015年8月11日，中国香港地区警方“钓鱼”执法，逮捕5名Uber司机； 2017年5月23日，中国香港地区警方逮捕了21名Uber司机，罪名是非法载客及没有为第三方投保
“禁止”——政府禁止其发展	法国严厉抵制Uber，2015年法国内政部宣布法国UberPOP业务涉嫌违法，严重扰乱公共秩序，并禁止UberPOP的活动； 比利时于2014年4月禁止司机通过UberPOP接送乘客，否则将处以1万欧元罚款
“规制”——政府设定政策框架，对其发展进行规制	中国政府出台《网络预约出租汽车经营服务管理暂行办法》《关于促进共享经济发展的指导性意见》
“协同治理”——政府与互联网平台运营公司构建积极的协同管理网络，共同对其发展进行管理	新加坡允许出租车运营网约车的订单，并实施动态调价，网约车平台Grab正在新加坡推行出租车与网约车的融合

数据来源：张成刚（2018a）

新就业形态就业市场培育路径既与平台发展高度相关，也是政府规制和治理的结果。处于不同发展阶段的平台企业，培育和推动自身平台形成就业市场的能力不同。政府需要识别平台的发展阶段，选择合适的时机介入新就业形态就业市场培育。

平台企业在推动新就业形态就业市场形成中起到关键作用。特别是在新就业形态就业市场形成初期，平台企业需要发现市场并进行市场开发工作。这一阶段，平台企业推动建立的就业市场并不稳定，有随时消失或倾覆的风险，这种风险可能来源于平台企业的战略错误，可能来源于市场需求不足，也可能来源于政策的限制。随着平台企业用户积累，平台企业规模逐渐增加并形成较为稳固的就业市场。当一定规模的劳动者进入该就业市场后，就需要形成相应的市场运行规范，以保障该就业市场的长期、健康运转（如图 3 所示）。

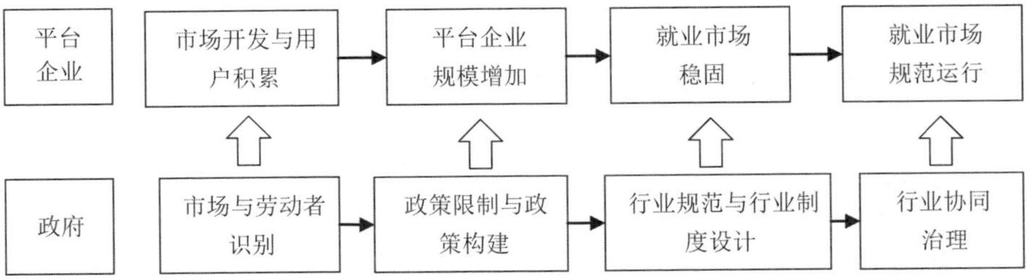

图 3　新就业形态就业市场培育的路径

政府应该在新就业形态就业市场培育中发挥作用，但政府主管部门在平台企业推动就业市场形成的不同阶段，所应采取的市场培育措施并不相同。在就业市场形成早期，平台企业需要大量的用户积累才能形成较为稳定的用户群体与市场规模。该阶段政府不宜过早介入新就业形态就业市场的培育。但政府主管部门应对初步形成的就业市场与所适应的劳动者群体有所认识，对于明确违反劳动力市场政策或相关政策的市场行为予以纠正，同时应对未明确违反政策规制或处于法规真空地带的市场行为予以包容。如果有可能改善社会福利但限于现有政策无法发挥作用的市场行为，政府应该通过政策构建的方式予以推动。在新就业形态发展的初期，我国政府秉持“鼓励创新、包容审慎”政策原则，对新就业形态监管和规范的态度是“让子弹再飞一会儿”。在这样的政策原则支持下，新就业形态得以快速发展。

当新就业形态的就业市场逐渐稳固后，政府主管部门应该积极参与就业市场规则制定。但该市场规则制定应该细化到行业层面，而非整个劳动力市场层面。不同行业之间在薪酬福利、就业质量与工作条件方面大相径庭，从行业层面设计对新就业形态就业市场的规制，更能够贴近劳动者的实际情况。应推进政府与平台企业协同治理，利用平台大数据、人工智能等技术手段提升政府治理水平和治理能力，特别是行业主管部门与行业主要平台企业形成行业层面的协同治理关系，是该行业新就业形态就业市场良性运转的保障。

六、相关政策建议

互联网平台是新就业形态必不可少的“基础设施”，是新就业形态发展的前提。国家在政策理念中支持新就业形态的发展，但是在具体的政策实践中限制平台企业的发展，这样的做法是矛盾的，且无法达成培育新就业形态就业市场的政策目标。数字技术和平台组织已嵌入经济社会发展中，如何利用和发挥好数字技术和平台组织的力量，需要政府、平台、社会和劳动者共同思考、共同建设。笔者认为，应秉持在发展中解决问题的理念，支持新就业形态就业市场的发展，同时努力解决发展过程中产生的问题。

第一，数字平台的算法可以不断迭代和优化，这是新就业形态就业市场运行效率提高的技术基础。要保证新就业形态就业市场中数千万订单交易在任何环节不出错，需要平台长期的经验和数据积累。但即使目前最先进的算法也不可能覆盖所有情况。应不断将真实世界的复杂性和不确定性转化为算法中的可预测性与确定性，这需要平台长期的发展积累。保障平台企业长期发展的确定性，能够激励平台采取更长期的发展方式，例如投资改善平台从业者工作条件的硬件设施。新就业形态就业市场培育应着力减少算法歧视和算法共谋，促使新就业形态就业市场形成良性竞争秩序。

第二，劳动者的成长是新就业形态就业质量不断提升的基础。我国政府已出台各类措施加大对灵活就业者的培训力度，努力建立新就业形态和灵活就业的职业技能标准。建议政府、行业组织、院校和互联网平台合力开展职业教育，共建实训基地，深化产教科融合，实现联合办学认证。

第三，长期来看，新就业形态从业者需要保险保障支持。除社会保险外，应鼓励商业保险与灵活就业结合，利用市场力量管控和分散风险；鼓励并支持互联网平台为灵活就业者设计商业保险，如意外险、重疾险、商业医疗险、商业养老险等。政府对平台企业以商业保险提供的保障可予以财政补贴或税收优惠。

第四，鼓励平台在发展中承担从业者相应的劳动保障责任。目前，一些规模较大的平台已经为从业者劳动保障做了大量工作。2020 年 7 月 28 日，国务院出台了《关于支持多渠道灵活就业的意见》，明确要求研究制定平台就业劳动保障政策，明确互联网平台在劳动者权益保护方面的责任。特别是应引导产业（行业、地方）工会与行业协会或行业企业代表协商制定行业劳动定额标准、工时标准、奖惩办法等行业规范，从而对本行业内从业者起到具体的保障作用。

政府应参与新就业形态就业市场规则构建，通过出台政府政策、法规，以及推动广泛的社会对话，界定新就业形态就业市场的交易规则，明确平台企业、消费者、劳动者在平台中的权利义务边界，对可能存在的影响社会公众利益的情况提前设定止损及救济措施。

On the Cultivation of Labor Market of New Forms of Employment

Chenggang Zhang

Abstract: This research discusses the cultivation ofemployment market of new employment forms. By analyzing the characteristics of the development of new forms of employment in China, this article analyzes the nature and objectives of the new employment forms of the employment market. This study believes that the goal of the cultivation of employment market of new employment forms is to promote the standardized development of the market and protect the rights of consumers and workers. As well as the interests of the public, form an orderly competitive and fair development pattern. Disputes on labor protection issues, inadequacy of regulatory and supervisory systems, the impact of the dual division of the labor market, the lack of workers' voice, the market power of two-sided markets, and algorithmic collusion, algorithmic discrimination, and other issues may affect the operation of the new job market. effectiveness. The path to fostering new employment forms and the employment market is not only highly related to platform development, but also the result of government regulation and governance. The government needs to identify the development stage of the platform and choose the right time to intervene to promote the cultivation of the new employment form of the job market. This study combines the above analysis and gives corresponding policy recommendations.

Key Words: New Forms of Employment; Cultivation of Labor Market; Regulation on Labor Market

家庭特征、异质性工作经历与平台就业者社会保险参与：来自全职外卖骑手的证据*

李晓曼　孙伟航

摘　要：本文以全职外卖骑手为研究对象，基于×外卖平台的在线调研数据，研究了家庭特征与滞后一期异质性工作经历对平台就业者参保行为的影响及作用机制。研究结果发现，有过婚姻经历和抚养两个及以上儿童的外卖骑手参加社会保险的概率更大，来自灵活就业市场的外卖骑手更倾向于选择居民保险，国有企业工作经历和滞后一期工作持续期较长都能显著增加平台就业者参与职工保险的概率；其中，平台就业压力和未来工作打算是重要的影响机制。最后，参保行为在不同群体中有明显分化，发展型与生存型平台就业者的参保偏好迥异，需要配合差异化的政策引导，而家庭特征和以往工作的持续时间都仅在未签订劳动合同的群体中发挥促进参保的作用。在此基础上，本文提出合理化政策建议，帮助平台就业者获得适宜的保障水平。

关键词：平台就业　家庭特征　异质性工作经历　职工养老保险

---

* ［基金项目］本文为2020年共青团中央“青少年发展研究”课题“我国灵活就业青年社会保险的参与意愿、决策机理与政策优化研究”（项目编号：20YB041）阶段性成果。

［作者简介］李晓曼，首都经济贸易大学劳动经济学院副教授；孙伟航，首都经济贸易大学劳动经济学院硕士研究生。

一、引言

以移动互联网为代表的先进技术的市场化应用对传统经济形态产生了强烈冲击，全球范围内，相当一部分企业依托于互联网平台实现业务创新、战略转型与功能拓展。在中国，以顺丰、滴滴、饿了么、美团为代表的O2O互联网平台蓬勃发展，为劳动者提供全职或利用零散时间兼职的工作机会，吸纳了大量劳动力。越来越多的劳动者选择通过平台寻找与自身相匹配的工作岗位，国家信息中心分享经济研究中心发布的《中国共享经济发展报告（2020）》显示，2019年共享经济参与者人数约8亿人，提供服务者人数约7800万人，同比增长4%；据中国产业研究院统计，2019年通过平台就业的外卖骑手规模总数已突破700万人。互联网对社会资源分配机制的深度渗透，使平台开始介入劳动过程①，逐步扩展出以“劳务”为标志的新型交易形态②，劳资双方不再束缚于传统的二元劳动关系。平台就业者因劳动关系认定困难引发的收入和就业不稳定、心理和身体健康等问题③引起了社会各界的广泛关注，社会保障和福利的缺乏成为影响微观个体劳动保障权益的最大因素，如何帮助平台就业者获得与自己创造的社会经济效益相匹配的社会保险计划是亟待解决的问题。④

平台就业者一般通过以下四种途径参与社会保险：一是在确立劳动关系的基础上，依托平台参加传统意义上的城镇职工社会保险。二是通过挂靠第三方中介机构的方式参加城镇职工社会保险，此种情况下需自行负担企业缴费的部分。三是选择参加灵活就业人员社会保险，虽然其是城镇职工社会保险制度的一部分，但只包括养老保险和医疗保险。此时，平台就

---

① 张楠：《“互联网+”背景下的快递员劳动关系界定》，《中国劳动》2018年第6期。

② 王天玉：《劳动法规制灵活化的法律技术》，《法学》2017年第10期。

③ 范围：《互联网平台从业人员的权利保障困境及其司法裁判分析》，《中国人力资源开发》2019年第12期；Friedman and Gerald, “Workers without employers: shadow corporations and the rise of the gig economy,” Review of Keynesian Economics, vol. 2, no. 2, 2014, pp. 171-188.

④ 汪德华：《零工经济的社保难题与应对思路》，《探索与争鸣》2020年第7期。

业者需承担企业与个人的双重缴费责任，但缴费比例有所调整，如养老保险自付的企业缴费比例从正常的20%降低至12%。四是参加缴费低同时待遇也低的城乡居民社会保险。平台就业者劳动关系的复杂性和职业流动的特殊性使其社会保险参与模式与传统高度依赖企业组织的社会保险运转模式不相适应，尤其是在劳动关系认定、社保缴费机制以及公共服务模式等方面。而缴费低且待遇低的城乡居民社会保险又不能满足其未来的养老和医疗需求，平台就业者面临着保障诉求强而获得保障的成本超出支付能力的困境。在这一制度困境下，现有研究多聚焦宏观制度构建，缺乏对微观个体理性决策过程的探析，而在理性行为人决策机制里，包含了其对制度障碍的判断和认知，在此基础上个体调整意愿实施行为决策，因此探索个体参保微观决策过程和特征是明晰现行制度对其影响的突破口。在此背景下，本研究从平台就业者参保决策机制入手，通过明晰个体、家庭和职业特征等与参保行为之间的关系，厘清不同特征的平台就业者参保需求和差异化选择，在此基础上针对现行制度设计和运行与平台就业者适应性不足的问题，提出构建合理制度和政策框架的建议。

二、文献综述

自平台就业成为劳动力市场备受关注的新兴就业模式以来，国内外许多学者便将对灵活就业的关注转向平台就业以及零工就业。平台就业作为灵活用工的一种新方式，提高了工作的灵活度，促进了劳动者和目标工作的匹配效率①，却也带来了相应的劳动关系认定模糊、保障和福利缺乏等问题。现阶段，已有的平台就业与社会保障的相关研究主要关注平台控

① Stefano, Valerio De, "The rise of the 'just-in time workforce': on demand work, crowdwork, and labor protection in the 'gig economy'," Comparative labor law and policy journal, vol. 37, no. 3, 2016, pp. 461-471.

制[①]、零工身份认定、劳动权益保障[②]、社会保险[③]等问题。其中，对于平台就业者社会保险问题的关注，呈现出从虚到实，从宏观层面的制度探索逐步向微观实证深入推进的趋势。

我国企业对劳动者社会保险缴纳责任以劳动合同作为依据，大多数平台并不承认与平台就业者之间的劳动关系，因此平台就业者若作为灵活就业人员的身份平等参加职工社会保险仍存在明显制度障碍[④]。现行城镇职工社会保险制度难以适配就业变化的新需求，参保规定与越来越多平台就业者的实际条件不相适应，无法实现正规就业与平台就业的有效衔接以及异地之间的转移接续[⑤]，导致大量新就业形态下的从业人员参保积极性不高，被隔离在现行社会保险制度圈层之外[⑥]，而参加城乡居民社会保险待遇水平总体过低，不能提供与平台就业者经济负担能力和风险分担需求相适应的保障供给[⑦]。

然而相关实证研究未能及时对制度研究中剖析出的问题进行回应，从而无法有效支撑和推进围绕新型灵活就业人员社会保险的理论和政策研究。由于数据局限，现有实证研究多关注传统灵活就业者的参保行为，对新就业形态人员参保行为和机理的研究不足。已有研究将灵活就业人员参

① Gandini, Alessandro, "Labour process theory and the gig economy," Human Relations, vol. 72, no. 6, 2019, pp. 1039-1056; Woodcock, Jamie , and M. R. Johnson . "Gamification: What it is, and how to fight it," Sociological Review, vol. 66, no. 3, 2018, pp. 542-558.

② Greenwood, Burtch and Carnahan, "Economic and business dimensions of unknowns of the gig-economy," Communications of the Acm, vol. 60, no. 7, 2017, pp. 27-30.

③ 吕宣如：《新业态下灵活就业人员的社会保险制度研究》，硕士学位论文，华东师范大学公共管理学院，2019 年；张楠：《经济新业态从业人员社会保险缺失问题研究》，硕士学位论文，吉林大学哲学社会学院，2019 年。

④ 关博：《加快完善适应新就业形态的用工和社保制度》，《宏观经济管理》2019 年第 4 期。

⑤ 贾昌：《新业态群体保障归于何处：立足全新群体视角解读传统社保模式的完善与改革》，《劳动保障世界》2019 年第 6 期。

⑥ 参见杨艳东、张铭哲：《不确定风险下新就业形态劳动者养老保险研究》，《浙江工业大学学报（ 社会科学版）》2020 年第 2 期。

⑦ 宋晓梧：《构建共享型社会：中国社会体制改革 40 年》，广州：广东经济出版社，2017 年。

保决策归为内部因素和外部因素[①]，前者主要关注个人特征和当期职业特征等，包括性别、年龄、受教育程度、收入水平[②]、工作单位性质等；后者主要关注社会保障制度特征，包括支出基准线[③]、交易成本、制度覆盖面及可持续性、政策设计公信力[④]等。同时，由于内外因存在交互影响，即社会保障的制度设计会通过影响个体对政策的了解程度、满意度和兴趣度等间接影响参保决策，内外因需要统一纳入理性人的决策框架进行考量。但是，由于研究样本地区受限的问题，不同研究中的常见变量选取、研究方法和实证结论并不一致，未能在参保决策机制上获得稳健一致的结论。

在具体微观决策因素的选择上，仍然有进一步选择和考量的空间。一方面，关于对未来风险预期产生重要影响的家庭特征变量，根据贝克尔的家庭生产理论，家庭作为生产单位为追求产出和效用最大化，通过内部分工与劳动供给决策会影响家庭对未来经济状况的预期水平，从而会对社会保险参与行为产生影响。[⑤] 家庭特征对参保行为会产生两种方向相反的影响效应：一种是正向效应，即已婚和子女多的平台就业者为未来保障做规划的可能性更大，具有更多的保障需求，参加养老保险计划将增加预期收入，医疗保险能够应对医疗支出不确定性。另一种是负向效应，即已婚和子女多的平台就业者会受到来自家庭羁绊和家庭分工的制约，[⑥] 由于日常

---

① Carmelo Mesa-Lago, "Social Insurance (Pensions and Health), Labour Markets and Coverage in Latin America," United Nations Research Institute for Social Development, 2008, pp. 78-97.

② 阳程文：《城镇灵活就业人员参加社会养老保险制度影响因素实证分析：基于对广州中心城区的调查研究》，《社会科学论坛》2014 年第 9 期。

③ Thornton, Rebecca L. and Laurel E. Hatt, "Social security health insurance for the informal sector in Nicaragua: a randomized evaluation," Health Economics, vol. 19, no. S1, 2010, pp. 181-206.

④ Holzmann R and Stiglitz J. E, "New Ideas about Old Age Security: Toward Sustainable Pension Systems in the 21st Century," World Bank Publications, 2001.

⑤ Becker, G. S., *The economic approach to human behavior*, Chicago: The University of Chicago Press, 1976.

⑥ Becker, G. S., *A treatise on the family*, Cambridge, MA: Harvard University Press, 1991.

花销需要即时支付，有更多的当期现金诉求，从而降低了参保的积极性。当正向效应大于负向效应时，参保概率增加；反之，参保概率降低。然而，现有研究在家庭特征对参保行为的影响上并未得出一致的结论，尤其缺乏对平台劳动者群体的关注。

另一方面，工作经历作为劳动者人力资本的重要组成部分，实际上衡量了劳动力的依存度①，即职业发展过程中，劳动者不断累积的与岗位相关的一切经验②及与该岗位相关的一系列事件，不仅会影响个体的就业选择和收入水平，也会造成其社会保险诉求的差异性。③ 传统研究中常用相关工作的任职时间和从事某项任务的次数来定义和衡量个体工作经验，④ 这样做的隐含假设是每一时间单位的工作经历带给个体的影响是同质的，但实际上，过往工作的不同状态、所属行业、单位性质和持续时间等带来的人力资本积累效果迥异，具有相同任职年限的个体所执行任务的数量和类型存在很大差异。⑤ 与简单的任职时间相比，衡量工作经验的异质性更能准确地预测个体行为和决策策略，⑥ 因此，关注异质性工作经历有助于帮助政策制定者理解平台就业者实施差异化参保策略的动因，从而更好地制定针对性的政策。

综上所述，除了个体因素和当期职业特征外，家庭特征与异质性工作

---

① Giefer, K. G. , "Labor force participation, income packaging, and economic well-being before and after welfare reform: Does prior paid work experience matter?" . Dissertations & Theses-Gradworks, 2010.

② Tesluk, P. E. and Jacobs, R. R. , "Toward an integrated model of work experience," Personnel Psychology, vol. 51, no. 2, 1988, pp. 321-355.

③ Quinones, M. A. and Ford, J. K. and Teachout, M. S. , "The relationship between work experience and job performance: A conceptual and meta-analytic review," Personnel Psychology, vol. 48, no. 4, 1995, pp. 887-910.

④ McDaniel, M. A. and Schmidt, F. L. and Hunter, J. E. , "Job experience correlates of job performance. Journal of Applied Psychology", vol. 73, no. 2, 1998, pp. 327-330; McEnrue, M. P. , "Length of experience and the performance of managers in the establishment phase of their careers. ," Academy of Management Journal, vol. 31, 1998, pp. 175-185.

⑤ Ford, J. K. and Quinones, M. A. and Sego, D. J. and Sorra, J. , "Factors affecting the opportunity to perform trained tasks on the job," Personnel Psychology, vol. 45, 1992, pp. 511-527.

⑥ Goodwin, V. L. and Ziegler, L. , "A test of relationships in a model of organizational cognitive complexity," Journal of Organizational Behavior, vol. 19, no. 4, 1998, pp. 371-386.

经历也会对平台就业者的参保行为产生重要影响。前者是引起劳动者工作压力从而实施参保决策的重要因素，后者则是劳动者主观规范①形成的重要机制，从而影响其在不同社会保障项目之间进行差异化选择。遗憾的是，由于数据所限，现有研究并未对这些特征给予充分关注。在此背景下，本文构建了家庭特征、异质性工作经历与平台就业者参保决策的研究框架，通过对决策机制和决策分化的探索，旨在明晰平台就业者对社会保险制度的差异化诉求，以期为构建与平台类劳动关系相适应的社会保险制度提供政策思路。

三、研究方法与变量选择

（一）数据来源与变量选择

本文使用×平台的在线调研数据，该调查的关注对象是网络餐饮平台的送餐人员，调查内容涵盖了外卖骑手基本情况与就业状况。×平台是国内一家快速发展的外卖送餐平台，从 2017 年到 2019 年实现了骑手数量 81. 4%的增长。该调查采用手机客户端推送的方式，向已在平台注册并具有收入记录的骑手发放问卷，涉及北京、深圳、成都、杭州、哈尔滨等在内的多个主要城市，通过向骑手手机终端进行推送以及剔除无效样本，最终回收总样本 16233 个，其中全职样本占比 60. 9%。由于本文聚焦参保行为，兼职人员在平台之外可能拥有影响参保的其他雇佣关系，因此不纳入本文的讨论范围。

本文的因变量是社会保险参与行为，即是否参加社会保险，只要参加城镇职工社会保险和城乡居民社会保险任意一种就视为参保。为进一步明晰具体的参保情况，本文还试图分析平台就业者的参保结构，包括是否参加城镇职工社会保险、是否参加城乡居民社会保险两类情况。

---

① 主观规范这一概念来自计划行为理论，反映的是重要他人或有关组织对行为主体决策的影响，意指行为主体执行某一特定行为时感知到的社会压力。

本文的自变量分为3个维度：（1）家庭特征，包括婚姻状况和需要抚养的儿童数量。（2）异质性工作经历，即滞后一期的工作状态与单位特征等。除工作年限（持续时间）这一指标以外，还包括滞后一期工作经历的其他特征，即平台就业是否为第一份工作、上一份工作类型、上一份工作所属行业、上一份工作企业所有制等。（3）其他控制变量，基于数据结构，本文尽可能控制了其他影响参保行为的变量，涉及个体特征和当前职业特征两个方面。个体特征包括年龄、性别、受教育程度、户籍状况；当前职业特征关注平台就业工作地、平台就业主要目的①、平台工作时间、平台周工作时长、平台就业月收入、平台获取奖励金额变化、劳动合同签订情况7个指标②。

此外，本文选取了显著影响个体和家庭未来风险预期的变量——平台就业压力与未来工作打算，作为家庭特征和异质性工作经历的中介变量进行影响机制检验。所有变量的定义及描述如表1所示。

表1　变量定义及描述

	变量名	变量定义
因变量	是否参加社会保险 是否参加城镇职工社会保险 是否参加城乡居民社会保险	是=1，否=0 是=1，否=0 是=1，否=0
家庭特征	婚姻状况 需要抚养的儿童数量	已婚=1，未婚=0 2个及以上=1，2个以下=0
异质性工作经历	平台就业是否为第一份工作 上一份工作类型 上一份工作所属行业 上一份工作企业所有制 上一份工作持续时间	是=1，否=0 灵活就业=1，非灵活就业=0 服务业=1，其他行业=0 国有企业=1，其他所有制企业=0 1年及以上=1，1年以下=0

① 此变量将选择找不到别的工作、暂时过渡一下、比别的工作挣得多、工作门槛比较低选项的骑手视为平台生存型骑手，将选择作为兼职，补贴收入、工作时间比较灵活、更能发挥自己的专长和能力的骑手视为平台发展型骑手，以此区分不同工作目的的平台就业者。

② 本文仅报告了核心解释变量的结果，其他变量已控制。

续表

	变量名	变量定义
个人特征	年龄	连续变量
	性别	男性=1，女性=0
	受教育程度	初中及以下=1，高中/中专/职高/技校=2，大专=3，本科及以上=4
	户籍状况	城镇=1，农村=0
当前职业特征	平台就业工作地	本地=1，非本地=0
	平台就业主要目的	发展型=1，生存型=0
	平台工作时间	
	6个月及以下	是=1，否=0
	7~12个月	是=1，否=0
	1年以上	是=1，否=0
	平台周工作时长	连续变量
	平台就业月收入	3000元以下=1，3000~4000元=2，4001~5000元=3，5001~6000元=4，6001~7000元=5，7001~8000元=6，8001~9000元=7，9001~10000元=8，10000元以上=9
	平台获取奖励金额变化	减少=1，不变=2，增加=3
	劳动合同签订情况	签订=1，未签订=0
中介变量	平台就业压力	没有=1，较小=2，一般=3，较大=4，很大=5
	未来工作打算	继续平台就业=1，退出平台就业=0

（二）描述性统计

文章所涉及变量的描述性统计如表2所示。33.32%的外卖骑手参加了社会保险，其中12.39%参加了城镇职工社会保险，23.07%参加了城乡居民社会保险。[①] 在外卖平台中，就业者的平均年龄在33.17岁；男性占比96.91%，性别比例差距较大；农村户籍者明显高于城镇户籍者；样本总体

① 虽然制度规定不可以同时享受城镇职工社会保险和城乡居民社会保险的待遇，但是在实际生活中仍然存在同时参加上述两份保险制度的情况，样本中有2.14%重复参加了上述两种社会保险，已进行了剔除。

受教育程度较低，大专以下学历占比 88.58%，值得关注的是，外卖平台也在一定程度上打破了灵活就业固有的“次级市场”印象，仍有大专和本科及以上学历的人选择从事外卖配送这一技能要求不高的工作。

在职业特征方面，一线城市的外卖骑手只有 24.09%来自本地，大量外来人口是大城市外卖配送服务的主要劳动力来源。通过观察他们来平台就业的主要目的，可以发现 78.68%的被访者是由于找不到别的工作、暂时过渡一下、工作门槛比较低等原因才选择在外卖平台就业，这一点也印证了该平台可以为忙于生计的劳动力提供良好的就业机会。从平台工作持续时间来看，半年到一年可能是退出平台的一个分界点，但仍有 33.95%的骑手在平台工作了 2 年以上。从收入和工作时长来看，平均周工作时长达 70.39 个小时，平均月收入处于 5001~6000 元的水平，大多数人认为从平台获取的奖励或补贴金额减少了[①]。外卖骑手中有 41.59%与平台或第三方签订了劳动合同，根据平均数来看，他们的工作压力处于一般到较大的水平。

从家庭特征来看，32.66%的外卖骑手处于未婚状态，35.38%的外卖骑手需要抚养 2 个及以上 16 岁以下的儿童。从滞后一期异质性工作经历来看，65.42%的外卖骑手在外卖平台工作前还有过其他工作经历，近半数来自灵活就业市场，同时也有近半数来自同外卖行业相近的服务业，这表明就业市场和行业对劳动者具有一定黏性，过去的工作经历使其就业选择具有路径依赖性。值得关注的是，还有 13.89%的外卖骑手的平台就业者在国有企业工作后选择外卖平台就业，近 80%的外卖骑手上一份工作持续了一年以上，甚至有上一份工作持续 10 年以上的情况，这意味着有的骑手从事平台就业之前就已经参加城镇职工社会保险，这种经历会对平台劳动者未来的参保决策产生持续影响。

---

① 调查时间为新冠肺炎疫情期间，因此在工作时长与月收入统计上可能与正常工作情况有所偏差，可能会对获取奖励和补贴的主观认知产生影响。

表 2　变量的描述性统计

	变量名称	频数（均值）	比例（方差）
因变量	参加社会保险	2113	33.32%
	参加城镇职工社会保险	786	12.39%
	参加城乡居民社会保险	1463	23.07%
控制变量	年龄	33.17	7.08
	性别（男性=1）	6146	96.91%
	受教育程度		
	初中及以下	2662	41.43%
	高中/中专/职高/技校	2990	47.15%
	大专	576	9.08%
	本科及以上	154	2.43%
	户籍状况（城镇=1）	1201	18.94%
	平台就业工作地（本地=1）	1528	24.09%
	平台就业主要目的（发展=1）	1334	21.32%
	平台工作时间		
	6个月及以下	1608	25.35%
	7~12个月	944	14.88%
	1年以上	3790	59.76%
	平台周工作时长	70.39	19.41
	平台就业月收入	4.02	2.13
	平台获取奖励金额变化		
	减少	5462	86.12%
	不变	547	8.63%
	增加	333	5.25%
	劳动合同签订情况（签订=1）	1962	41.59%
自变量	婚姻状况（已婚=1）	4271	67.34%
	需要抚养的儿童数量（2个及以上=1）	2244	35.38%
	平台就业是否为第一份工作（是=1）	2193	34.58%
	上一份工作类型（灵活就业=1）	3110	49.04%
	上一份工作所属行业（服务业=1）	3152	49.70%
	上一份工作企业所有制（国有企业=1）	881	13.89%
中介变量	平台就业压力	3.89	1.07
	未来工作打算（继续平台=1）	3110	49.04%

（三）研究方法

1. Logit 模型

平台就业者会根据个人特征和制度环境，在权衡成本和收益（效用）后作出是否参加某种类型保险的决策，当参与某类保险的预期收益与预期成本（包含心理成本、机会成本等）之差大于零时，个体才会选择实施参保决策。而对于平台就业者来说，其参保时面临的制度障碍会增加其行为成本，从而降低预期收益。据此，本文将参保行为设置为二分变量，“1”表示平台就业者参保，“0”表示平台就业者不参保，构建一个二项逻辑回归模型，旨在探讨平台就业者参保决策的作用机理。

2. 影响机制分析

为深入探究家庭特征与异质性工作经历对参保行为的影响机制，进而明晰平台就业者参加社会保险的决策机制，本文引入平台就业压力与未来工作打算作为中介变量（见图 1），借鉴 Hayes① 的中介效应检验方法，建立回归方程：

$$behavior_i = c_0 + c_1 X_i + c_2 Z_i + e_i \tag{1}$$

$$mediator_i = a_0 + a_1 X_i + a_2 Z_i + \delta_i \tag{2}$$

$$behavior_i = b_0 + c_1{}' X_i + b_1 mediator_i + b_2 Z_i + \mu_i \tag{3}$$

其中，*mediator* 代表中介变量，*Z* 代表控制变量。方程（1）的系数 c_1 为家庭特征或异质性工作经历对参保行为的总效应；方程（2）的系数 a_1 为家庭特征对中介变量平台就业压力的效应或异质性工作经历对中介变量未来工作打算的效应；方程（3）的系数 b_1 是在控制其他变量的影响后，中介变量对参保行为的效应；系数 $c_1{}'$ 是在控制中介变量的影响后，家庭特征或异质性工作经历对参保行为的效应。中介效应通常用 3 种方法进行检验，分别为逐步法、Sobel 检验法以及 Bootstrap 法。本研究采用逐步法进

① Hayes，F. Andrew，“Beyond Baron and Kenny：Statistical Mediation Analysis in the New Millennium，” Communication Monographs ，vol. 52，no. 4 ，2009，pp. 408-420.

行检验。用逐步法进行检验的条件是：系数 c_1、a_1、b_1 都达到显著水平。若 a_1、b_1 有一个不显著，就要继续进行 Sobel 检验。

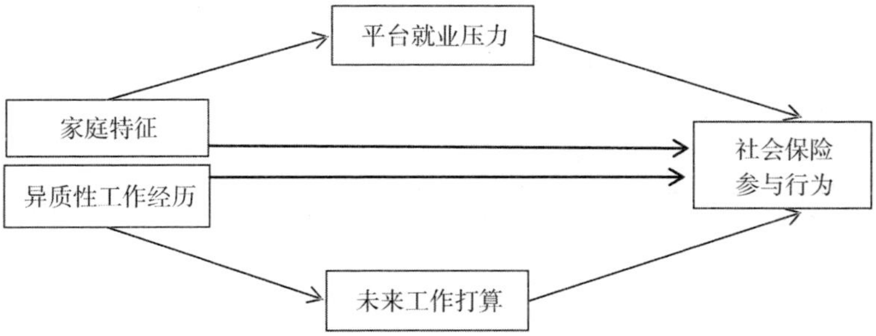

图 1　平台就业压力和未来工作打算的中介作用

四、实证结果分析

（一）参保行为的 Logit 回归结果分析

我国目前的社会保险存在职业分割现象，即以就业单位为依托的城镇职工社会保险（以下简称职工保险）和面向全体居民的城乡居民社会保险（以下简称居民保险）两大板块。在平台不承担劳动者社会保险缴费责任的情况下，平台就业者可自行选择承担企业与个人的双重缴费责任参加职工养老保险、医疗保险（包含通过第三方代缴的方式参加与企业职工完全相同的五险），也可以参加缴费额度低、待遇享受也低的居民养老保险和医疗保险。因此，本文拟对平台就业者的整体参保情况及参保结构（职工保险、居民保险参保行为）分别进行探究，以明晰影响平台就业者参保行为及险种选择的因素。

本文首先运用 Logit 模型，探索影响外卖平台骑手参加社会保险的因素。由于 Logit 模型的参数含义并不直观，只能从参数符号和显著性方面给出有限的信息。因此，本研究报告了自变量对参保行为的边际效应，以便更好地阐释家庭特征和异质性工作经历对社会保险参与行为的影响。如表 3 所示，模型 1 为基准回归结果，即常见人口统计学变量与当前平台就业特征对参保行为的影响，模型 2、模型 3 分别加入家庭特征、异质性工作经历两类核心解释变量，模型 4、模型 5 分别报告职工保险、居民保险的参保影响因素。

从个体特征来看，平台就业者的参保行为均呈现出年龄越大参保概率越高的趋势；平台就业者整体参保行为在性别间无明显差异，而参加职工保险的概率，男性要比女性低 4.02%；受教育程度在 1%的显著水平下正向影响整体与职工保险参保行为，而不会对普遍覆盖的居民保险产生影响；整体参保情况在城镇或非农户口间无明显差异，具有城镇户口的平台就业者参加职工保险的概率更大，而农村户口参加居民保险的概率更大。同时，当前就业特征也会对参保行为产生显著影响，首先存在明显的地域限制，本地的平台就业者比外来的就业人员参与职工保险概率高 3.62%；生存型平台就业者更倾向于通过参保获得安全感，比出于寻求自身发展目的的就业者整体参保概率高 7.04%、居民保险参保概率高 7.4%；工作 1 年以上的长期从业者参加居民保险和职工保险的概率都显著低于 6 个月及以下的短期从业者；从周工作时长来看，职工保险与居民保险的参保概率反而随着工作小时数的增加而减小。可见，高强度与高密度工作的群体着眼当下经济收益，无暇顾及需要进行延期支付的社会保障项目。此外，收入水平是影响参保能力与参保意愿的重要因素，如表 3 所示，从平台赚取的月收入越高、每单获取的奖励和补贴越高，其参加居民保险的概率也越高。遗憾的是，收入水平并未显著提升平台就业者参加职工保险的概率，说明制度障碍削弱了经济能力对参保行为的影响机制。

本文的核心解释变量之一是家庭特征，在控制其他变量的情况下，平台就业者的婚姻状况与子女抚养情况都会对参保决策产生显著影响：相比于未婚状态，有过婚姻经历的平台就业者选择参加社会保险的概率会高出 6.75%，选择参加居民保险的概率更大；抚养 2 个及以上儿童的平台就业者参保概率高出对应组别 2.3% ，这说明担负更多家庭责任的平台劳动者更倾向于通过社会保障项目平滑疾病和养老风险。

另外，滞后一期工作经历的不同特征对参保决策的影响也显著不同，平台就业是否为自己的第一份工作并未显著影响个体参保决策；滞后一期为灵活就业的平台就业者，由于缺乏参保的主观规范感，在没有有效政策引导的情况下，更倾向于参加低缴费额居民保险；从上一份工作所属行业来看，相比于其他行业（如传统制造业），曾在服务业工作的平台就业者的参保概率更低；国有企业在履行职工保险缴费责任方面更加规范，有利于其员工形成更好的主观规范感。有国有企业工作经历的外卖骑手会更加关注自身的保障问题，参加社会保险的可能性在1%的显著水平下大于在其他所有制（如民营企业、外资企业）工作的员工，其中职工保险的参保概率高出对照组5.72%；上一份工作的持续时间对职工保险和居民保险的参保概率均具有显著的正向作用，即持续时间越久参保的概率越高。综上所述，在零工平台上，工作经历的质量（国企）和数量（工作时间）是参加社会保险，尤其是选择高收益职工保险的重要影响因素，而在职场处于弱势地位的劳动者虽然有保障需求，但是很容易因现有社会保障和福利的缺乏而被排斥在外，无法获得相应的保障。

表3　参保行为的Logit回归结果（边际效应）

	参与社会保险			参与职工保险	参与居民保险
	模型1	模型2	模型3	模型4	模型5
性别	−0.0482 (−1.48)	−0.0342 (−1.05)	−0.0373 (−1.16)	−0.0402** (−2.04)	0.000848 (0.03)
年龄	0.0141*** (17.83)	0.0117*** (12.90)	0.0117*** (12.82)	0.00535*** (8.34)	0.00620*** (7.36)
受教育程度	0.0238*** (2.89)	0.0270*** (3.26)	0.0232*** (2.78)	0.0157*** (2.76)	0.00458 (0.60)
户籍状况	−0.00517 (−0.33)	0.00252 (0.16)	0.00231 (0.15)	0.0613*** (6.27)	−0.0736*** (−4.75)
平台就业工作地	0.0574*** (4.15)	0.0573*** (4.14)	0.0557*** (4.04)	0.0362*** (3.90)	0.0162 (1.27)
平台就业主要目的	−0.0710*** (−4.84)	−0.0711*** (−4.86)	−0.0704*** (−4.84)	−0.00832 (−0.80)	−0.0740*** (−5.32)

续表

	参与社会保险			参与职工保险	参与居民保险
	模型 1	模型 2	模型 3	模型 4	模型 5
平台工作时间（参照组 = 6 个月及以下）					
1 年以上	−0.0510*** (−3.40)	−0.0547*** (−3.64)	−0.0573*** (−3.81)	−0.0242** (−2.19)	−0.0319** (−2.28)
平台周工作时长	−0.00127*** (−3.92)	−0.00139*** (−4.29)	−0.00140*** (−4.34)	−0.000865*** (−3.67)	−0.000501* (−1.70)
平台就业月收入	0.0131*** (4.28)	0.0109*** (3.51)	0.0108** * (3.48)	0.000142 (0.07)	0.0110*** (3.95)
平台获取奖励金额变化	0.0307*** (2.70)	0.0338*** (2.96)	0.0349*** (3.05)	0.00972 (1.28)	0.0255** (2.45)
婚姻状况		0.0716*** (4.45)	0.0675*** (4.20)	0.0140 (1.21)	0.0589*** (3.89)
需要抚养的儿童数量		0.0229* (1.71)	0.0226* (1.69)	0.0123 (1.30)	0.0193 (1.60)
平台就业是否为第一份工作			−0.00246 (−0.20)	0.00544 (0.63)	−0.00183 (−0.16)
上一份工作类型			0.0306** (2.21)	0.00439 (0.45)	0.0281** (2.23)
上一份工作所属行业			−0.0255* (−1.85)	−0.00218 (−0.23)	−0.0244* (−1.93)
上一份工作企业所有制			0.0566*** (3.37)	0.0572*** (5.34)	0.00107 (0.07)
上一份工作持续时间			0.0580*** (3.78)	0.0227** (2.05)	0.0344** (2.45)
其他变量	控制	控制	控制	控制	控制
观测值	6342	6342	6342	6342	6342
（伪）R^2	0.0532	0.0575	0.0614	0.0747	0.0369

注：*、**、*** 分别代表在 10%、5% 和 1% 的水平上显著。括号内为参照组。

（二）参保决策机制分析

本文采用逐步法来检验家庭特征与异质性工作经历是通过何种机制影响平台就业者做出参保决策的。第一步分别采用 Ologit 模型用家庭特征相关变量回归平台就业压力，采用 Logit 模型用异质性工作经历回归未来工作打算；第二步使用 Logit 模型逐步在社会保险参与行为的回归方程中加入两个中介变量观察自变量的系数变化。验证结果如表 4 所示，模型 6、模型 7 列分别报告了家庭特征对平台就业压力、上一份工作经历对未来工作打算的影响。模型 8 列为不加入中介变量的社会保险参与行为基准回归，模型 9 至模型 11 列中逐步加入两个中介变量，考察中介变量对参保行为的影响。从家庭特征来看，有过婚姻经历和需要抚养 2 个及以上儿童的外卖骑手所感受到的平台就业压力明显大于其对照组，从模型 9 和模型 11 来看，这种压力显著降低了他们参保的概率，一方面，这可能是因为平台就业压力的增大使外卖骑手疲于奔波，没有时间为未来所面临的各项风险早做思量；另一方面，这种经济压力会使外卖骑手更看重当期收益而忽视未来存在的风险。因此，如何在工作过程及平台控制中为他们纾解压力，更主动地进行政策宣传、开发更便利高效的参保政策应该是下一步的关注重点。

从异质性工作经历来看，滞后一期工作经历显著影响平台就业者未来的工作打算，第一份工作是平台就业和上一份工作是灵活就业都会显著增加骑手继续留在平台就业的概率；而国有企业工作经历和工作持续时间较长都会增加骑手退出平台的概率，这意味着平台就业者在职业选择中存在明显的路径依赖，对于有过正规、长期稳定工作经历的群体，平台就业仅仅是过渡性工作。如模型 10 和模型 11 所示，继续留在平台的预期会降低其参保概率，这意味着将平台就业视为过渡性工作的群体更不愿意中断自己的保险项目，而预期长期从事零工的群体本应该更依赖于平台就业获得保障，但其在现有制度设计下确实存在参保障碍，需要获得更多的政策支持。

表 4　中介效应检验结果

自变量	被解释变量					
	平台就业压力	未来工作打算	是否参加社会保险			
	模型 6	模型 7	模型 8	模型 9	模型 10	模型 11
婚姻状况	0. 141** (2. 21)		0. 329*** (4. 19)	0. 335*** (4. 25)	0. 328*** (4. 17)	0. 334*** (4. 23)
需要抚养的儿童数量	0. 274*** (4. 78)		0. 110* (1. 69)	0. 120* (1. 85)	0. 105 (1. 62)	0. 116* (1. 78)
平台就业是否为第一份工作		0. 291*** (4. 84)	−0. 0120 (−0. 20)	−0. 0137 (−0. 22)	−0. 00393 (−0. 06)	−0. 00473 (−0. 08)
上一份工作类型		0. 332*** (3. 94)	0. 149** (2. 20)	0. 143** (2. 11)	0. 141** (2. 08)	0. 134** (1. 97)
上一份工作企业所有制		−0. 276*** (−4. 16)	0. 276*** (3. 36)	0. 272*** (3. 32)	0. 285*** (3. 47)	0. 283*** (3. 44)
上一份工作持续时间		−0. 197*** (−2. 76)	0. 283*** (3. 76)	0. 282*** (3. 75)	0. 278*** (3. 69)	0. 276*** (3. 67)
平台就业压力				−0. 0756*** (−2. 74)		−0. 0822*** (−2. 96)
未来工作打算					−0. 132** (−2. 19)	−0. 149** (−2. 47)
其他变量	控制	控制	控制	控制	控制	控制
观测值	6342	6342	6342	6342	6342	6342
（伪）R^2	0. 0409	0. 0740	0. 0614	0. 0624	0. 0620	0. 0631

注：*、**、*** 分别代表在 10%、5% 和 1% 的水平上显著。括号内为参照组。

（三）参保行为分化分析

由于城乡居民社会保险实行全民覆盖，参加居民保险是灵活就业人员参保能力受到职工保险制度排斥的次级选择，因此本部分重点关注平台就业者参加职工保险的决策及分化情况。

1. 平台就业者类型的分化

本文按照平台就业者从事平台就业的目的将外卖骑手分为生存型与发展型两类，前者在平台工作的目的是支撑自己和家庭用于维持基本生活需要的各类消费，而后者选择平台工作主要是因为平台工作更灵活自由，能够发挥自己的能力和专长。两类平台就业者进行参保决策的动机不同，在参保行为的影响因素上是否存在分化是值得关注的问题。表5的（1）列、（2）列分别报告了发展型和生存型就业者的职工参保情况。虽然表3第3列的实证结果显示平台就业是否为第一份工作不会影响整体的参保情况，但如表5所示，针对发展型骑手而言，平台就业若为第一份工作，其参保职工保险的概率要比有过其他工作经历的群体更高，而生存型骑手却没有显著差异。这意味着对在平台上追求职业发展的群体来说，初入劳动力市场的群体比其对照组有更高的保障性需求，应该给予他们更多的职工参保知识宣传，提供更详细的职工保障信息。与之相对应的是，生存型骑手上一份工作持续的时间越长，参保的概率越高，这说明生存型骑手在工作很多年后才会做出参保决策，因此应该及早普及职工保险的制度优势，在生存型骑手工作几年具备一定的缴费能力后再进行重点参保引导。

2. 劳动合同签订情况的分化

从法律规制角度看，企业与劳动者签订劳动合同后为其缴纳社会保险是应有之义，但就我国劳动力市场的实际实施情况来看，签订劳动合同对社会保险覆盖的促进作用依合同类型、期限的不同而存在显著差异。外卖骑手的用工模式更为复杂，既可与运营公司（外卖平台）形成劳动关系，也可与配送公司（承包公司）形成劳动关系，在未与平台签订劳动合同的情况下既可以选择缴纳灵活就业职工保险，也可以选择中介机构挂靠缴纳保险。因此，外卖骑手劳动合同的签订情况实际上反映了其劳动权益的实现对平台的依赖程度。在此背景下，本研究围绕骑手的参保行为在劳动合同状态上的分化情况进行分析。表5的（3）列、（4）列分别报告了签订劳动合同和未签订劳动合同的外卖骑手参与职工保险的情况。婚姻状态仅对未签订劳动合同的就业者产生显著影响，其中已婚者比未婚者参加灵活就业职工保险的概率更高，这意味着即使需要承担企业与个人的双重缴费责任，他们也更倾向于参加职工养老保险和医疗保险，以期获得更高的保障水平。

在异质性工作经历方面，国有企业工作经历显著增加了两类群体参保概率，其中对签订劳动合同的骑手促进作用更大，这支持了以往研究的结论，周敏丹（2019）① 发现签订了劳动合同的就业群体其社会保险覆盖率明显高于未签订劳动合同者。最后，其上一份工作的持续时间仅对未签订劳动合同的群体的参保行为产生显著影响。这是因为上一份工作持续时间越长，企业为其缴纳职工社会保险的可能性越大，缴纳职工社会保险年限越长，当其转入平台就业时就越有可能在平台或第三方不负担社会保险费的情况下选择自行缴满后面的年限，即此类群体更有可能在不依赖平台的情况下实现劳动保障的权益。

表 5　职工保险参保行为的分化

自变量	就业者类型		劳动合同签订情况	
	发展型	生存型	签订	未签订
	(1)	(2)	(3)	(4)
婚姻状况	0.0943 (0.36)	0.138 (1.08)	-0.160 (-0.79)	0.383** (2.29)
平台就业是否为第一份工作	0.390** (1.98)	-0.0209 (-0.22)	0.0857 (0.54)	-0.0782 (-0.64)
上一份工作企业所有制	0.702*** (2.86)	0.542*** (4.56)	0.665*** (3.52)	0.443*** (2.85)
上一份工作持续时间	0.168 (0.71)	0.237* (1.92)	0.172 (0.87)	0.287* (1.77)
其他变量	控制	控制	控制	控制
观测值	1334	5089	1962	4461
(伪) R^2	0.1272	0.0701	0.0552	0.0848

注：*、**、*** 分别代表在 10%、5% 和 1% 的水平上显著。括号内为参照组。

① 周敏丹：《签订劳动合同如何影响社会保险覆盖？——基于中国城市劳动力调查的实证研究》，《中国经济问题》2019 年第 5 期。

五、结论与政策建议

（一）结论

平台就业规模的快速增长使人们开始关注这一群体面临的就业风险和保障性不足等问题。由于缺乏相关法律的明确规定，平台就业者的非标准劳动关系成为互联网平台或第三方规避社会保险缴费责任的理由。在没有职工保险缴费主体的情况下，平台就业者可以作为灵活就业人员参加职工保险或居民保险。区别于与传统雇佣关系相关联的五险，灵活就业人员的职工保险仅包括养老和医疗保险两部分，且需要负担个人和企业的双重缴费责任。虽然政府不断出台相应的优惠补贴政策，但由于制度适用性不足和转移接续等问题导致职工保险的参保率仍然不高。大量灵活就业人员选择参加城乡居民基本养老和医疗保险，但长期来看，居民保险的待遇水平并不能有效满足平台就业者未来的养老需求并抵御医疗风险。

在此背景下，本研究以外卖骑手为例，探究了平台就业者家庭特征、滞后一期工作经历对其参与社会保险行为的影响及决策机制，并按照平台就业者工作类型和签订劳动合同情况分析这一影响是否存在分化。结果发现：首先，在控制其他特征的情况下，平台就业者的婚姻状况、需要抚养的儿童数显著增加其参保概率；国有企业工作经历和滞后一期的工作持续时间较长都能显著增加骑手参加职工保险的概率，而滞后一期工作是灵活就业和制造业工作经历都显著增加其参与居民保险的概率。其次，平台就业者的家庭特征通过增加其在平台上的就业压力，降低了其参保概率，而异质性工作经历通过影响其在平台就业的期望，显著影响其参保概率，即有过正规稳定工作的群体更可能将平台就业视为过渡性工作，则更不愿意中断自己的保险项目；而有过平台和灵活就业经历的群体则更倾向于长期从事平台就业，与对照组相比，在现有制度框架下参保的概率更低。最后，本文对职工保险参与决策在劳动者类型和劳动合同签订情况两个维度上的分化情况进行检验，结果发现，对发展型平台就业者来说，初入劳动力市场的群体比其对照组有更高的保障性需求，而生存型骑手上一份工作持续的时间越长，其参保的概率越高，两类不同就业目的的群体参保偏好迥异，需要配合差异化的政策引导参保；家庭特征和滞后一期工作的持续时间都仅在未签订劳动合同的群体中发挥促进参保的作用，而国企工作经历对签订劳动合同的群体参与职工保险的贡献更大。可见，平台就业者参加职工保险的意愿和行为并非完全受制于劳动合同签订情况，通过合理化政策设计，能够帮助他们获得更适宜的保障水平。

（二）政策建议

第一，加强多方合作，重视宣传引导。政府及相关部门应给予高度重视，切实发挥引导作用，通过广告、新媒体等一系列宣传方式，促使社会各界广泛了解和深刻认识平台就业群体。要通过有效的渠道和形式动员零工平台、基层社区、社会保障部门形成有效的社会保障联合机制。同时，要将政策宣传引导的重点放在平台就业者本身。实证结果表明，来自灵活就业市场的平台就业者比来自其他正规稳定就业岗位的群体，参加居民保险的概率更大，职工保险的参保意愿和参保行为受到信息不对称问题的影响，因此使这部分群体如何最大限度地了解职工保险是当前首先要解决的问题。这就要求相关平台或第三方在劳动者首次进入平台工作时进行相关劳动制度和政策方面的培训，使其对社会保险相关的具体政策、缴费方式、收益情况以及个人需要承担的权利与责任等有完整清晰的认识。平台可以在 App 等工作端口投放视频和相关链接，以有奖答题等形式提高平台就业者的参保积极性，并提供参保等咨询方式，最好能够通过平台实现参保登记。

第二，完善缴费规定，打破地域限制。现阶段职工保险制度适用性不足和转移接续困难是制约平台就业者等灵活就业人员参保的最大因素。实证结果表明，来自国有企业和之前有过稳定工作的平台就业者更倾向于自付企业部分，续缴职工保险，这类平台就业者的主观规范感更强，其对社会保险的需求层次会更高且多样化。因此，应该进一步开发灵活性强、包容度高的职工保险缴费政策，迎合差异化的参保诉求。具体来说，在职工保险制度方面，可以从调整缴费基数、分类确定缴费比例、适当延长缴费年限三方面着手。相关规定的调整需要依托于平台就业的划分，因此需要在制定合理职业界定和统计标准的基础上，根据工作特点和收入情况确定不同的社会保险缴费基数和档位、个人账户的缴费比例，并依据年龄标准给予统一的参保补贴优惠。同时，为了保证社会保险制度的可持续发展，可适当延长其缴费年限。实证结果还表明，从平台工作地来看，本地平台就业者参加职工保险的概率比外地就业者高，因此应尽快打破外地工作者不能在本地参保的困境，并实现跨省转移接续的流通性。

Family characteristics, heterogeneous work experience, and social insurance participation of platform-employed workers-evidence from full-time takeaway riders

Xiaoman Li, Weihang Sun

Abstract: Based on the online survey data of the X food delivery platform, this paper takes full-time food delivery riders as the research object, and studies the influence of family characteristics as well as a period of lagging heterogeneous work experience on the insurance participation behavior of platform employees and the mechanism of action. The study finds that takeaway riders with marriage experience and two or more children are more likely to participate in social insurance. Takeaway riders from the flexible job market are more inclined to choose resident insurance. State-owned enterprise work experience and a lagging longer period of work duration can significantly increase the probability to participate in employee insurance of platform employees ; among them platform employment pressure and future work plans are important factors to mechanisms. Finally, the insured behavior is clearly differentiated among different groups. The insured preferences of development-type and survival-type platform employees are very different, and they need to be coordinated with differentiated policy guidance. However, family characteristics and the duration of previous work are only limited to unsigned labor, which plays the role of promoting participation in the contract group. On this basis, this paper puts forward reasonable policy recommendations to help platform employees obtain an appropriate level of protection.

Key Words: Platform Employment; Family Characteristics; Heterogeneous Work Experience; Employee Pension Insurance

合作的价值：平台企业呼叫中心劳动关系多样性及其成因*

孟 泉 缪 全

摘 要： 随着通信技术和互联网的广泛应用，呼叫中心覆盖了越来越多的行业，其在经济活动中的重要性越发凸显。然而，对于呼叫中心劳动关系的研究还未引起学界的广泛关注。本文以T区三家呼叫中心为案例，试图呈现不同呼叫中心内部劳动关系的多样性。在此基础上，本文对其劳资合作的形成因素进行剖析，发现企业的用工灵活性以及员工对企业的管理认同感是重要的且相互联系的变量。劳资合作的多样性进一步取决于新生代员工的主体性、制度变化、商业模式、工作流变化等个体、组织和结构性因素的相互作用。

关键词： 呼叫中心 劳资合作 管理认同感 用工灵活性

一、呼叫中心：我国劳动关系研究的盲点

随着我国劳动关系研究开始关注新就业形态和各种灵活用工方式的发展，学者们开始探讨非正规雇佣行为对不同的劳动关系主体的影响。非正规雇佣行为不仅引发劳动法学界有关劳动关系认定的争论，也引发社会学

---

* ［基金项目］本文获得国家社科基金青年项目“区域发展和劳动关系治理研究”（项目编号：19CSH037）支持。

［作者简介］孟泉，中国劳动关系学院劳动关系与人力资源学院讲师；缪全，中国人民大学劳动人事学院博士生。

视角下有关资本控制与工人自由的辨考（陈龙，2020）[①]。在众多关于灵活用工的研究中，平台网约工成为关注的焦点，而以服务、中介和消费为主要功能的平台背后的诸多用工方式则并未受到重视。其中，呼叫中心作为互联网平台的一个重要辅助部门，其劳动关系状况如何，鲜有相关研究进行分析。

呼叫中心起源于20世纪30年代，泛指以电话接入、电话呼出为主，为客户提供各种电话响应服务的运营操作场所（李孟晋，2019）[②]。在我国，自20世纪90年代以来，在经济高速发展的带动下，以服务业客服工作为基础，呼叫中心不断衍生出各种类型，总体处于高速发展期。据统计，截至2018年底，国内呼叫中心中经营已成一定规模的企业数量增长至约7904家[③]；从业人数也同步剧增，由2009年的36万人上升至2019年的275万人[④]。从近年来行业累计投资规模的变化趋势看，呼叫中心还将继续保持高速发展的态势。同时，值得注意的是，伴随着互联网技术对产业革命产生巨变式影响，除电子商务以外，新的商业模式如O2O、共享经济、互联网金融等不断丰富着互联网经济的内涵，互联网经济已经成为国民经济中的重要组成部分（荆文君、何毅、刘航，2020）[⑤]。新兴的互联网服务改变了传统服务业中服务提供者与服务需求者的直接联系，以平台为中介，将双方重新连接。在这种服务的三方模式下，连接互联网企业（平台）与用户（服务提供者与服务需求者）两端的呼叫中心的重要性将进一步凸显。从本质上说，互联网平台经济并未改变向用户提供服务产品的本质属性，而

---

① 陈龙：《游戏、权力分配与技术：平台企业管理策略研究——以某外卖平台的骑手管理为例》，《中国人力资源开发》2020年第4期。

② 李孟晋：《安徽省呼叫中心行业员工培训管理现状及对策研究》，《中国市场》2019年第15期。

③ 2020年全国呼叫中心行业发展现状分析，搜狐网，https：//www. sohu. com/a/379267610_ 473133.

④ 2019年中国呼叫中心座席数达到275万个，外包呼叫中心占比不断上升，搜狐网，https：//www. sohu. com/a/404444798_ 775892.

⑤ 荆文君、何毅、刘航：《中国互联网经济与互联网经济学20年：1998—2018》，《山西财经大学学报》2020年第5期。

以大数据、算法的方式提升了供给侧和需求侧匹配的效率（孙萍，2019），所以其对于呼叫中心的客服功能需求并未减弱。

目前国内关于呼叫中心的研究主要是从管理学的角度入手，探讨通过有效的管理模式来提升呼叫中心员工的工作效率。例如，从管理工程视角研究人力配置以及排班问题等（胡修武、王瑞程、王秀利，2020；宫俊、贾倩倩、张家生、于淼，2018）①，也有研究分析了呼叫中心绩效改革的途径（周晶，2020）②、话务员职业幸福感与职业倦怠现状（汪芳，2018）③、员工培训管理现状（李孟晋，2019）④ 等。这些研究无疑都秉承了经典管理学“效率优先”的基本预设。

西方呼叫中心的出现较我国早了半个世纪，研究的角度也更加多元。首先，呼叫中心一般属于劳动密集型服务行业，基于这个定位，西方学者的旨趣集中在探讨呼叫中心的工作与传统制造业的工作在本质上是否存在差异性。早期的研究从劳动社会学的传统入手，分析呼叫中心的管理控制方式。弗尼和迈特卡夫认为，呼叫中心本质上同传统制造业的“血汗工厂”存在相似点；他们将福柯的全景式监狱概念应用于呼叫中心，认为在呼叫中心，客服员工的工作状况可以随时被监控设备观察。通过电脑显示屏，客服员工的工作状态被随时监控，管理者的控制力量用到了极致。在这种全面控制下，员工的工作状况堪忧（Fernie & Metcalf，1999）⑤。这种极度悲观的观点受到后来研究者的质疑，泰勒和贝恩认为，被全方位监视的工作场所虽然意味着管理者的全面控制，但这不能解释现实中管理者努

---

① 宫俊、贾倩倩、张家生、于淼：《呼叫中心人力资源配置鲁棒规划模型》，《东北大学学报（自然科学版）》2018 年第 1 期；胡修武、王瑞程、王秀利：《考虑班种约束的呼叫中心排班优化模型与算法》，《工业工程与管理》2020 年第 2 期。

② 周晶：《浅谈绩效改革如何助力呼叫中心转型》，《中国新通信》2020 年第 6 期。

③ 汪芳：《呼叫中心一线话务员职业幸福感、工作压力、职业倦怠的现状及对策研究》，《山东农业工程学院学报》2018 年第 4 期。

④ 李孟晋：《安徽省呼叫中心行业员工培训管理现状及对策研究》，《中国市场》2019 年第 15 期。

⑤ Sue Fernie，David Metcalf，(*Not*) *Hanging on the Telephone*：*Payment Systems in the New Sweatshops*. CEP Discussion Papers dp0390，London：Centre of Economic Performance，London School of Economics，1999.

力寻求员工认同以及员工自愿进行劳动的行为（Taylor & Bain，1999）[①]。在对呼叫中心呼入业务与呼出业务的工作流程的详细分析的基础上，他们认为呼叫中心劳动过程同计件制的轻工装配生产线极其类似，自动呼叫分配系统如同流水线一般将通话转接到员工，之后按照相对固定的业务流程进行操作，完成一定数量的业务指标。在这种“头脑中的装配线”场景下，员工会有诸如规避控制、对指标冷嘲热讽、集体抵制以及通过工会争取劳动条件改善等同传统劳动密集型制造业工人类似的行为（Taylor & Bain，1999）[②]。

除了延续对劳动过程控制的基本预设，还有学者对呼叫中心的控制方式进行分类研究。呼叫中心中的劳动过程控制可以分为技术控制和管理策略控制。技术控制的哲学基础是科学管理，通过自动呼叫分配系统以及自动呼出系统，实现工作流程上的最优化，将客服与客户联系的时间最大化，将客服其他手工作业时间最小化，以实现成本压缩。管理策略控制则是在战略、外部制度以及经营要求多种因素共同影响下，进行工作流程的再造，以使具体劳动过程能够顺利展开（Callaghan & Thompson，2001）[③]。

管理控制主要讨论管理者对呼叫中心工人实施的人力资源管理策略。有学者分析了培训作为管理控制手段的效果，入职培训能够筛选员工，在职培训则能够将企业的各种监控行为正当化（Andrew & Erica，2008）；罗塞尔观察到雇主致力于通过小游戏、小奖励、竞赛评比等让工作场所变得更有趣，积极地“制造社交”，让员工感受到管理者的积极认可。另外，呼叫中心工作本身是个体化的，然而在现实中，管理者往往使用小组化的策略来促进工作经验及知识的分享，同时形成心理支持网络，消解工作所产

① Phil Taylor, Peter Bain, “An Assembly Line in the Head’: Work and Employee Relations in the Call Centre.” *Industrial Relations Journal*, 30 (2), 1999, pp. 101-117.

② Ibid.

③ George Callaghan, Paul Thompson, “Edwards Revisited: Technical Control and Call Centres”. *Economic and Industrial Democracy*, 22 (1), 2001, pp. 13-37.

生的压力与情绪（Russell，2002）[①]。

尽管这些论述非常深刻且富有洞见，但其沿用的是制造业中的分析方法，从中看到的仍是劳资间难以调和的矛盾和隐秘的剥削手段（Burawoy，1985）[②]，对劳动过程控制的分析并未超越传统劳动过程理论背后的劳资冲突论（Hyman，1975），而布洛维对于传统劳动关系理论的质疑就在于员工的“满意”现象的存在（闻翔、周潇，2007）[③]。因此，有学者提出，呼叫中心员工的主观感受真如学者描述的那么糟糕吗？研究者们在对员工进行满意度调查后发现：虽然呼叫中心客观上存在各种控制，但员工的满意度很高。这是因为相对于制造业流水线工作，呼叫中心的员工自由度更高，同时在工作中能够在更大程度上使用自身的知识（Frenkel，Tam，Korczynski，Shire，1998）[④]。技术的发展事实上重构了工作任务，使其需要匹配教育程度良好且技能更优秀的员工。从这个角度看，呼叫中心员工也具有办公室职员的部分属性（Russell，2002）[⑤]。有关呼叫中心工作本质的研究说明了呼叫中心这一工作场所中员工与管理者之间关系的复杂性。

在当今以服务业为基础的经济中，工作环境和内容的不断更新意味着雇主寻求劳动力的集约利用，市场对“通用技术”（generic skills）的需求增加，资本更依赖于劳动者广泛的能力和隐性知识，通过情感的努力和高绩效的实践来获得利润（赵炜，2020）[⑥]，这直接导致企业提出了所谓的更

① Bob Russell，“The Talk Shop and Shop Talk：Employment and Work in a Call Centre”. Journal of Industrial Relations，44（4），2002，pp. 467-490.

② Micheal Burawoy，*The Politics of Production*：*Factory Regimes under Capitalism and Socialism.*，London：Verso，1985.

③ 闻翔、周潇：《西方劳动过程理论与中国经验：一个批判性的述评》，《中国社会科学》2007年第3期。

④ Stephen. J. Frenkel，May Tam，Marek Korczynski，Karen Shire，“Beyond Bureaucracy? Work Organization in Call Centres”. International Journal of Human Resource Management，9（6），1998，pp. 957-979.

⑤ Bob Russell，“The Talk Shop and Shop Talk：Employment and Work in a Call Centre”. Journal of Industrial Relations，44（4），2002，pp. 467-490.

⑥ 赵炜：《劳动过程理论的拓展和转型：21世纪以后的演变》，《江苏社会科学》2020年第2期。

加符合“人性”的管理手段。布洛维认为，在霸权政体之下，由于集体协商、劳动法律对工人利益的保护，以及劳动力市场的内部化，资本的剥削手段变得更加隐秘而精致，且“赶工游戏”的出现，也不再让工人对异化的劳动更加敏感，反倒出现了所谓的“制造甘愿”现象（布洛维，2008）[①]。诚然，这一解释对传统的制造业工人来说，无疑是一个有力的马克思主义式的分析。但是，对于呼叫中心来说，由于劳动法律的规则与执行环境不确定，企业缺乏工会和集体协商机制，传统的劳动过程理论的应用性会受到影响。因此，需要从呼叫中心内部劳动关系的基本形态入手，更加客观地考察劳资之间到底形成了怎样的关系，且造成这种关系背后的原因是什么。

在现实情境下，一方面，呼叫中心在企业价值创造的过程中到底占据怎样的地位？这可能直接影响呼叫中心被企业重视的程度，这与制造业企业在价值链中的位置决定了企业利润空间的逻辑较为相似（Luo & Yang，2019）；另一方面，随着新生代员工[②]逐步成为呼叫中心员工的主体，以控制为导向的管理方式也在渐变。正如李燕萍等（2012）指出，包容性领导方式更加适合“90后”“95后”的员工。

综上所述，本文想探讨的问题是，呼叫中心员工与雇主及管理者之间到底呈现怎样的关系？这种关系与用工方式和管理策略有何联系？哪些因素在其中起主要作用？本文基于对T市T区三家较为典型的呼叫中心龙头企业的比较分析，从劳动关系形态的角度切入，试图挖掘其背后的影响因素。

二、合作的多样性及其原因

劳动关系形态是员工与雇主及管理者在工作过程中通过互动行为所展

① ［美］迈克尔·布洛维：《制造同意：垄断资本主义劳动过程的变迁》，李荣荣译，北京：商务印书馆，2008年。

② 此处的新生代员工是指出生在1990年之后的员工，包括大众媒体通常所指的“90后”“95后”和“00后”。

现出的一种关系状态（孟泉，2017）①。孟泉在对劳动关系合作形态的研究中提出，劳资之间关系的分类不可局限在冲突和合作两个极端形态，应该根据不同的外部环境条件和组织内部环境去研究不同类型的合作和冲突相容共生的原因，对劳动关系形态的描述和概括应注重对复杂性和动态多变特征的把握。

布洛维对于不同生产政体的分类本质上是希望找出同类型的劳动关系形态背后的决定性因素（Burawoy，1985）②，尽管与传统劳动关系研究的落脚点不同，但是都是在揭示劳资之间行为在不同情境下的差异性。劳动关系的研究也随着对冲突之外的劳动关系现象的关注，而衍生出对于劳资合作的一系列研究，这些研究对本文分析呼叫中心的劳动关系形态颇有借鉴之处。例如，布里和巴德等通过对合作的参与者、利益的相容性、双方的互利性、发言权的范围及合作的事项五个维度的不同情境的假定，将劳资合作划分为六种类型：激进主义、对抗型多元主义、协作型多元主义、咨询型一元主义、专制型一元主义以及利己主义（Bray，Budd，Macneil，2020）③。这种分类方式进一步拓展了合作的类型划分，揭示了合作的复杂性，并突破了传统的马克思主义阶级论意义上的“阶级妥协”学说（Wright，2000）④。有劳动关系学者认为，在劳动过程中，不同类型的合作与形态各异的冲突保持共生、共存的关系（孟泉，2017）⑤。而 Nyberg &

---

① 孟泉：《劳资关系形态究竟有多复杂？论工作场所中劳资合作与冲突的多样性与相容性》，《中国人力资源开发》2017 年第 1 期。

② Micheal Burawoy, The Politics of Production: *Factory Regimes under Capitalism and Socialism*. 1985, London: Verso.

③ Mark Bray, John Budd, Johanna Macneil, “The Many Meanings of Co-operation in the Employment Relationship and their Implications”. *British Journal of Industrial Relations*, 58 (1), 2020, pp. 114-141.

④ Olin Wright, “Working-class Power, Capitalist-class Interests, and Class Compromise”. *American Journal of Sociology*, 105 (4), 2000, pp. 957-45.

⑤ 孟泉：《劳资关系形态究竟有多复杂？论工作场所中劳资合作与冲突的多样性与相容性》，《中国人力资源开发》2017 年第 1 期。

Sewell（2014）[①] 则通过员工对管理控制方式的反应，将劳资之间的合作关系划分为协作（Collaboration）、合作（Cooperation）与共谋（Collusion），进一步呈现出合作内涵的多样性。这些对合作形态的描述性研究给本文考察呼叫中心存在何种劳资合作方式以启发，使本文可以从不同的维度来划分合作的类型，以便看到不同情境中劳资合作形态的差异性。

然而，仅对合作的类型进行描述，仍旧无法解释为什么会出现类型各异的劳动关系状态。爱德华兹等人通过对不同企业中劳资合作关系的研究，挖掘了两个重要的原因，也就是劳资双方存在两类关注：控制关注（Control Concerns）和发展关注（Developmental Concerns）（Edwards，BéLanger，Wright，2006）[②]。其中控制关注与日常关系中的权利与力量相关，是特定时间环境下生产关系中劳资双方对控制对方行为能力的关切，其根本目标以经济利益为导向；而发展关注则是对双方潜在的共同目标的追求，反映了个人发展战略和企业组织发展战略的匹配关系。根据控制关注和发展关注的高低，劳资双方分别可以组合成四种具体类型，之后，将劳资双方各自的四种具体关注对应组合，就能得到劳动关系的 16 种具体形态。尽管爱德华兹等人的研究揭示了两个重要的影响因素，却并未将合作的类型进行概念化的描述。但是，这也恰好与布里和巴德等人的研究形成互补，为本文揭示呼叫中心劳动关系背后的决定性因素提供了参考的归因框架。

本文认为，首先，有关劳动关系形态及其归因的诸多研究从时间上比劳动过程理论更加晚近，其理论分析覆盖了除制造业之外的其他多个类型的企业，例如爱德华兹等人的研究就包含了部分服务业的中小型企业。其次，这些研究提供了更加一般化且更加全面、综合的视角来看待资本与劳

---

① Daneil Nyberg，Graham Sewell，"Collaboration，Co-operation or Collusion? Contrasting Employee Responses to Managerial Control in Three Call Centres". *British Journal of Industrial Relations*，52（2），2014，pp. 308-332.

② Paul Edwards，Jacques Bélanger，Martyn Wright，"The Bases of Compromise in the Workplace：A Theoretical Framework". *British Journal of Industrial Relations*，44（1），2006，pp. 125-145.

动之间的关系，阶级论只是其关注的一种类型。再次，这些研究本质上是在回答合作为何可能的问题，对本研究从合作的视角来分析平台呼叫中心具有启示意义。除了控制关注和发展关注两个影响因素之外，本文还会根据具体的案例挖掘更多的变量，以求充分地解释不同类型合作形态背后的原因。

三、研究方法与案例选择

本文之所以选取T市T区三家呼叫中心作为案例，主要是因为T区作为首批国家经济技术开发区之一，一直以来以制造业为主要支柱产业。然而近年来，由于经济结构的调整以及投资竞争加剧等原因，T区也开始向互联网行业伸出了橄榄枝，多家总部在首都的互联网平台企业的呼叫中心落户T区，颇有行业聚集的趋势。这主要是由于T市距离首都很近，而呼叫中心关于客户服务的职责需要与总部密切互动，因此选址对互联网企业给予优惠政策的T市T区从节省成本和地域布局上都体现了企业的理性选择。

本文选择的三家呼叫中心都是不同类型的互联网平台企业的服务公司，但是三家呼叫中心与平台企业的关系不完全相同，所承担的职能也不尽一致（见表1）。本文选择的三家呼叫中心是本行业的龙头企业，在T区的规模较大，并具有一定的声誉。三家呼叫中心在具体从事的业务上也各具特色，其中W和D两家呼叫中心在原有客服功能之外还融合了其他的职能。

W集团是中国互联网生活服务领域的领导者，其下属客服中心W公司于2012年5月在T区成立，主要在销售人员同客户签约后进行后期的对接和配套服务。W公司成立至今已有2000余人，其中除少部分技术支持人员外，大部分员工为客服人员。D集团是国内一站式出行平台，其客服中心D公司成立于2015年，经过数年的调整，集团所有服务类的业务线都集中到T区，D公司现有客服员工近1000人。A公司是A集团在T区的分支，是为戴尔公司提供技术支持的售后客服中心，主要通过电话解决客户在计算机使用过程中的技术问题。

表1　三家企业基本状况

呼叫中心名称	W公司	D公司	A公司
上游平台企业所属行业	多元服务中介平台	网约车服务平台	电商平台
与上游平台企业的关系	子公司	子公司	外包公司
主要职责	客户服务+销售	客户服务+安全服务	售后服务
员工规模	2013人	987人	230人
客服中心建立时间	2012年	2018年	2017年

从员工构成来看，有两家企业招聘的员工中新生代员工特别是“95后”员工居多，W公司的“95后”员工达到50%以上，D公司的“95后”员工达到60%以上，而A公司的“95后”员工占比40%左右。但是，三家企业的“90后”员工占比均已超出80%。W公司招收的“95后”员工都是本科学历，D公司80%以上的“90后”员工都是本科学历，A公司本科学历的员工占比不到40%。W公司员工中女员工占比超过80%，D公司中女员工占比也将近六成，而A公司由于需要理工科背景的员工较多，所以男女比例相当。

本文采用案例研究方法，通过查阅企业相关公开材料，了解企业及其运营情况，之后采用深度访谈的方式收集资料。自2018年到2020年，笔者对D公司与W公司进行了4次深度访谈，对A公司进行了3次深度访谈，访谈对象包括企业人力资源主管3人，业务总监3人，普通座席代表7人、团队小组长8人，以及T区人力资源和社会保障局、T区总工会的相关人员6人，共27人。笔者针对每个调研对象的访谈时间为1.5到2小时，访谈内容涉及企业员工整体情况、工作过程、薪酬、绩效、员工关系管理、企业内部劳动关系协调机制等。

四、灵活用工和员工反馈：三种类型的劳动关系合作形态

从劳资争议的角度看，根据笔者在三家企业和 T 区劳动监察部门访谈发现，自 2017 年至今，三家企业都没有任何劳动争议发生，这在一定程度上可以说明三家企业的劳动关系基本处于稳定状态。在调查中笔者发现，本文调查的三家企业之所以采取劳资合作的策略，是因为新生代员工的出现导致各家企业在管理过程中遭遇诸多困难，例如员工一言不合就离职；或者当管理者对员工稍有微词时，员工就消失等。这些因素导致管理者开始寻求更加符合新生代员工特点的劳资合作式人性管理方法。但是，三家企业的劳资合作类型也存在不同。

（一）适应策略：差异化的管理变革

由于三家企业中新生代员工所占比例较大，且新生代员工比“70 后”“80 后”员工更加强调自身的个性，所以，三家企业的人力资源管理者一致认为，对新生代员工的管理不能复制传统的管理手段，应该转变角色。正如 W 公司的人力资源主管 W 女士所说：

人力资源管理者的角色必须从管理者转变为服务者，我们现在已经快成“保姆”了。而且你对这些小孩儿说话一定要注意，他们问题特别多，你要有耐心去解释。分配任务也不能太生硬，要有激励他们的话，也要让他们感受到这项工作“舍我其谁”。(20180603WBWW01)

人力资源管理者的服务者定位体现为管理者与员工之间的身份差异和距离感更加模糊，双方的沟通更加频繁，且在细节上的解释更多，企业对新生代员工的服务也更加全面、周到、多样。

例如，W 公司将工作环境进行改造，实现了工作环境生活化，公司内部办公区域的周边设置了休息区、睡眠区、游戏区、健身区、聊天区、咖啡吧、会议区等不同类型的区域，这些区域都是免费提供给员工的。W 公司工作环境更加舒适且轻松，所有的呼叫员都可以自主安排工位。W 公司

大多数的管理服务工作都融入了卡通、二次元等元素，让员工获得亲切感。此外，W 公司对员工从入职到离职给予了保姆式服务，所有的手续都可以在公司公众号和 App 上查到，进入操作系统之后通过非常简便的方式即可完成流程。人力资源管理部门对每个员工提供点到点的服务，哪个程序不清楚或没有完成，都有人力资源部门的工作人员提供支持和帮助。

又如，D 公司鼓励员工参与企业文化建设，D 公司的文娱活动、项目标签、Logo 设计、公司司歌等，都由员工直接参与设计，充分发挥员工的自主创造能力。D 公司强调“家”文化建设，所有的团队内部成员都以“亲”或是“某哥”“某姐”相称。每个团队设置一名佩戴标志的沟通员，随时帮助团队内成员解答问题，若问题不能得到解决，则由其记录，反馈到相关部门或管理者，待获得答复之后再向提出问题的员工反馈。

A 公司与 D 公司相似，团队主管为其他团队成员服务，不仅负责成员的相关岗位培训，也会关心队员的生活和心态变化。团队内形成了主管与成员之间的紧密联系，所有的主管也会定期开会，将成员反映较为集中的问题进行讨论，找到解决办法。

从企业管理方式来看，三个企业的管理方式都随着新生代员工的增多而进行转变，让员工对工作体验较为满意。例如，W 公司的员工小郭认为：

我们在这里工作很开心，团队里每天开始工作之前都有游戏，中午休息的时候我们组长还会领着我们做游戏，如果累了还可以去休息，中午可以有睡觉的地方。我们觉得办公环境太赞了。(20200717WBGXX02)

D 公司的小蒋也有类似的感受：

公司让我们每一个小组自己去搞团队建设，还有经费支持，组长就让我们自己提意见，看看哪些活动我们更喜欢。当然，最多的就是一起去吃大餐。我们吃饭的时候大家就会吐槽一下，我们来自五湖四海，谁家都有点事情，都有压力，彼此一说，同事之间就会分享一些经验，还会安慰你，慢慢地，你的压力也就不会那么大了，我觉得独立团建对我们来说不只是吃饭或放松一下，更能增加彼此的感情。(20200722DDJXH01)

而对于A公司来说，员工对管理的反馈并不如前两家企业那样积极。由于A公司的团队中“70后”和“80后”员工仍占一定比例，因此A公司的管理体系并未全面向“新生代”转型。A公司中，中年员工比较集中的团队由中年主管管理，青年员工比较集中的团队由青年主管管理。主管与成员之间的关系更像是一种“师徒制”，除了企业提供的业务培训之外，主管一般会成为成员在业务上的导师。但是，这种关系基本上围绕工作开展，主管并不刻意与成员之间发展人际关系，因此A公司员工对该公司管理体系的认同感不强。

（二）从灵活到安全：用工管理的转变

尽管情感管理的改变可以在一定程度上提升员工对企业的满意度，但是这并非“满意”的唯一来源，劳动用工管理是另一个重要的影响因素。三家企业在劳动用工方式上的差异也一定程度上影响了各自的劳资合作形态。

平台经济的一个重要特征是用工方式的多样化和灵活化，对于呼叫中心这类辅助性岗位，传统的研究基本上认为企业对这类工作多采用灵活用工的方式，呼叫员与企业之间并无正式的劳动关系，企业主要选择的方式是业务外包或劳务派遣，抑或两种方式的结合（时博，2009）。对于本文研究的三家企业来说，其用工方式并非完全灵活，反而有一部分员工与企业建立了正式的劳动关系。

1. 认同型合作：W公司正式雇佣与合理晋升

W公司除了新产品线上线会有小部分临时的派遣用工，绝大多数员工都是通过集团招聘入职，与企业签订正式的劳动合同。正式雇佣关系成为大部分员工的一种保障，也增进了员工对于W公司的归属感。这种归属感的形成来自两个因素：对员工利益的保障和对员工发展的保障。

W公司认为，将员工晋升与薪酬挂钩是非常必要的激励机制，这是正式员工在企业中发展的重要保障。W公司的客服代表从S1到S8，一共有8个职级，每条业务线在每个季度都会有内部考核晋升的机会，员工如果考核通过，首先会从S1晋升到S2，晋升到S2之后的员工底薪就会提升。从理论上说，如果员工在当年1月1日入职，每个季度都获得晋升，入职第二年就可以晋升到S5，晋升到S5之后会有两个发展渠道：第一，为了防止晋升瓶颈，员工到S5可以晋升为专家客服，不需要带团队，享受的是专家客服的工资；第二，晋升为主管，带团队，享受团队管理的工资。员工的晋升速度与业绩直接挂钩，不看员工的专业背景，只看能力。同时，当员工晋升为主管之后，企业会给新晋升的主管进行培训，让新晋主管熟悉管理工作需要了解的内容。由于W公司客服不同于传统的应答式客服，带有一部分销售推广性质，员工的薪酬中同业绩相关的绩效部分较多，员工平均薪酬在同行业处于中等水平。除了良好的晋升制度之外，W公司还针对员工的需求提供了各种福利，包括员工公寓、通勤班车、购房无息贷款等。

在人性化的服务型管理方式和正式员工晋升激励机制的作用下，W公司的员工流动率低于呼叫中心平均水平，基本保持在8%~9%。W公司员工通常的离职原因包括两个方面：一是员工由于家庭原因离职，如家里安排了其他工作，或长辈需要员工回老家工作等；二是员工由于个人原因离职，如恋爱失败、对生活环境的不满等。W公司还存在员工离职后重新申请入职的情况，整体来看，员工对企业管理的认同度较高。

2. 期待型合作：D公司内部员工管理

在D公司成立初期，由于存在巨大的人员缺口，其将HRO（人力资源外包）作为主要用工方式，将员工入职前的招聘初试以及入职后的工资发放、社保缴纳等环节外包给人力资源服务公司，而招聘复试、日常管理、绩效考评等工作则由企业完成。随着业务转变，D公司将一部分员工转为正式员工，并签订劳动合同。这也成为D公司为员工创造的转正渠道，成为吸引员工的重要机制。

D公司还特别重视企业文化的宣传引导，员工入职后会有至少两周的初期培训，培训内容包括员工与企业的共同发展、企业的使命和价值观、客服能够创造的价值等。在日常团队建设过程中，D公司也不断强调客服对于整个D集团的重要性：客服不仅给客户解决问题，让客户对D集团的品牌形成认可，还通过反馈意见，帮助事业产品部门完善产品和流程，创造更大的价值。在企业文化宣传引导过程中，D公司的客服员工认识到自身对于企业的重要性，同时也对自身未来发展充满期待。因此，尽管D公司的薪酬在同行业并不是最具竞争力的，许多员工仍因发展平台、公司开放的理念等原因留在公司。

3. 交换型合作：A公司内部员工管理

A公司目前有200余位专员进行日常的技术支持工作，其中约有20%为实习生。员工直接与A公司签订劳动合同，实习生则与A公司签订实习协议。

A公司的层级较为扁平，仅有普通员工、组长/辅导员、经理三个层级，只有在出现职位空缺时，才会通过内部选拔方式进行增补。总体来看，员工的职级较为固定，内部劳动力市场流动性较差。由于工作内容相对程式化，A公司的薪酬水平处于行业中下水平，福利也较为单一，仅包括带薪病假和商业保险，这也是A公司员工流失的主要原因。

值得注意的是，A公司只是戴尔公司售后客服外包业务的承包方之一，戴尔公司也仅是A集团服务的客户之一，但是在A公司的业务内容以及客服员工评价考核标准上，作为发包方的戴尔公司有着决定性的话语权。一方面，戴尔公司对A公司完成的任务具有最终考核的权力，并直接决定了戴尔公司第二年的订单是否要继续发包给A公司；另一方面，A公司也大量学习了戴尔公司的管理策略，特别是在人力资源管理中的绩效评估和培训方式方面很大程度上学习了戴尔公司的经验。A公司的人力资源经理甚至形容A公司就是戴尔公司在呼叫中心界的延伸。尽管如此，A公司的员工对戴尔公司几乎没有情感上的认同，也不被要求对戴尔公司及其文化有相应了解，只需能完成相应业务即可。因此，A公司在劳资合作方式上表现为单纯的利益交换型合作关系。

（三）期待、认同与交换：合作的不同形态

通过对访谈资料和调查结果的分析，结合爱德华兹等人关于主体意愿

的控制关注和发展关注的两分法，笔者认为促进劳资合作的两个重要因素是用工灵活度和管理认同感，继而在这两个维度之下形成了三种类型的合作关系，即认同型合作、期待型合作和交换型合作（见图 1）。

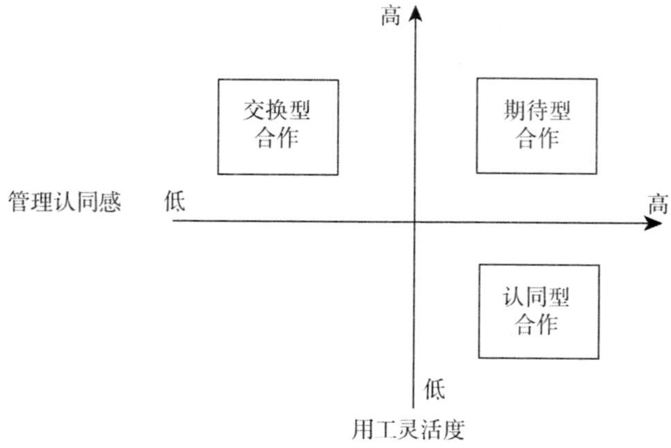

图 1　劳资合作的三种类型

我们将用工灵活度低、管理认同感高的劳资合作类型定义为认同型合作。认同型合作是发展稳定期企业的比较理想的状态。企业一般与员工直接签订劳动合同，较少使用灵活用工，有完善的福利制度，旨在为员工提供安全稳定的工作。而作为交换，员工需要认同企业日常管理，按照相应的工作职责完成其工作任务。与认同型合作相对的是用工灵活度高、管理认同感低的交换型合作。基于降低人工成本的考量，企业使用更为灵活的用工方式，将自身非核心的业务分离出去。对于这部分灵活化用工的员工而言，虽然其完成的主要是企业交付的职责，但其一般与第三方服务商签订劳动合同。同时，其与企业本身并无直接联系，导致其对企业的管理认同感较低。此外，还有一类在传统企业中并不多见的合作形态，即用工灵活度高且管理认同感高，这与我们对用工灵活度以及管理认同感的一般认知相违背，当企业能够给员工以可期待的承诺时，这种合作也是能够实现的，笔者将其定义为期待型合作。至于用工灵活度低且管理认同感低的情况，表明劳资间未形成有效的合作关系，暂不予讨论。

本文认为，资本的控制关注和发展关注在用工灵活度这个维度上得到了融合。用工灵活度直接决定了平台公司具有较高激励性的管理方式是否能成为员工晋升和转正的机会，进而使员工获得薪酬水平的提升。对于A公司员工来说，即便他们与企业签订了正式的劳动合同，由于A公司本身是业务承揽者，戴尔公司分配给A公司的份额有限，制约了A公司以更好的方式激励员工。值得说明的是，管理认同感也融合了爱德华兹等指出的控制与发展两个维度。更加人性化的管理使员工可以获得额外的利益，并且对劳动过程的掌控更加具有独立自主的空间。一方面，企业顺应新生代员工的特立独行、较为自我（朱飞，2020）的特征，改变管理方式，这样可以让员工队伍相对稳定；另一方面，企业通过沟通和文化建设等方式让员工自身在团队氛围中不断获得成长。

另外，笔者从访谈中发现，管理认同感和用工灵活度之间也存在关系。对于W公司员工来说，自身身份的稳定性和对管理的认同形成了彼此支撑、相互促进的作用。正如W公司的人力资源主管所说：

我们和员工保持劳动关系实际上很必要，这对员工来说是一种保障，他们和普通的客服还是不一样，是直接嵌入我们的主体业务，通过电话销售的方式实现双重功能。实际上，他们比普通客服更适合做这个工作，因为做销售的过程同时又是为客户服务的过程。我们也尽量发挥保姆式管理的优势，让新生代员工觉得既有保障又有自由，这样才留得住他们的人，留得住他们的心。(20190708WBWW01)

这种互相促进的作用同样也体现在D公司正式雇佣的员工群体当中，但是对于尚未进入正式雇佣序列的外包或派遣客服员工，他们的认同感明显不如正式员工。虽然人性化的管理还是可以让这些员工感受到企业的关怀和激励机制，但是作为普通客服，他们还需要通过业绩的提升来寻求转正的机会。一部分长期无法得到转正的员工的认同感也有降低的趋势。正如D公司业务主管所言：

我们主要的人员流失率其实都是在普通客服群体，因为转正的名额还是很有限，我们希望最优秀的那些员工能留下，或者成为管理者，或者能进入我们负责网约车安全的团队，但有些员工一年、两年都达不到，收入一般的员工可能就想是不是可以去别的公司。毕竟是我们公司出去的，到其他二流公司，还是能获得很好的机会。(20190713DDLY01)

A 公司的员工对他们服务的戴尔公司并无太多的认同感，而 A 公司的总体薪酬和晋升机会都比较有限，A 公司员工相对公司来说是稳定的雇佣，而相对品牌（戴尔公司）而言则是外包员工，这两个维度没有形成彼此支撑的关系。

五、工作的灵活性与用工的灵活化：影响劳资合作形态的具体因素

从对三家企业的描述上，可以清晰地看到三家企业虽同为呼叫中心，但在本质上又有所不同。从工作内容来看，尽管员工都在进行接打电话的工作，但是提供的服务却有所不同。在 W 公司，客服员工提供的是电话销售以及售后的跟踪服务；在 A 公司，客服员工主要负责解决客户提出的问题并将相应情况反馈给发包公司，其为客户提供的主要是信息；在 D 公司，客服员工是客户与第三方的连接者，除了信息传递以外，还承担着一定的监督与纠纷解决的责任。

结合调查，本文引入了工作流（workflow）的概念，以便更为清晰地展现三家公司客服员工劳动过程的不同。Frenkel（1998）观察到工作场所中常常存在多种形式的工作组织，他定义“工作流”为“能够针对特定市场产出指定产品（包括服务）的一系列固定结构的任务（工作）”。从呼叫中心的工作内容上看，存在两种不同的工作流：以问题为中心的事务型工作流和以沟通为中心的关系型工作流。在事务型工作流中，工作内容往往针对特定问题。客服与客户之间的关系往往是一次性的，多次任务之间也是独立的（如通信行业的话费查询业务）。在关系型工作流中，工作内容本身并不固定，但其目的指向明确，即维护企业与客户之间的关系。客服与客户之间的关系是长期性的，多次通话之间有相互联系（如电话销售及相关售后服务）。

显然，A 公司的客服工作为事务型工作流，在客户呼入并提出相关问题后，客服员工的工作是为其提供内容导向的解决方案信息。而 W 公司和 D 公司的客服工作则为关系型工作流。在 W 公司，客服员工并非完成相关服务销售就结束工作，而是需要不断为客户提供后续的增值服务。由于其服务是按使用年限收费，客服员工会努力提升其服务质量以取得留存客户及进一步扩大销售范围的效果。在此情况下，客户一般由对应的专属客服进行服务，客户同 W 公司的联系具体到个人，直接体现为客户与固定的客服员工不断地沟通。D 公司的情况则稍有不同，虽然客户同 D 公司的多次交流未必会联系到相同的客服员工，但客服员工整体的服务质量决定了客户对 D 公司所属平台的满意度。客户同 D 公司的联系体现为其与 D 公司客服群体的连接，这也是 D 公司采取与 W 公司不同的用工方式的原因之一。

事务型工作流与关系型工作流在工作导向上存在很大不同：事务型工作流以内容为导向，一般而言，客户所需要的信息会被提前整合到一个数据库或工具包中，客服员工在回应客户提出的相关问题时，被要求提供相对固定的内容信息。在具体处理过程中，客服员工的自主权相对较少。而关系型工作流以关系维护为导向，虽然在应答程序、应答话术等方面有相应的规范，但涉及具体内容时，往往需要客服员工根据实际情况进行应对，客服员工的自由度较高。这会使其与事务型工作流在两个方面存在较为明显的不同：一是客服员工的培训与留存，二是客服员工的具体绩效标准。在客服员工的培训与留存方面，事务型工作流对其并不过于重视。事务型工作流的工作内容相对程式化，这意味着其对员工的技能需求不太高，员工只需要通过相对简单的培训就能上岗，其员工流失所造成的人员需求也可以在劳动力市场上快速得到满足。

A 公司的情况正是如此，其员工培训内容同业务内容密切相关，缺乏与员工自身成长与职业发展相关的培训内容。同时，其人员流失率在笔者调研的三家企业中最高。在具体运营过程中，A 公司通过学生自荐以及校企合作的渠道，使用约 20%的实习生。实习生毕业就业会使其在每年七八月的人员流失率迅速增加，但 A 公司能直接通过劳动力市场解决其人员缺口问题。而在关系型工作流中，客服员工通过情感沟通及相关专业知识，与客户建立关系并进行维护，这对客服员工的技能与知识要求显然高于事务型工作流。

W 公司与 D 公司均为员工提供了涵盖业务与员工个人发展的较为全面的培训体系，同时配合相应的薪酬提升激励，提高员工参与培训的积极性，以此促进员工人力资本的提升，以更好地同其岗位相匹配。在此过程中，企业对员工进行了相当多的人力资本投入，而员工的流动势必增加企业在培训方面的成本，且当高技能人才流失后，企业在填补人员缺口上也存在一定难度，这些因素使得企业更加注重关系型工作流中员工的留存。在客服员工的具体绩效标准上，事务型工作流与关系型工作流也存在很大的不同。由于事务型工作流的业务内容相对固定，员工自由度较低，企业对员工工作过程的严格控制成为可能。在 A 公司，业务发包方戴尔公司给客服员工设置了 20 余项 KPI，其中业务量作为关键指标，权重高于客户满意度。而在关系型工作流中，客服员工与客户间关系的好坏可以直接由客户满意度反映出来，因此在关系型工作流中，客户满意度是核心关键指标，其重要性高于业务量。

D 公司在此方面的转变为这一结论提供了佐证。D 公司在建立之初，由于人员数量与业务总量失衡，个人业务量在绩效考核中权重曾经一度高于客户满意度。在实际运营过程中，管理层发现客户满意度在自有员工、HRO（人力资源外包）、BPO（业务外包）中逐次递减。管理层认为，这是由于外包员工对 D 公司缺乏组织认同，从薪酬评价角度考虑，提升业务量比提升满意度更为有效。考虑到平台型企业的核心竞争力在于客户体验，管理层重新调整了绩效评价体系，将客户满意度的权重调高，将业务量的权重调低，之后，D 公司的客户满意度得到了有效提升。在经历了 2018 年的顺风车事件后，D 公司将对安全的重视提升到前所未有的高度，成立了安全部门。安全部门员工的业务量被弱化，而与客户满意度相关的事故漏报率在绩效考核中则被视为重中之重，这也体现了 D 公司对于维系企业与客户间的信任关系的重视。

工作流视角诠释了业务内容与其所匹配的工作流程对企业内部劳动关系的重要影响，但未对企业具体用工方式的选择做出解释。为了阐明影响企业用工方式的因素，需要从企业商业运营的角度审视呼叫中心承担的业务内容。从呼叫中心的历史发展来看，早期的呼叫中心的主要职责仅为接受客户的咨询并进行相应的业务处理。随着信息技术的发展，自动外呼成为可能，电话销售成为企业拓展新市场的手段之一。

在互联网技术同经济不断交融的今天，经济组织的边界不断模糊，传统的线性结构正在被繁复的网状结构所替代，呼叫中心作为网络各点的连接，其任务更具多样化。在这个发展过程中，一种观点认为，呼叫中心是产业链经济活动中的成本项，通过将客户服务集中到呼叫中心，使企业能够缩小各分支服务机构的规模，也有助于企业控制客服整体的业务量。呼叫中心能显著降低企业的成本，提升其市场竞争力。另一种观点则认为，呼叫中心是产业链经济活动中的利润项。一方面，呼叫中心去除了物理空间上的约束，大大提升了单位时间内可能的业务量；另一方面，呼叫中心的服务作为企业销售商品或服务的增值项目，能使企业在同质化的市场竞争中具备一定的辨识度，进而提升其市场占有率。

显然，呼叫中心的具体用工方式同企业对呼叫中心的价值定位有关。若企业认为呼叫中心是成本项，那么其在市场化条件下就会采用各种手段降低呼叫中心的各项支出，灵活化用工作为削减人员成本的重要手段被广泛应用也就在情理之中。而若企业认为呼叫中心为其利润项，那么提供稳定的劳动关系，通过培训提升员工人力资本以提高单位产出将是其理性的选择。售后服务业务对于戴尔集团而言并非其利润点，因此其选择将业务外包给 A 公司等呼叫中心，通过灵活化用工的方式降低其成本。对于 W 公司而言，呼叫中心的销售和后期服务是集团的重要利润来源，特定客服员工与客户间沟通服务所形成的关系是 W 公司创造价值的关键所在，因此其希望通过与员工直接签订劳动合同，提供较有竞争力的薪酬和清晰的晋升通道，使工作场所的劳动关系趋于稳定。对于 D 公司而言，其多元的用工方式是基于多方面的考量，面对公司起步阶段员工紧缺与业务量剧增的矛盾，公司通过业务外包和人力资源外包的方式进行阶段性的应对。同时，互联网平台服务同成熟的标准化商品不同，其需要通过不断反馈、快速升级产品，使海量的客户能更舒心地使用服务。D 公司在这一过程中将创造巨大价值的优秀员工转换为更为稳定的自有员工，使其他员工产生了与公司建立稳定的合作关系的期待。此外，由于不是特定的客服员工为客户提供服务，在平台与客户建立连接的过程中，D 公司更重视客服员工这个群体的整体服务质量对品牌形象的影响，其采用多层次的用工方式也能避免员工因劳动关系过于稳定而产生怠惰等消极心理。

六、结论与讨论

本文从对劳动过程理论的反思入手，将呼叫中心劳资合作形态作为切入点，以 T 区的三家互联网行业呼叫中心为例，发现在不同类型的呼叫中心中，劳资合作的形态产生了明显的区别，并对这些区别的原因进行了深入的考察。总体来说，三家呼叫中心之所以出现不同类型的劳资合作形态，从表面上看是企业管理的不同、用工方式的不同造成了员工对企业认同感的变化。但实际上，这种变化背后呈现出结构性因素、组织因素和个体因素之间的交互作用。一方面，不同企业差异化劳资合作形态的原因是员工对管理的认同度不同，这背后反映了企业组织管理对于员工主体——新生代员工的顺应；另一方面，国家制度的变化以及呼叫中心在商业模式方面的作用变化，导致呼叫中心员工岗位的工作流也产生变化，进而导致其在互联网企业价值链中的位置也发生变化。呼叫中心员工的岗位贡献价值增大直接导致其用工方式从灵活向安全（固定）变化，也就是说，边缘业务的附加值提升后，相关员工成为核心员工。

呼叫中心内部不同的劳资合作关系由企业用工方式与员工的管理认同感共同作用而成。从企业的角度看，企业对呼叫中心的价值定位和职责内容设定是呼叫中心选择具体用工方式的决定性因素；从员工的角度看，具体业务内容、利益分配以及职业发展等因素共同决定了其对企业的管理认

同感。成本导向的呼叫中心，其在价值链上处于非核心地位，企业往往采用灵活化用工等方式削减成本，员工工作受到高度控制，企业对员工的人力资本投入相对较低造成员工的管理认同感较低，进而形成交换型合作关系；而价值导向的呼叫中心，其在价值链上处于核心地位，企业的收入利润与员工的知识、技能等有一定程度的正相关，这促使企业进行更多的人力资本投入、形成更稳定的劳资合作关系。在认可型劳资合作中，企业看重员工个体的人力资本提升，通过更优渥的利益分配方案来留存员工。在期待型劳资合作中，企业更看重员工群体整体人力资本提升，用多样化用工方式所展现的未来前景来留存员工。员工在整个劳资合作的过程中并非完全被动的接受者。通过提升自身人力资本，更好地展现其所承担任务的价值，员工在一定程度上能够影响企业的价值导向，进而改变员工在价值链上所处的地位。未来，作为网状经济连接线的呼叫中心将长期处于多种劳资合作关系并存的状态。其中，处于价值链非核心地位的呼叫中心业务将不断边缘化，部分甚至被 AI 所替代；而处于价值链核心地位的呼叫中心则将进一步扩大其影响，伴随着员工知识技能的提升，越来越为企业所重视。

The Causes of Employment Relations Diversity in Call Centres

Quan Meng，Quan Miao

Abstract：With the extensive application of communication technology and Internet, call center covers more and more industries, and its importance in economic activities becomes more and more prominent. However, call centers has not aroused wide attention in the study of employment relations. This paper takes three call centers in T-zone as examples and tries to present the diversity of employment relations in different call centers. On this basis, this paper analyzes the forming factors of the employee-management cooperation, and finds that the employment flexibility and the commitment to management are important interconnected variables. And there are still interconnected variables which shape the multiplicity of cooperation between employers and employees, containing agency of the new generation of young workers, institutional change, business pattern as well as work flow at personal, coporate and structual levels.

Key Words: Call Centre; Employee-management Cooperation; Commitment to Management; Flexibility in Employment

落袋为安与谋求发展：基于自我决定理论的外卖骑手工作动机分析*

杨滨伊

摘　要： 本文基于自我决定理论中个体“环境—基本心理需要—工作动机—结果”的行为逻辑，将网约送餐平台中的外卖骑手分为全职者与兼职者两类，并从劳动权益保障的视角出发，将其需求分为落袋为安型和谋求发展型，并深入探索不同群体的需求差异及工作动机。结果发现，虽然全职者与兼职者的基本特征相似，但是兼职者仅将平台工作视为快速获得收入的渠道，他们更看重报酬的即时性，而全职者则倾向于将平台这类临时性工作当作一份职业，期待从中获得劳动权益保障与职业发展。在新冠肺炎疫情的影响下，这种差异依旧存在，并且疫情期间加入平台的骑手更期望与平台建立劳动关系。本文强调，在对平台就业进行讨论及规范时，应注意到其中劳动者的需求差异，在注重分类保障的同时也要关注平台中个体的职业生涯发展。

关键词： 平台就业　网约送餐　外卖骑手　自我决定理论　劳动力市场分割

---

* ［基金项目］本研究获得国家社科基金青年项目“区域发展和劳动关系治理研究”（19CSH037）支持。

［作者简介］杨滨伊，首都经济贸易大学劳动经济学院博士研究生。

一、利益、自由与保障：有关平台工作的三个争论

在2020年突发的新冠肺炎疫情中，外卖骑手在维系城市正常运转方面起到了重要作用，他们被称为“城市的蜂鸟”，高效、快捷地承担了居民日常生活用餐、医疗物资配送等工作。这一现象的背后是外卖骑手人数的井喷式增长，美团研究院发布的《2019年及2020年疫情期间美团骑手就业报告》显示，在新冠肺炎疫情期间，美团吸纳了大量劳动者。从2020年1月20日至3月18日，仅两个月内，美团外卖平台就新招聘了33.6万名骑手。[①] 其中，大量的劳动力来源于疫情期间停工停产的企业、餐厅等，平台为他们提供了暂时挣得收入的渠道，缓解了个人经济压力与社会失业压力。

事实上，在疫情发生前，平台就业人数就处于逐年快速增长过程中。这其中存在不容忽视的两个因素：其一，平台在劳动力市场中的蓄水池效应。不少学者都认为，平台就业人数的增长源于失业率的上升，[②③] 由于平台按需工作对技能的要求较低，一些劳动力市场上的失业者能够快速掌握平台工作技能并以此为生。[④] 其二，劳动者参与平台工作的主观性因素。一部分研究指出，基于平台工作的灵活性，平台中雇佣关系的模糊性给予了工作者极大的自主性，并且满足了他们对高弹性工作安排的偏好。[⑤] 事实上，无论哪种因素都指向平台与劳动者的利益合意。一方面，大量劳动

---

① 美团研究院：《2019年及2020年疫情期间美团骑手就业报告》，https：//about.meituan.com/news/institute.

② Huang, Ni, et al. “Unemployment and worker participation in the gig economy: Evidence from an online labor market.” *Information Systems Research* 31.2 (2020): 431-448.

③ Aloisi, Antonio. “Commoditized workers: Case study research on labor law issues arising from a set of on-demand/gig economy platforms.” *Comp. Lab. L. &Pol'y J.* 37 (2015): 653.

④ Burtch, Gordon, Seth Carnahan, Brad N. Greenwood. “Can you gig it? An empirical examination of the gig economy and entrepreneurial activity.” *Management Science* 64.12 (2018): 5497-5520.

⑤ Berger, Thor, et al. “Uber happy? Work and well-being in the ‘gig economy’.” Economic Policy 34.99 (2019): 429-477.

力的涌入为平台公司的业务扩张提供了条件，而不同技能劳动者的参与使平台能够提供更加细分多样的服务；另一方面，通过互联网技术搭建起的在线平台以其匹配供需双方的高效率，降低了搜寻—匹配成本，这种传统服务的数字化转型使得劳动者完成单位任务的效率更高。① 同时，平台劳动者的类自雇身份使工作呈现出“多劳多得”的特点，对于低技能者而言，通过增加工作时间投入就能获得高收入，这无疑是平台工作最具吸引力之处。②

这种利益合意源于平台工作的自由与灵活，然而，其另一面则是保障的缺失。从劳动法的角度来看，平台公司与劳动者在名义上并不存在任何雇佣关系，脱离了劳动合同，现有劳动法难以对平台工作者实施有效保护；③ 从劳动关系的角度来看，平台使劳动者渐趋原子化，并不存在一个正式组织将他们整合起来，这导致劳动者集体行动的力量减弱，规则制定权完全被掌握在平台公司手中。进而，劳动过程理论认为，在平台与劳动者看似松散的关系背后，实质上隐藏着深度的算法控制。以平台送餐工作为例，郑广怀用“下载劳动”形容外卖骑手的工作，并且认为强吸引、弱契约、高监管、低反抗是外卖骑手劳动过程的四个主要特征。④ 即使是否工作与何时工作的决定权在骑手手中，但是，一旦开始接单，平台便监控着骑手的工作行为，从送餐时间到送餐过程中的态度都被纳入平台监管系统中，并辅以严格的惩罚制度。如此，平台运用一整套声誉系统来管理骑手绩效，派单量和每单收入与级别挂钩。算法管理通过不断压缩骑手的送餐时间来提高平台的整体送餐效率，却忽视了送餐途中可能遇到的一系列

---

① Eichhorst, Werner, et al. “How big is the gig? Assessing the preliminary evidence on the effects of digitalization on the labor market.” *Management revue* (2017): 298-318.

② 沈锦浩：《网约工：新生代农民工就业的新选择与新风险》，《长白学刊》2020 年第 3 期。

③ 谢富胜、吴越：《零工经济是一种劳资双赢的新型用工关系吗》，《经济学家》2019 年第 6 期。

④ 郑广怀，等：《平台工人与下载劳动：武汉市快递员与送餐员的群体特征与劳动过程》（预印本），https://www.jikan.com.cn/infoDetail/article/30000002，2020 年 3 月 30 日。

不确定因素。[①] 在这种高强度监管下，骑手交通事故频发、过劳现象屡见不鲜，却几乎得不到任何有效的劳动权益保障。基于此，平台工作被认为是一类低质量的非正规工作。

关于利益、自由及保障这三个方面，学界对平台工作的评价出现了正反两方面的观点。然而，一个不容忽视的现象是仍有大量劳动者进入外卖平台中，这说明平台工作中的利益、自由与保障并非此消彼长的关系，相反，由于参与个体的动机差异，它们并存交织。[②] 自我决定理论认为，个体受到内外动机的影响，并根据其心理需求自觉采取相应行为或从事相应工作。同时，外部动机和内部动机并不总是一致的，外部动机内化的过程受到工作特征、个体特征、个人工作目标等的影响。总的来说，个体行为机制可以被概括为“环境—基本心理需要—工作动机—结果”。[③]

因此，个体状态的不同使他们进入平台工作的动机存在差异，进而表现出的工作行为也有所不同。进一步地，从利益与保障的角度来看，依据自我决定理论可将外卖骑手进入平台的动机分为两类：一类是落袋为安型，即看重平台报酬支付的公平性与即时性；另一类是谋求发展型，即将平台工作视为一份职业，相比于单一的金钱性因素，他们更希望从平台中获得职业保障。另外，自我决定理论认为，环境因素在个体行为逻辑中也扮演着重要角色。现实中，受到2020年新冠肺炎疫情的影响，不少服务业企业、小微企业等生存困难，平台吸纳了大量失业劳动力。疫情作为一种外在环境的变化或许改变了劳动者的就业动机，一些平时不考虑临时就业的人，面对宏观经济下行，也会选择参与其中。本文认为，对平台中不同参与者的劳动情况与工作动机进行探究，一方面，这有助于厘清利益、自由及保障这三方面的关系及具体作用对象，并进行有效的分类保障；另一

① 孙萍：《“算法逻辑”下的数字劳动：一项对平台经济下外卖送餐员的研究》，《思想战线》2019年第6期。

② 杨滨伊、孟泉：《多样选择与灵活的两面性：零工经济研究中的争论与悖论》，《中国人力资源开发》2020年第3期。

③ 张春虎：《基于自我决定理论的工作动机研究脉络及未来走向》，《心理科学进展》2019年第8期。

方面，从劳动者的角度来说，也有助于以更长远的目光去判断平台工作作为一种临时性就业，在其职业生涯中所扮演的角色。本文将结合疫情因素，考察不同类型外卖骑手的需求差异，以及这一差异背后的平台参与动机。

二、全职与兼职：两类群体的不同参与动机

已有研究发现，自我决定理论有效解释了零工者的动机，认为灵活自主的工作安排与相对可观的收入满足了其自主需要、胜任需要和归属需要。① 但是随着研究的深入，Brawley 发现并非所有参与零工的劳动者都处于一种灵活、不稳定的状态，相反，有相当一部分人将零工视为一份长期从事的工作以及必要的收入来源。根据自我决定理论，这类人表现出更高的归属性需求，他们的工作动机和行为与其他群体存在差异，Brawley 据此提出，在对零工者进行分析时需要区分不同类型。② Keith 等进而以是否将零工当作主要收入来源和正式工作这两个标准来对零工者进行区分，他们发现，两类人群在工作动机上存在极大差异，对零工工作依赖程度越高，其受外部驱动力进入平台的可能性就越大，满意度也更低——这源于平台中一系列劳动权益保障的缺乏，难以满足零工者的心理需求。③

可以发现，无论是出于管理平台劳动者的目的，还是要对他们进行有效保障，都需要注意内部群体差异，特征与诉求的多样化使得他们进入平台的动机不一，因此个体对利益保障的衡量也不同。然而，以零工者对待平台工作的认真程度为依据，虽然能够对人群进行有效区分，但往往受制于数据而

① Pichault, Francois , T. Mckeown . "Autonomy at work in the gig economy: analysing work status, work content and working conditions of independent professionals." *New Technology, Work and Employment* 34. 1 (2019): 59-72.

② Brawley, M. Alice . "The Big, Gig Picture: We Can't Assume the Same Constructs Matter." *Industrial & Organizational Psychology* 10. 04 (2017): 687-696.

③ Keith, Melissa G. , P. Harms , L. Tay . "Mechanical Turk and the gig economy: Exploring differences between gig workers." *Journal of Managerial Psychology* 34. 4 (2019): 286-306.

难以判定，一个较为直观的办法是将零工者分为全职与兼职。[①] 虽然在传统组织中，全职与兼职是一个显而易见的划分，但是在零工平台上，由于技术的便捷性和劳动合同的缺失，个体能够快速进出平台，全职与兼职并不具备雇佣关系上的意义，它仅仅是一种工作状态，其实质代表的是个体对平台工作的投入程度与依赖程度，因此，这种划分能够较好区分零工群体中的不同类型。在本土研究中，何勤等发现，没有固定职业的劳动者会投入更多时间参与平台工作，而有固定职业的兼职者则将自己定位为“斜杠青年”，他们参与平台工作是为了弥补本职工作时间不足或者拓宽业余兴趣。[②] 杨伟国等的研究关注网约车司机群体，得出了相似的结论，即兼职司机的劳动供给时长低于全职司机。[③] 现有研究虽然关注了平台参与者的主体性因素，但是，对于他们就业状态的差异仍然讨论不足，这导致得出的结论存在以偏概全之嫌。另外，针对平台工作整体探讨劳动权益保障虽然具有现实意义，但对平台用工方式进行一刀切的规制有失偏颇，这也不利于客观有效地评价平台在劳动力市场中的作用。从平台最受关注的劳动权益保障方面来看，全职者与兼职者的生存状况存在极大差异，前者是脱离传统保障体系且对平台依赖程度较高的劳动者，后者则除了这种临时工作外还有其他收入来源。

因此，本文将外卖骑手分为全职与兼职两种工作状态，对他们的人口统计学特征、工作经历、平台生存状况等进行区分，进而从劳动权益保障的视角对两者的平台参与动机进行分析，即探讨落袋为安型需求及谋求发展型需求的影响因素。

（一）数据来源

本研究数据来源于课题组于2020年6月至7月通过手机问卷的方式向

① Keith, Melissa G., P. Harms, L. Tay. “Mechanical Turk and the gig economy: Exploring differences between gig workers.” *Journal of Managerial Psychology* 34.4 (2019): 286-306.

② 何勤、王琦、赖德胜：《平台型灵活就业者收入差距及影响机制研究》，《人口与经济》2018年第5期。

③ 杨伟国、王琦：《平台型灵活就业者收入差距及影响机制研究》，《人口研究》2018年第4期。

深圳、北京、成都、杭州、哈尔滨等五座主要城市的外卖骑手进行问卷调查。问卷询问了外卖骑手个人信息、工作经历、收入状况、权益保障等内容。本次调查共回收问卷9918份，在剔除选项互斥的问卷后，得到有效问卷9041份。样本分布于美团、饿了么、达达、乐跑等多个平台。其中在平台上全职工作的有6151个样本，占比为68.03%；在平台上兼职工作的有2890个样本，占比为31.97%。

（二）特征描述

1. 人口统计学特征

样本群体以青年农村户籍男性为主，他们的平均年龄为33.89岁，学历集中于高中及以下水平，已婚者超过半数，且多数养育1~2个孩子。具体看全职者与兼职者的区别，兼职者的年龄偏高，且受教育程度高于全职者，例如，大专及以上的全职者占比11.02%，而这一群体在兼职者中的占比是16.93%。另外，兼职者中的已婚者及所需抚养的孩子数量更多，非农户籍的样本占比也更大。这一数据为我们粗略地描绘出了兼职者与全职者的特征差别：兼职者人力资本较高，且承担着更多的家庭经济责任，这符合以往研究中兼职者是为了补充收入参与平台工作的结论。但是，这仅能说明金钱因素的驱动力，尚不足以说明兼职者与全职者在需求及参与动机上的差异，因此，我们进一步考察两者工作经历上的差异，以获得更清晰、全面的特征图景（见表1）。

表1 外卖骑手分样本人口统计学特征

		全样本	全职样本	兼职样本
		百分比/均值（标准差）	百分比/均值（标准差）	百分比/均值（标准差）
年龄		33.89（7.32）	33.22（7.12）	35.32（7.52）
性别	男	97.08%	97.30%	96.61%
	女	2.92%	2.70%	3.39%

续表

		全样本	全职样本	兼职样本
		百分比/均值（标准差）	百分比/均值（标准差）	百分比/均值（标准差）
受教育程度	初中及以下	40.67%	41.59%	38.72%
	高中/中专/职高	46.42%	47.39%	44.36%
	大专	9.93%	8.71%	12.53%
	本科	2.61%	2.05%	3.81%
	硕士及以上	0.37%	0.26%	0.59%
婚姻状况	已婚	61.35%	58.66%	67.09%
	未婚/离异/丧偶	38.65%	41.34%	32.91%
抚养儿童数量	0个	32.93%	34.66%	29.24%
	1个	30.33%	29.49%	32.11%
	2个	30.48%	29.70%	32.15%
	3个及以上	6.26%	6.15%	6.51%
户籍	非农户籍	20.65%	18.92%	24.33%
	农村户籍	79.35%	81.08%	75.67%

2. 工作经历及平台生存状况

通过询问兼职者本职工作所在行业，我们发现，48.52%的受访者来自服务业，22.99%的受访者来自传统制造业。结合新冠肺炎疫情在全球的发展趋势来看，疫情暴发初期国内服务业受到重挫，截至问卷发放时间，虽然复工率逐步提升，但疫情影响仍然存在，加之2020年第二季度起海外疫情态势严重，部分制造业订单被其影响受到削减。据此推断，这些兼职者有可能是出于企业效益下滑、本职工作时间不饱和的原因而加入平台工作。值得注意的是，除了服务业与制造业，有14.35%的兼职者本职工作所在企业为高新技术产业、事业单位、政府部门等，他们是企事业单位内部的白领人员。

进而，我们询问了受访者平台收入占总收入的比例。86.65%的全职者表示平台收入占据总收入的75%以上，其中除平台收入外没有其他收入来源的样本占比 69.09%。然而，对兼职者而言，虽然上文数据表明增加收入是他们进入平台工作的主要原因之一，但平台收入占总收入一半以上的样本仅 22.94%，47.44%的受访者表示平台收入占总收入比重不足 25%。除了工资性收入外，参保状态能够说明平台工作者的劳动权益保障情况。全职者和兼职者在这方面差异明显，超过一半的全职者表示没有参加保险或者对自己的参保情况不了解，而兼职者中这部分人数仅占 20%（见图 1）。

可见，从人口统计学特征来看，全职者和兼职者在各方面并不存在明显差异。即便在受教育程度、婚姻状况、抚养儿童数量上有量的不同，但他们之间的分布和趋势都是相似的。然而，从收入到保障，两类群体对平台的依赖程度却有所差异。接下来，本文将检验落袋为安型需求和谋求发展型需求的影响因素，以探寻全职者与兼职者的不同需求及动机。

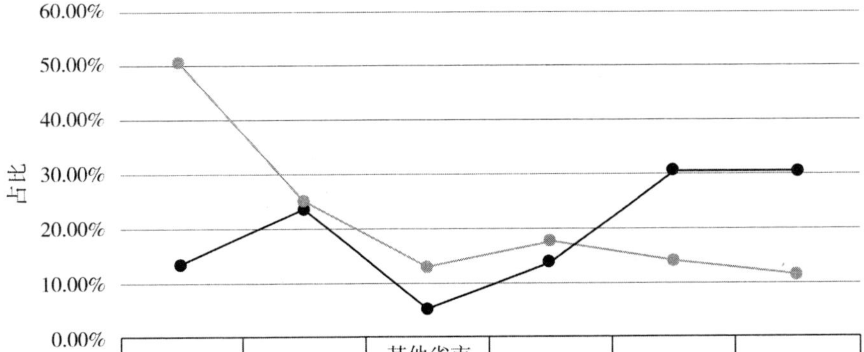

	城镇职工社会保险	城乡居民保险	其他省市职工/居民保险	商业保险	不清楚	没有参加
全职者	12.93%	23.02%	5.04%	13.75%	30.43%	30.04%
兼职者	50.28%	24.98%	12.73%	17.58%	13.94%	11.49%

图 1　全职者与兼职者的参保情况对比

（三）平台工作需求的影响因素分析

1. 变量说明

因变量。本文将外卖骑手的需求分为两类，一类是落袋为安型，即参加平台工作主要是为了快速获得收入；另一类是谋求发展型，即将平台工作看作一份职业，并希望从中获得职业发展。问卷询问了受访者目前最关心的问题是什么，我们将“提高收入”作为落袋为安型的代理变量，将“希望签订劳动合同”作为谋求发展型的代理变量。

自变量。本文核心自变量为平台劳动者的就业状态，即全职或兼职。本文将全职定义为除了平台工作外没有其他工资性收入；兼职为除了平台工作外还有其他工资性收入。

控制变量。鉴于已有对平台劳动者的分析讨论，本文将影响需求的因素分为4类，分别是个人特征、家庭特征、人力资本特征、工作特征。其中，个人特征变量选取性别、年龄、户籍；家庭特征变量选取婚姻状况、需抚养子女数量；人力资本特征变量选取受教育程度和技能培训经历；工作特征变量选取收入、平台工作持续时间、参保情况。具体变量定义和基本描述统计见表2。

表2　变量定义及描述统计

变量		定义	均值	标准差
因变量	谋求发展型	与平台签订劳动合同的意愿 有意愿=1，无意愿=0	0.14	0.34
	落袋为安型	提高每单工资的意愿 有意愿=1，无意愿=0	0.29	0.45
自变量	就业状态	全职=1，兼职=0	0.68	0.47
控制变量				
个人特征	性别	男=1，女=0	0.97	0.17
	年龄	单位：岁	33.89	7.31
	户籍	非农户籍=1，农村户籍=0	0.21	0.40
家庭特征	婚姻状况	已婚=1，未婚/离异/丧偶=0	0.61	0.49
	需抚养子女数量	0个=0，1个=1，2个=2，3个及以上=3	1.10	0.94
人力资本特征	受教育程度	初中及以下=1，高中/中专/职高=2，大专=3，本科=4，研究生及以上=5	1.76	0.76

续表

变量		定义	均值	标准差
人力资本特征	技能培训经历	是否参加过技能培训 参加过=1，没参加过=0	0.55	0.50
工作特征	收入	3000元以下=1，3000~5000元=2，5000~7000元=3，7000~9000元=4，9000元以上=5	2.36	1.21
	平台工作持续时间	6个月及以下=1，7~12个月=2，1~2年=3，2年以上=4	2.56	1.20
	参保情况	是否参加了保险 是=1，否=0	0.53	0.50

2. 结果分析

由于因变量均是二分类变量，因此本研究选择二分类 Logistic 回归模型，分别对落袋为安型需求和谋求发展型需求进行影响因素分析（见表3）。

就业状态。在谋求发展型需求和落袋为安型需求中，就业状态对两者的影响都存在显著差异。全职骑手比兼职骑手更期望与平台建立劳动关系，相对于兼职骑手而言，这一意愿的发生比率高出0.505倍。同时，全职型骑手对未来收入的期望更高。

个人特征和家庭特征。在谋求发展型需求中，已婚者比未婚者更渴望稳定的劳动关系，发生比率高出0.179倍。在落袋为安型需求中，农村户籍者比非农户籍者更希望提高每单收入；相对于没有抚养负担的群体，有1个孩子的骑手更希望获得收入提高。除此之外，年龄、性别对两类需求影响均不显著。

人力资本特征。从两个回归模型中可以发现，无论是何种需求，教育水平和技能培训经历的影响都微乎其微。从上文可知，骑手学历普遍较低，并且由于送餐工作对技能要求并不高，收入的提高更多取决于工作时间的投入，这或许可以解释人力资本状况并不影响对平台工作的期望。

工作特征。在两类需求回归模型中，收入的影响都是显著的。随着收入的逐档降低，骑手签订劳动合同的意愿逐步降低，这一发生比率从

0. 816 变为 0. 586。也就是说，收入越高的群体越希望有稳定的劳动关系，例如，收入在 9000 元以上的群体的意愿比收入在 3000 元以下的群体高出 0. 707 倍。这或许是因为，收入越高意味着工作时间的投入越高，进而意味着他们更加依赖平台工作，因此希望从这份工作中获得更多职业保障。这一点可以从进入平台的持续时间看出，在平台工作 2 年以上的骑手对谋求发展型需求更为迫切。在落袋为安型需求中，收入越低，想要提高收入的意愿越强烈。而参保状态只显著影响了签订劳动合同的意愿，参保群体比不参保群体的意愿发生比率低了 0. 105 倍。

表 3　谋求发展型需求与落袋为安型需求影响因素的回归结果

	谋求发展型 因变量：签订劳动合同			落袋为安型 因变量：提高每单收入		
	B	SE	Exp(B)	B	SE	Exp(B)
就业状态（兼职）	0. 409***	0. 063	1. 505	0. 212*	0. 125	1. 236
性别（女性）	0. 085	0. 134	1. 089	−0. 183	0. 277	0. 833
年龄	0. 006	0. 003	1. 006	−0. 002	0. 007	0. 998
户籍（非农）	0. 036	0. 056	1. 037	0. 216**	0. 107	1. 242
婚姻状态（未婚）	0. 164**	0. 064	1. 179	0. 062	0. 123	1. 064
孩子数量（0 个）						
1 个	−0. 001	0. 068	0. 999	0. 221*	0. 133	1. 247
2 个	0. 043	0. 073	1. 044	0. 171	0. 145	1. 187
3 个及以上	−0. 020	0. 106	0. 981	−0. 071	0. 203	0. 931
受教育程度（初中及以下）						
高中/中专/职高	0. 049	0. 047	1. 050	−0. 101	0. 094	0. 904
大专	0. 145*	0. 079	1. 156	−0. 022	0. 157	0. 978
本科	0. 226	0. 138	1. 254	−0. 340	0. 239	0. 712
研究生及以上	0. 117	0. 366	1. 124	0. 256	0. 724	1. 292
技能培训（没参加过）	0. 040	0. 044	1. 040	0. 141	0. 088	1. 152
收入（9000 元以上）						
3000 元以下	−0. 535***	0. 109	0. 586	0. 649***	0. 193	1. 914

续表

	谋求发展型 因变量：签订劳动合同			落袋为安型 因变量：提高每单收入		
	B	SE	Exp(B)	B	SE	Exp(B)
3000~5000 元	−0.348***	0.102	0.706	0.433**	0.175	1.542
5000~7000 元	−0.230**	0.102	0.794	0.747***	0.183	2.110
7000~9000 元	−0.203*	0.107	0.816	0.339*	0.188	1.403
平台工作持续时间（6 个月及以下）						
7~12 个月	−0.015	0.069	0.985	−0.067	0.137	0.935
1~2 年	−0.009	0.061	0.991	−0.066	0.124	0.937
2 年以上	0.139**	0.059	1.150	−0.068	0.121	0.934
是否参保（否）	−0.111**	0.047	0.895	0.021	0.097	1.022
常数	−0.758***	0.218	0.102	1.973***	0.428	7.189
Log likelihood	−5999.69			−2119.91		
Wald Chi2	245.86***			41.63**		
Df	21			21		
N	9041			9041		

注：* $p<0.1$，** $p<0.05$，*** $p<0.01$

由于兼职者大多都有本职工作，对于他们而言，与平台签订劳动合同这一题项不能很好地说明其想在平台中获得长期发展的意愿，因此将问卷中“希望在制定配送规则时征求个人意见”这一题项作为因变量进行再次回归，由于这是一个二分类变量，依旧采用 Logistic 回归。回归结果发现，核心自变量就业状态依旧显著，全职者想在平台中获得长期发展的意愿发生比率比兼职者高出 0.208 倍。

综上所述，两类需求的影响因素存在异同，且就业状态对其有显著影响。考虑到新冠肺炎疫情对劳动力市场的冲击，我们在问卷中询问了被调查者是否是在疫情期间加入平台。对于因疫情而失业的劳动者而言，由于平台工作的就业门槛低，它能够起到暂时过渡的作用，这或许对外卖骑手的需求产生了影响。因此，我们将是否在疫情期间加入平台与就业状态交乘，以检验在疫情影响下不同就业状态对需求的影响。控制变量不变，考虑到篇幅限制，省略其回归系数。我们从回归结果中可以看出，在谋求发展型需求中，无论是全职骑手还是兼职骑手，受到疫情影响，他们都表现出对平台工作更高程度的依赖。同时，除去疫情影响，全职骑手依然比兼职骑手更希望在平台中获得稳定劳动关系。在落袋为安型需求中，引入交乘项后系数不再显著，说明疫情没有影响外卖骑手对于提高收入的需求（见表4）。

表4　疫情对需求的影响

	谋求发展型 因变量：签订劳动合同			落袋为安型 因变量：提高每单收入		
	B	SE	Exp(B)	B	SE	Exp(B)
兼职×疫情期加入平台	0.288***	0.092	1.334	-0.209	0.171	0.811
全职×非疫情期加入平台	0.533***	0.101	1.704	0.278	0.199	1.320
全职×疫情期加入平台	0.650***	0.934	1.916	-0.018	0.179	0.983
其他变量及常数项	控制			控制		
Log likelihood	-5992.51			-2116.11		
Wald Chi2	256.99***			48.01**		
df	23			23		
N	9041			9041		

注：** $p<0.01$，*** $p<0.001$

三、生存与选择：对外卖骑手权益保障的再讨论

根据以往对平台就业的研究，本文基于自我决定理论对骑手的工作动机进行区分，并将他们的需求分成两类，一类是落袋为安型需求，即将网约送餐工作视为一种获得收入的渠道，他们更加看重即时性的金钱性收入；另一类是谋求发展型需求，即将网约送餐工作当作一份职业，期望从中获得劳动权益保障和职业发展。通过上文分析可以发现，骑手的工作状

态是影响两种需求的重要变量，结果表明，全职骑手比兼职骑手更依赖平台工作。这说明，外卖骑手在需求上确实存在群体差异。从收入来源与工作持续时间来看，全职骑手的平台参与程度显然更高，并且全职骑手的参保率比兼职骑手更低，这在一定程度上说明了他们在劳动权益保障情况上的差异。然而，在进行对比后，本文发现，两类人群在个人特征、家庭特征、人力资本特征上既不存在明显差异，这些在劳动力市场上影响工资获得的重要变量也对他们的未来期望收入不产生重要影响。本文进而考察新冠肺炎疫情的影响，发现在谋求发展型需求中，人群差异依旧存在，并且在疫情期间加入平台的骑手更期望与平台建立劳动关系。

本文据此认为，生存与选择是外卖骑手工作动机的一体两面。劳动力市场分割理论认为，非正规的临时性就业对劳动者存在两种影响路径：一种是“垫脚石”效应，即临时工作帮助弱势劳动者进入劳动力市场，并且帮助他们在未来能够找到长期的高质量工作；另一种是“陷阱”效应，即参与进临时工作的劳动者难以获得有效发展，只能陷于这种低质量工作中。[①] 该理论将非稳定就业在劳动者职业生涯中发挥的是“垫脚石”还是“陷阱”作用作为衡量二元劳动力市场的标准之一，然而对于参与非正规工作的劳动者本身而言，他们进入临时性工作的动机与原因却同时受到生存性和主体性的双重影响。一方面，平台送餐服务的快速扩张使订单量大幅度上涨，创造了不少骑手“月入过万”的神话，这为低技能者提供了增加收入的机会；另一方面，相比于同类型的低技能工作，送餐工作的高收入回报以及工作灵活性吸引骑手在平台中全职工作。平台中分化出两类群体，即全职者与兼职者，两者并非仅在工作参与程度上有区别，从更深层次来说，他们对生存与选择的取舍存在差异。就兼职骑手而言，由于平台收入不构成主要收入来源，同时这一群体参保程度较高，因此他们更多地享受到平台的优势，送餐工作发挥了“跳板”作用，兼职骑手通过暂时性

① Reichenberg, Olof, T. Berglund. “‘Stepping up or stepping down?’: The earnings differences associated with Swedish temporary workers’ employment sequences.” Social Science Research, 2019.

地参与送餐工作，以此来应对疫情造成的经济冲击。当失业率普遍下降后，他们便退出平台。这回应了一些学者的观点，即平台就业的繁荣源自宏观经济下滑，而经济回暖将导致它的衰退。[①] 而另一些特征类似的人群却将平台工作视为一份职业与主要的收入来源。

目前，对平台劳动权益保障的讨论仍停留在平台工作本身。在用工合规性方面，雇主责任的缺位导致部分外卖骑手尚得不到基本的劳动权益保障。在工作过程中，劳动过程理论认为平台算法控制使外卖骑手陷入“你争我抢”的时间争夺“游戏”中，骑手有限的抵抗行为难以使他们摆脱平台严苛的管理模式。[②] 针对这些问题，广东省人社厅已率先出台灵活就业人员服务管理办法，以此促进平台就业合规化。另外，随着平台发展的逐步成熟，能够期待其推行更加人性化的管理方式。但是，在这些讨论之外，鲜有人注意到外卖骑手的平台参与动机及需求的差异。本文通过分析外卖骑手的落袋为安型需求和谋求发展型需求的影响因素，认为全职骑手并不将平台工作的灵活性看作一种优势。当我们回归到骑手的主体性需求后能够发现，无论平台的出现在多大程度上变革了雇佣关系、提高了生产效率，送餐工作对全职外卖骑手而言仍然是一种传统的非正规就业方式，他们在这种灵活就业中依旧期望获得稳定的劳动关系。从更广泛的角度来看，他们对平台工作的主动选择背后是职业上升渠道的缺乏。一方面，由于低人力资本水平，骑手难以进入更好的正规工作；另一方面，送餐工作几乎无法积累有效经验，这进一步将他们困在非正规工作中。[③]

因此，当我们讨论骑手权益保障时，平台工作性质所导致的一系列与传统雇佣相悖的特征固然是需要关注的方面，但是，更应当注意这种临时性工作在不同劳动者职业生涯中发挥的影响。首先，要考虑平台劳动者的

① Friedman, Gerald. “Workers without employers: shadow corporations and the rise of the gig economy.” Review of Keynesian Economics 2. 2, 2014, 171-188.

② 陈龙：《游戏、权力分配与技术：平台企业管理策略研究——以某外卖平台的骑手管理为例》，《中国人力资源开发》2020 年第 4 期。

③ Mcvicar, Duncan , M. Wooden , Y. K. Fok . “Contingent Employment and Labour Market Pathways: Bridge or Trap? .” *Social Science Electronic Publishing*, 2017.

异质性特征，这有助于我们更深入地从劳动者的角度来审视平台就业的积极影响与不足；其次，要区分普遍性需求与个性化性需求，对于全职者与兼职者，在进行劳权保障时应有所区别；最后，对平台的定性需要从其工作特征、宏观经济环境、供需双方三方面来考察。[①] 虽然在技能要求上，送餐工作与其他劳动密集型工作并无多大差异，但是，相较于后者，更高的平均工资能够使骑手有一定的资金积累，这或许能为后续的职业转换打下基础。

四、结论与展望

本文基于自我决定理论中个体的行为机制及其影响因素，将外卖骑手区分为全职者与兼职者，实证分析了他们对落袋为安与谋求发展的需求差异，进而发现，虽然网约送餐被认为是自主与控制并存、灵活与不稳定交织的临时性工作，[②] 但是全职者与兼职者的工作动机存在不同，并且这种不同背后是其参与平台工作的动机差异。自我决定理论认为，环境在个体行为机制中也起着重要作用，因此文章进一步考察了疫情作为一种外在事件对外卖骑手工作动机的影响，结果发现谋求发展型需求在疫情期间显得更为突出，这与 Brawley 等在其研究中提倡将分类思想运用于自我决定理论的方向一致。[③]

本文认为，对平台中不同参与者的劳动情况与工作动机进行探究一方面厘清了利益、自由及保障这三方面的关系及具体作用对象，另一方面也将平台工作置于劳动者的职业生涯中考察其所产生的影响。在我国，产业发展的本土性使平台工作主要以劳动密集型为主，大量低技能劳动者参与

---

① Givord, Pauline, Lionel Wilner. "When does the stepping - stone work? Fixed - term contracts versus temporary agency work in changing economic conditions." *Journal of Applied Econometrics* 30.5, 2015, 787-805.

② 杨滨伊、孟泉：《多样选择与灵活的两面性：零工经济研究中的争论与悖论》，《中国人力资源开发》2020 年第 3 期。

③ Brawley, Alice M. "The big, gig picture: We can't assume the same constructs matter." *Industrial and Organizational Psychology* 10.4, 2017.

其中，因此对于平台劳动者的劳动权益保障始终是呼声最高的议题。尤其是在规模极大的网约送餐工作中，外卖骑手因交通事故频发且得不到有效保障而受到广泛关注。本文认为，除了关注平台劳动者工作过程中的劳动权益外，更要重视不同参与群体的诉求，并进行有效的分类保障。

本文的研究对象是外卖骑手，但是，考虑到平台工作多样、涵盖范围之广，需谨慎推广研究结论，如果将平台就业指代为一种就业类型，那么后续研究应当致力于区分其中的共性与个性，力求精细化研究。本文以工作状态为标准区分骑手群体，发现不同工作状态骑手的特征不存在明显差异，但仍没有说明导致这一现象的原因是什么。在后续研究中，相似特征个体的选择差异或许可以作为自我决定理论的进一步考察方向。最后，囿于数据限制，本文无法获悉外卖骑手在离开平台后的职业流动呈现出什么样的特征，这使我们难以准确判断平台工作在外卖骑手职业生涯中的作用，未来研究可对这一点进行考察。

Being Safe or Seeking Development: A Motivation Analysis of Food Delivery Couriers' Work Based on Self-determination Theory

Binyi Yang

Abstract: Based on the behavior logic of individual in self-determination theory which is "environment-basic psychological needs-work motivation-result", this paper divides food delivery couriers into two kinds of workers: full-time workers and part-time workers. Food delivery couriers' motivation can be divided into being safe and seeking development based on the view of labor security. The results show that although the basic characteristics of full-time and part-time workers are similar, part-timers only regard platform work as a way to get income quickly and pay more attention to the remuneration, while full-time workers tend to regard temporary work such as platform work as a career and expect to get labor security and career development. This difference still works after taking into account the effects of COVID-19, and riders who joined the platform during the epidemic were more likely to have a labor relationship with the platform. This study emphasizes that when discussing and standardizing the employment on the platform, we should pay attention to the differences between the demands of the workers, and pay attention to the career development of the individuals on the platform while paying attention to the labor security.

Key Words: Platform Work; Online Food Delivery; Food Delivery Couriers; Self-Determination Theory; Labor Market Segmentation Theory

[劳动研究]

国家在场与企业退场：市场化转型过程中的中国产业工人技能形成体系变迁*

王 星

摘　要： 计划经济时期，在一个具有强大资源汲取和统合能力的举国体制下，国家通过将产业工人身份化与统招统分“包下来”政策行动建构了国家主义式的产业工人技能形成体系，厂内学徒制和工业属性的专门技术教育体系构成了当时产业工人技能形成体系的主体部分。在市场化转型过程中，国家开始实施“先培训、后就业”和就业“三结合”政策，劳动力市场化建设全面进入轨道，中国产业工人技能形成体系也从一体化走向多元化。社会力量参与改变了以往公立职业学校一统产业工人技能培训的格局，市场化民办培训机构与公立培训机构并列格局形成。产业工人技能培训学校在结构层次上多样化，形成了初等、中等、高等的层级性培训架构。各类技能培训主体之间合作方式多元化，区域集团化办学方式逐渐形成。与此同时，在市场化转型过程中，产业工人技能培训和技能认定开始走向分离，传统的八级技术等级认定与专门学校的教育学历之间对等互认机制的效力也日益弱化。思考中国产业工人技能形成体系的变迁实质上有助于我们透视中国工业社会史的演化历程。

关键词： 产业工人　技能形成体系　市场化转型

* [作者简介] 王星，南开大学周恩来政府管理学院教授、博士生导师。

新中国成立后，国家高度介入中国产业工人技能形成实践，满足国家工业化战略需求与创造新社会力量以改造社会阶层结构是当时技工培育的两个核心内涵。社会主义改造完成后，国家基本确立了公有制的产权结构，总体性社会格局就此形成。在这样一个具有强大资源汲取和统合能力的举国体制下，国家通过将产业工人身份化与统招统分“包下来”政策行动建构了国家主义式的产业工人技能形成体系，厂内学徒制和工业属性的专门技术教育体系构成了当时产业工人技能形成体系的主体部分。国家在教材体系建构、实习工厂设立、培训经费支持、学员毕业安置、成本分担、车间生产乃至受训准产业工人的生活保障等方方面面进行了统筹计划，完全卷入整个产业工人技能形成体系。“招生即招工”政策克服了外部性挖人给企业带来的不确定性，既激励了企业参与的动机，同时给受训学员提供了未来就业的身份承诺。

在产业工人技能形成体系中，工人技术等级体系与学徒制培训、专门技术教育体系（包括技工学校）之间进行了有效衔接。而在这中间，厂内学徒制与专门教育体系之间建立了较为密切的合作互动机制，这实际上将生产车间实训与职业学校理论学习有效联系在一起，提高了产业工人技能形成质量。一般来说，完成学徒制、专门技术教育以及技工教育的受训学员进入工厂后可以直接定级为中级技术工人。改革开放后，随着国家市场化改革的推进，通过行政指令安排产业工人和准产业工人技术技能教育培训并安置就业的做法越来越不适应劳动力市场规律。从 20 世纪 80 年代开始，国家开始实施“先培训、后就业”和就业“三结合”政策，劳动力市场化建设全面进入轨道，这对产业工人技能形成体系产生了直接而重要的影响。

一、产业工人技能形成过程中培训主体走向多样化

在从计划经济体制时期向市场经济体制转型过程中，产业工人完成了身份置换而走向商品化。从用工关系层面来看，尽管计划经济体制时期产

业工人分为固定工、临时工等多种类型，但用工方基本上集中于国有经济单位和集体经济单位，社会主义改造后，干部、工人以及农民成为中国社会三大主体阶层。那时，工人阶级在整个国家政治、经济、社会生活中处于领导地位，他们的职业待遇、社会地位乃至集体认同层面都在一定程度上处于经济社会地位的优势位置。

在这样的背景下，国家通过产业工人身份制与“招生即招工政策”等制度安排建构了一体化的产业工人技能形成体系。这种一体化表现在四个层面：

第一，受训学员身份与产业工人身份的一体化。在计划经济体制时期，产业工人技能形成体系在正式方式上主要包括学徒制和学校体系两大块，同时还有业务教育、就业训练等非正式的培训方式。学徒制中受训学员多为已经招工入厂的产业工人，完成学徒制培训后直接定级为中级技术工人。在学校体系方面，主要包括技工学校、中等专门学校以及职业中学等。其中，中等专门学校尤其是工业属性的中等专门学校，主要招收初中毕业生，学生毕业后虽然很多也是进入企业当技术工人，但是在身份上多是干部身份。技工学校的主要任务是培养应用型技术工人和一线技术操作工人，在入学年龄和招生学历上要求比较宽松，毕业后主要分配至生产部门。职业中学包括农业职业中学和工业职业中学，后者提供产业工人的技能培训，主要是培养基层工人。对于学校体系培养的受训学员，国家通过“统招统分”的政策固定其未来就业身份和就业去向，这事实上使受训学员与产业工人在身份上实现了一体化。

第二，培训机构与生产单位的一体化。在计划经济时期，很多国有企业或者集体企业自办技校，对产业工人进行技能培训，在技术工人上执行“自培自用”。很多为产业工人提供技能培训的学校机构也与各类企业密切合作，通过程序选定一些企业作为实习工厂。在政府劳动部门统一协调管理下，利用身份保护、学习津贴、收益分配、教学方式、检查监督等多种机制，强化生产单位与学校培训机构之间的一体化链接。与此同时，国家还鼓励有条件的技工学校和中等专业学校自行试办工厂，受训学员边学习边生产，推进技能培训成本的自给和半自给，实现培训机构和生产单位的完全一体化。

第三，理论学习与生产实训的一体化。这在产业工人技能培训所使用的教材、训练的方式以及授课师资上得到了明显体现。关于产业工人技能培训的教材和教学大纲，国家劳动部门组织专人进行编写，突出结合现场经验和与时俱进的原则。在训练方式上，强调与生产实践相结合。在学校里，教学中大量使用生产现场教具；在工厂里，通过组建实习小组，共同完成生产任务，将理论学习与生产实践融合起来并相互印证，提高技能学习和训练的效果。在授课师资上，大多安排具有丰富工厂生产经验的技术人员担任教师。一般来说，技术理论课由工厂中的工程师或者具有相应经验的专任教师担任，操作课由生产实践经验丰富的老技工或老师傅担任。

第四，技能培训与技能认定的一体化。产业工人在技工学校学习合格，毕业进入工厂，可以根据工人技术等级考核条例定级为四级、五级技术工人，最低为三级技术工人。产业工人经过学徒制培训合格后可以定级为三级技术工人。就产业工人技能形成来说，技能培训与技能等级认定之间的一体化非常关键，但这种一体化格局实质上意味着用工单位与技能培训机构之间的相互信任程度高，这对于技能培训制度和技能等级认定制度的有效性依赖程度很高。

在市场化过程中，中国产业工人技能形成体系从过去的一体化走向多元分化。而且随着劳动力市场的开放，大量农民工涌入城市工厂，并逐渐成为产业工人的主要组成部分。在这种情况下，自由灵活乃至非正式的用工方式增加了政府监管难度，“先培训、后就业”政策的现实约束力也慢慢被削弱。这种多元化集中体现在如下几个层面：

首先，社会力量参与改变了以往公立职业学校一统产业工人技能培训的格局，市场化民办培训机构与公立培训机构并列格局形成。新中国成立初期，政府曾经委托私营工商业主对失业工人进行技能培训。社会主义改造完成后，国家和国有企业是产业工人主要培训主体。改革开放后，国家开始开放社会力量参与途径。比如技工学校，从 20 世纪 90 年代初开始，办学主体就开始多元化，除了中央和地方政府、产业主管部门以及劳动部门外，有条件的厂矿企事业单位以及个人均可以办技工学校。1997 年 7 月，国务院正式颁发了《社会力量办学条例》，确定了“积极鼓励、大力支持、正确引导和加强管理”的方针。1999 年，劳动和社会保障部发文动员社会力量举办职业技能培训，并逐步形成公立与民办职业技能培训共同发展的格局。在国家政策鼓励下，社会力量还探索出品牌连锁、特许加盟等多种职业技能培训机构经营方式。社会力量参与缓解了产业工人技能培训公共投资不足的状况，同时，此类培训机构管理运营上的弹性也使其技能培训内容与市场需求结合更加紧密。

其次，产业工人技能培训学校在结构层次上多样化，形成了初等、中等、高等的层级性培训架构。职业中学对应初中学历，中等学校对应中等学历，另外还有大专学历和本科学历层次的。随着产业工人学校技能培训体系的完善，相关法律制度也逐步健全。在这种情况下，教育行政部门与劳动行政部门分而管理的格局更加清晰。后来，因为行业企业参与学校培训的动机和力量的弱化，教育行政部门主导产业工人技能形成的格局逐渐定型。

再次，企业产业工人在岗培训方式多样化，随着市场化改革的启动，技术工人的需求也在不断增加。从 1982 年开始，技工学校扩大培训范围，介入在职产业工人的技能培训之中。1982 年的《中华人民共和国国民经济和社会发展第六个五年计划》提出，“招生任务不足的技工学校应当承担培训在职工人的任务”。1989 年劳动部颁发的《关于技工学校深化改革的意见》中要求技工学校进一步扩大培训范围，“除了承担原有培训任务外”，还可以根据实际情况，“有计划培养初级技术工人，并承担乡镇企业的工人”的技能培训。1994 年的《劳动法》和 1996 年的《职业教育法》均要求用人单位对劳动者进行职业技能培训。1996 年 10 月，劳动部和国家经贸委联合颁布《企业职工培训规定》要求企业根据实际情况对职工进行在岗、转岗、晋升、转业培训，对学徒及其他新录用人员进行上岗前的培训。20 世纪 90 年代末，我国各类企业在职培训机构有 2 万多个（主要由职工学校和技工学校组成)，每年培训在职职工2500万人次以上。整体上来说，当时的职工培训灵活多样，因地因人制宜，按照培训对象、培训方式、培训渠道以及培训内容可以分为不同类型。比如按照培训内容来看，可以分为岗位适应性培训及岗位提高性培训、技术等级培训、新知识新技能培训等。就产业工人培训来说，要依据生产岗位实际需求，强调提高其动手能力和解决生产实际问题的能力。在培训内容上主要围绕现代化企业管理、技术进步、产品开发、设备更新改造、安全生产、提高产品质量、降低物质消耗和提高经济效益来展开。

最后，产业工人技能培训主体之间合作方式的多元化，探索建设区域化综合性技能训练基地。国家劳动部门建设综合性职业技能培训基地的政策初衷意在改善技工学校在产业工人技能培训上的绩效。通过整合区域内职业技能培训资源，以联合体或集团化等方式创新培训机构之间的合作关系，推进职业培训技能资源共享，将产业工人技能形成体系与劳动就业体系紧密结合起来，从而扩大培训规模，提高培训效益。在具体操作上，国家劳动部门要求承担产业工人技能培训任务的技工学校和就业训练中心，与培训机构、技能鉴定机构和公共职业介绍机构联合，建立兼具职业技能需求预测、职业技能培训、职业技能鉴定、职业指导和职业介绍等功能的综合性职业技能培训基地。仅1999年，全国就建成了138家综合性技能培训基地。经过这些年的发展，区域性综合性技能培训基地向纵深发展，形成了多种类型的集团化培训方式：第一种是产教融合的校企合作一体模式，即学校和企业成为一体；第二种是城乡联动的以城带乡模式，主要是城市职业教育与乡镇职业教育实现合作；第三种是中高职对接的模式，主要是中职与高职院校实现生源对接合作等；第四种是专业群与产业群协同发展模式，实现专业和产业协同发展；第五种是职教集团与工业园区融合发展模式，拉近了职教集团与工业园区的距离；第六种是政府主导模式，通过政府牵头，组织院校、企业、行业协会等创办集团；第七种是中外合作模式，积极寻求外国院校企业进行合作。2015年6月，教育部颁发了《关于深入推进职业教育集团化办学的意见》（教职成〔2015〕4号），鼓励多元主体参与到职业技能培训之中，强调以“利益链”为纽带，推进教育链和产业链之间的融合，建立集生产、教学和研发等功能于一体的生产性实训基地和技术创新平台，提高技术技能人才培养的质量。从统计数据来看，截至2014年底，全国已组建职业教育集团1048个、成员单位4.6万个，其中包括中职学校7200所、高职学校950所、本科高校180所，行业协会1680个，企业2.35万个，政府部门1630多个，科研机构920个，其他机构1450个（教育部网站，2020年12月25日访问）。

相较于计划经济时期企业直接介入，在市场化转型过程中，企业逐渐退出产业工人系统性技能培训体系而主要通过劳动力市场来满足用工和技能需求。客观而言，多元化的技能培训方式在一定程度上提高了技能供给的规模，不过职业教育体系中公立职业学校和社会力量办学在技能形成中也面临诸多挑战。在田野调研过程中，我们发现，在这个进程中，社会化培训机构面临巨大的生源压力和同行竞争压力。无论是企业组织的生产实际需要还是青年人对于职业学校的技能培训效果都持比较怀疑的态度。著名社会学家柯林斯在《文凭社会：教育与分层的历史社会学》一书中甚至直言：“职业教育作用是有限的，职业教育与工作前景几乎没有关系，绝大多数熟练工的技能是在工作中或通过非正式学习获得的。”我们在广东省中山市访谈的一个企业老总也持有类似的观点。

招人的时候，不会分技能等级去开工资，因为是计件的，所有事项熟练后，技能熟练后，那么自然工资就高了，不需要技能认证。如果一线工人，一个月是计时工资，这个实际上就是岗前培训，实际上只需要一个月左右。招人，2000年后（出生）的居多，基本都是生手，等到技能熟练后，他们很多就流失走了。那么如何规避呢？就是在初期采用计时制，这个从成本上规避了投资风险，但是无法改变流动现实。（20180115QYLZ2）

在企业实际生产过程中，我们访谈的案例企业是从事服装代工的。他们通过计件制的方式来培训员工，以此压缩技能培训成本、对冲技能不熟练带来的风险。这种合作方式类似于计划经济体制时期的“半工半读”机制，对于企业组织而言能够分担熟练技工的培训成本，对于青年人来说可以谋生赚钱，也非常乐意。而这往往对于市场化培训机构是不利的。

企业希望有这样的社会化培训机构，从事岗前培训，然后直接上岗，但是这样的培训机构很难成活：因为工人肯定会愿意直接去工厂进行培训，因为这样还可以挣钱，这样的生产工厂也不需要什么理论知识。所以这样的培训机构很难存活。（20180115QYLZ1）

另外，对于公立职业学校来说，虽然是公立的，但是并不意味着财政预算完全是“软约束”的。在学校诸多的专业设置中，对于技能培训教学的成本控制也是需要学校管理者去考虑计算的。比如有些专业虽然市场需求量大、对于制造产业转型升级也很重要，但是基于种种原因，很多职业学校并不乐意去开设培训课程。

我们学校高职曾经有11个模具班，现在只有三个班，这是万能专业，目前下滑到很多学校模具只有一个班，这个是基础性专业，很难拿到新的项目，而且这个专业投入成本很高，学校理性的选择就是抛弃模具专业。但是产业需求并没有下降，培养人才的成本高，职业学校市场化后这种理性选择，影响了技能人才的培育基础。中职的学生岁数小，难以满足与企业进行交换的需求，这样逐渐退出了生产过程……中职是国家配额的，是属于义务教育阶段，大部分退出了生产过程。比如电焊专业同样如此，招生很难，专业拿职称也难，培训成本很高，所以很难。（20180117ZZXZ2）

由此可见，在产业工人技能形成体系从一体走向多元化的过程中，市场力量的冲击力是巨大的，无论是社会化职业技能培训机构还是公立职业学校均如此。而技能形成的成本分担是其中尤为突出的问题。在这个过程中，国家同时也在强化在职产业工人的技能培训。改革开放后，国家强化了职工教育工作，意在训练三支队伍，即干部队伍、科研开发（技术人员）队伍以及产业工人（技能人才）队伍。在产业工人队伍培养方面，强调技术素质的重要性，“形成一支中级技术工人为主体，技术等级结构比较合理……的工人队伍”。因此，从1978年开始，国家延续了计划经济体制时期“双补”的做法，高度卷入产业工人技能培训之中。为此，1980年4月28日，国家专门成立了由国家经济委员会、中华全国总工会、教育部、劳动总局等14个部门组成的全国职工教育管理委员会，下设全国职工教育办公室，以统筹安排管理全国的职工教育。1981年2月20日，中共中央、国务院颁布《关于加强职工教育工作的决定》，明确了职工教育的工作目标和发展方向。在此次职工教育推进过程中，国家特别强调“技术官僚”的重要价值，要求在1985年之前所有“企事业单位和管理部门主要领导干部”要轮训一遍，重点学习培训“现代企业经营管理知识和有关的专业技术知识”。对于产业工人群体，强化其生产技能训练，“学习技术理论、工艺规程、操作技术，确实达到本等级应知应会的要求”。最初，产业工人的职工教育主要聚焦于“双补”，即文化补课和技术补课，同时将文化补课和技术补课成绩列入档案，作为产业工人晋级的依据之一。1982年1月21日，全国职工教育管理委员会、教育部、国家劳动总局等部门联合颁布的《关于切实搞好青壮年职工文化技术补课工作的联合通知》规定，“从1983年开始，学徒工没有达到初中毕业水平的要延期转正……从1984年开始，技术工种和关键岗位的青壮年职工，文化、技术补课没有取得合格证的，在职工升级时不能晋升，并要限期补上。限期补课仍不合格的要调离技术工种或关键岗位”。1988年，全国职工教育管理委员会撤销，相关职能移交新组建的劳动部。1989年4月，劳动部颁发的《关于开展工人岗位培训的意见》将产业工人岗位培训分为两种类型，即取得岗位资格的培训和根据科技进步和生产发展需要进行的各种适应性专项培训。产业工人岗位技能培训强调要从生产岗位实际和技术改造的需要出发，按需施教、学用结合；坚持技术理论传授与技能培训相结合，突出技能培训。截至1989年底，全国有3000多万人次青壮年职工进行了文化技术“双补”，对1000多万人次职工进行中高级技术培训，班组长培训达600多万人次。1987—1989年，全国参加岗位培训的职工累计超过6600万人次，平均每年递增18.8%。到1990年，企业中级技术工人已占工人总数的40%以上，高级工的比例达到3%。与此同时，随着国家劳动制度的改革，产业工人技术等级制度也由原来的八级工改为初、中、高三级制。改革开放初期，国家依然高度卷入产业工人技能形成体系之中，依然通过“有形之手”介入企业中产业工人岗位技能训练，但是如上文所言，在这段时期里，市场机制的调节作用开始逐渐显现。随着国有企业劳动制度的改革，国家直接卷入产业工人岗位培训的制度载体也随之慢慢消失了。

二、产业工人技能培训与技能考核认定从一轨走向分离

一直以来，在产业工人技能形成过程中，企业组织和专门学校在实践过程与理论知识学习培训上的密切互动是影响技能培训质量的重要因素。大部分国家的技能形成体系会对产教间、校企间关系进行相应的制度安排——技能认证权归属是其中最为重要的制度安排之一，以协调和增进相互之间的可信合作，进而提高技能形成的绩效，支持产业发展。在中国，计划经济体制时期，无论是通过学徒制、技工学校培训，还是专门学校，产业工人在技能培训和技能认定之间是一体化的，国家统一指令性计划成为奠定此一体化格局的基础制度安排：一方面，产业工人的用工指标与专门学校的招生指标均由国家指令计划配置，甚至可以相互“通兑”；另一方面，行业企业主导了产业工人技能认定，学校学历与八级工制度之间建立了对等互认机制。在市场化转型过程中，随着国家退场、市场力量的释放，产业工人技能培训和技能认定开始走向分离，传统的八级技术等级认定与专门学校的教育学历之间对等互认机制的效力也日益弱化。具体而言，产业工人技能培训与技能认定之间的分离集中体现在三个方面：

（1）技能培训与技能评价认定的主管部门分离

在市场转型过程中，企业逐渐淡化其产业工人技术技能教育属性而走向市场经营属性，计划经济时期企业与学校之间在产业工人技能形成上的一体化关系结构也开始松动分离。作为回归企业经营自主权的体现，企业内部培训逐渐成为其自我选择行为，而且随着“招生即招工”政策改革及受训者就业安排的市场化，企业与学校教育在准产业工人技术技能培训上由原先的行政计划指令转向自愿性合作行动。产业工人由原来的体制身份商品化为可流动的劳动力，从而使产业工人技能形成由原先的行政安排转

变为一种个体选择行为。落实国家“先培训、后就业”的要求在实践过程中则需要大量的社会化技术技能培训机构作为支撑。随着“先培训、后就业”政策以及劳动力市场化程度的深化推进，将“是否接受过技术技能培训”作为能否就业的前置要求，这事实上预示着“职业资格”逐渐成为劳动力市场的入门证。换言之，这同时也意味着劳动力是否参与技术技能培训与企业内的工人技术等级认定之间的对应关联开始脱钩。

因此，随着国有企业体制改革尤其是劳动人事制度改革，“先培训、后就业”方针逐渐落实，产业工人技能形成主体逐渐由企业过渡到专门学校，其技能形成过程也发生了改变：一来只有专门学校的技能供给才能满足产业发展的规模化技能需求，但同时，企业作为生产经营主体的经济属性日益得到强化，企业参与产业工人技能培训的方式和动机都发生了变化。在这种情况下，（准）产业工人的技能培训尤其是其中的学历教育部分逐渐由教育行政部门主管，而他们的技能水平认定则由劳动人事部门主管。海量的技能认定工作对技能认定机构构成了巨大挑战，劳动人事主管部门将认定工作分解外包给社会化机构也就成为必然的理性选择。主管部门的分离有助于建构相互独立的学历体系和职业资格体系，但在缺乏统一协调制度安排的情况下，也为后来产业工人技能认定中出现的“公信力下降”和“劳动力市场的信号失灵”现象埋下了伏笔。近些年来，国家职业教育改革计划中强调的“1+X”框架，实际上是试图重新在教育行政部门与负责技能认定的劳动人事部门之间建立联系。

（2）产业工人技能培训与技能认定在行业企业与国家之间的分离

1990 年，国务院颁布的《工人考核条例》明确规定“国家实行工人考核制度，把培训、考核与使用、待遇结合起来”。在考核类型上，工人考核包括录用考核、转正定级考核、上岗转岗考核、本等级考核、升级考核，以及技师、高级技师任职资格的考评。在不同考核类型中，录用考核属于用工前考核，具有强制性。国务院颁布的《工人考核条例》要求“企业、事业单位和国家机关录用新工人，包括录用技工学校、职业学校、职业高中的毕业生，以及就业训练中心和其他各种就业训练班结业的学生，须经过工人考核组织的录用考核，方能择优录用”。而这段时期，产业工人经过考核合格进厂后，其他方面的考核主要与其使用和待遇相关，并不会对其雇佣安全产生影响。在工人考核内容上，包括思想政治表现、生产工作成绩和技术业务水平三大块。其中，工人思想政治表现的考核，主要包括遵守宪法、法律和国家政策以及本单位的规章制度，树立良好的职业道德、劳动态度等方面；工人生产工作成绩的考核，主要包括完成生产任务的数量和质量，解决生产工作中技术业务问题的成果，传授技术、经验的成绩以及安全生产的情况等方面；工人技术业务水平的考核，主要是按照现行《工人技术等级标准》或者《岗位规范》进行技术业务理论和实际操作技能的考核。工人技师任职资格的考评，按照国家有关规定进行。

在工人考核组织和管理上，以国家行政为主导分层分级进行，将工人考核具体实施交由企事业单位负责。1990 年的《工人考核条例》第五章第十九条至第二十四条规定：全国工人考核工作由劳动部综合管理，并负责制定有关规定，指导协调工人考核工作。对于地方和部门工人考核，则由“各省、自治区、直辖市及计划单列市劳动行政部门会同本地区有关行业主管部门，国务院有关部门的劳动工资机构会同本部门的有关业务机构，分别成立工人考核委员会，负责组织本地区、本部门的工作考核工作”。在工人考核具体实施上，“企业、事业单位或者企业主管部门应当根据实际情况组成不同专业（工种）的考核组织，负责具体考核工作”。与此同时，《工人考核条例》明确要求“各专业工种的考核组织成员中，应当有三分之二以上的专业技术人员、技师、高级技术工人”。针对不同类型的工人考核，颁发不同的证书，其中：《岗位合格证书》的核发办法和式样，由企业自行规定，但如果企业主管部门有统一规定的，按规定办理。《技术等级证书》的式样由劳动部统一规定，具体核发办法，“地方所属单位由省、自治区、直辖市及计划单列市劳动行政部门规定；国务院各部门所属单位由其主管部门的劳动工资机构规定”。《技师合格证书》由劳动部统一印制，并由相应的“劳动行政部门”和“劳动工资机构”核发。

显然，改革开放初期的工人技能考核与认定延续了计划经济体制时期的行政指令性特点。但在市场化转型过程中，过去建立在企业内部的技术工人考核体系不再适应外部劳动力市场经济体制建设的需要。因此，从20世纪90年代初起，国家开始逐渐剥离企业对产业工人技能鉴定的职能。1993年7月，劳动部发布的《职业技能鉴定规定》明确提出，“职业技能鉴定实行政府指导下的社会化管理体制”，产业工人技能水平认定由企业内考核制度转向社会化鉴定。1994年7月颁布的《劳动法》确立了职业技能鉴定和职业资格证书的法定地位：“国家确定职业分类，对规定的职业制定职业技能标准，实行职业资格证书制度，由经过政府批准的考核鉴定机构负责对劳动者实施职业技能考核鉴定。”在此背景下，国家和省、自治区、直辖市及有关部门的职业技能鉴定管理机构、技术支持机构，以及相应的鉴定站（所）纷纷开始建立运营，并形成了“双三”管理层次和工作体系。其中：三个管理层次是指国家层级（劳动和社会保障部、国务院行业主管部门）——省级（劳动和社会保障部门）——职业技能鉴定指导中心（行业或地方）。在单位属性上，职业技能鉴定中心属于事业机构，需要经过相应层级的政府编办批准方能成立，比如1994年6月成立的劳动部职业技能鉴定中心是经中央编制委员会办公室批准成立的。三个工作体系是指政策法规体系，包括国家法规、部门法规以及地方性和行业相关政策法规等；组织管理体系，包括行政管理体系和技能鉴定技术管理体系；质量管理体系，包括鉴定管理的各种规程、制度、题库和考务及考务人员管理制度等。职业技能鉴定过程是在各级劳动保障行政部门统筹管理下，由各级职业技能鉴定指导中心组织鉴定站（所）对劳动者的职业能力进行考核鉴定，具体包括鉴定准备、实测和结果处理等几个环节。通过几年的建设，国家职业技能鉴定在规范化和制度化方面有了较大提升。1998年，全国共有319.16万人参加职业技能鉴定，其中286.11万人获得了证书。其中37.4%获得初级证书，52.3%获得中级证书，8.5%获得高级证书，1.6%获得技师证书，0.2%获得高级技师证书。

产业工人技术技能水平从工人考核转向社会化技能鉴定，国家角色从指令性计划转向政策性指导，企业组织则逐渐退出了带有“准公共性”的职业技能鉴定，这是劳动力市场机制建立的必然改革要求。不过，这也带来了两个层面的变化。

一方面，推动企业组织开始逐渐建立起内部人力资源评价体系。人力资源管理属于企业经营自主权的体现，是激励员工、塑造企业组织效率和竞争力的核心机制。通常，不同企业组织之间会根据其规模、性质、行业以及市场竞争等因素架构人力资源管理机制。这种内部劳动力市场机制通常会综合考量技能水平、从业年限、劳动贡献、学历层次甚至性别等因素来进行等级认定，并将之与工资水平、福利待遇、职业地位相挂钩。比如，日本企业中的年功序列制就属于内部劳动力市场机制。这种制度安排对于企业内部的技工人才积累具有重要作用，在劳动力市场信息较为透明的情况下，一定程度上能够辐射到行业层面，甚至一些龙头企业的内部技能水平认定能够在行业层面具有效力。但是中国的情况则比较复杂，由于劳动力市场经济体制性障碍的存在，企业组织内部人力资源部门的技术等级认定通常因为不具有“公共性”而无法得到公共部门的认可，自然也就无法撬动相关的公共资源配置。而与此同时，在企业退出的情况下，国家指导下社会化技能鉴定机构的技能鉴定结果在行业企业中的认可度则成为新的问题，这个具有中国特色的新问题，笔者在后文会进行详细阐述。

另一方面，对社会化的产业工人技能鉴定机构的专业性和独立性要求则比较高。从技能形成理论来看，技能鉴定证书不仅发挥了劳动力市场中的信号功能，同时也是职业劳动者获得社会地位的基本依据。职业技能鉴定在具体操作上依赖于两种机制，即以专业技术人员队伍为主体构成的职业技能鉴定技术支持体系和以国家题库总库及行业、地方分库组成的技能鉴定国家题库网络。在企业逐渐退场的情况下，这两种机制本身的效力和时效性均会对职业技能鉴定质量产生直接影响。以技能鉴定国家题库网络为例，首批国家题库整整用了五年时间才开发出来，国家劳动部组织了上千名专家学者和实际工作者参与其中，而且首批国家题库只包括车工、钳工、中式面点师等社会通用性较强的五十个职业（工种）。完全由国家行政主管部门来组织题库开发有助于保障技能鉴定工作的严肃性、公正性和权威性，但是如此海量的职业和工种不但意味着极高的行政管理投入和操作成本，还考验着地方和行业职业技能鉴定机构的专业能力，而且更关键的是，考核鉴定的题库开发通常跟不上职业（工种）的实际变迁速度。我们在实地调研过程中发现，很多企业反映一些新职业、新工种因为不在职业资格目录中而无法获得鉴定，比如新兴材料的一些工种。还有一些已经具有职业技能鉴定证书的职业或工种，实际上在劳动力市场上已经被淘汰了。在"先培训、后就业"政策的约束下，有些职业技能鉴定逐渐背离了释放技能水平信号的初衷而倒向逐利偏好，很多职业资格事实上成为一种劳动力市场准入性审批门槛，催生出职业资格过多过滥的问题。

行业协会对企业的约束力很小，大多数行业协会承担两个功能：一是发牌子（包括发职业资格证书），这个牟利；二是组织整合平台，大家在这个平台上，为会员提供信息、培训等服务，进行自愿性交流。虽然政策上规定了行业协会要参与其中，但是行业协会对学校和企业都没有控制权，无法参与其中。（20180314SZZX1）

近年来，作为"放管服"改革的重要内容，国家开始对职业资格实行清单式管理机制，除了准入类职业资格外一律不得与就业创业挂钩，从而进一步释放市场和社会活力。从 2013 年开始，国务院经过"七连清"，共取消了 434 项职业资格许可认定事项，削减比例达原职业资格总量的 70%。2019 年 1 月 17 日，人力资源和社会保障部公布的《国家职业资格目录》中共收录了 139 项职业资格，其中专业技术人员职业资格 58 项，含准入类 35 项、水平评价类 23 项；技能人员职业资格 81 项，含准入类 5 项，水平评价类 76 项。目前，国家依然在加大职业资格制度的改革力度，2020 年 7 月 20 日，人力资源和社会保障部办公厅颁发《关于做好水平评价类技能人员职业资格退出目录有关工作的通知》，明确要求分批次退出一些水平评价类技能人员职业资格：第一批在 2020 年 9 月 30 日前退出 14 项职业资格（涉及 29 个职业），第二批在 2020 年 12 月 31 日前退出 66 项职业资格（涉及 156 个职业）。国家对职业资格改革的着力点在于改变目前企业退场但国家在场带来的不利影响，尤其是水平评价类的技能认定。

其改革的方向是将技能水平评价由政府认定改为实行社会化等级认定，推动各类企业等用人单位全面开展技能人才自主评价，接受市场和社会的认可与检验。这种市场导向的技能形成机制在一定程度上有助于破除对技能人才和弘扬工匠精神的体制性制约。不过，我们的调研发现，问题并非如此简单。事实上，在中国产业工人技能形成过程中起阻碍作用的，除了主导技能评价认定的职业资格体系不健全外，获取公共资源的社会权利不平等是另一个重要影响因素。

（3）产业工人技能水平的政府认证与用工企业评价之间的分离

在技能形成过程中，技能认证体系与技能用工组织之间能否达成信任关系非常关键。在中国产业工人技能形成过程中，技能评价认定体系效力弱化导致了“冰火两重天”的格局：一方面，全社会掀起“考证热”，附着在各种证书上的利益捆绑进一步激化了此种热潮；另一方面，劳动力市场上有效技能供给不足，产业转型升级面临“技能短缺”的制约。统计数据显示，全国技能鉴定机构从1996年的5682所上升到2014年的9521所，提高了68%；考评人员在此期间上涨了4.7倍，年度鉴定考核人数增长了5.9倍，获取证书人数递增了6.24倍，获取证书人数年均增长12%。在此期间，证书获取难度没有明显的变化，1996年89%的考核人员获得职业资格证书，2014年这一比例为84%。考试的低门槛也会降低认证的社会价值。与此同时，我国技能短缺的形势依然非常严峻。2013年我国技能劳动者为1.12亿人，占从业人员比例不足13%，其中高技能人才2863万人，技师、高级技师仅占技能劳动者的5%（杨涛，2013）。2015年我国的技能劳动者占全国就业人员总量的19%，高级技师的求人倍率（需求数量/求职数量）从2002年的1.0上升到2012年的1.9左右，高技术人才的求人倍率在2013年达到1.7（清华大学，2016）。

此外，我国技能人才供给量分布的差异较大。高技能人才多在国有大型企业，民营和中小企业很少。相反，德国45%的研发中心分布在中小企业，吸纳了大量高技能人才。我国40%以上的技师、高级技师年龄超过46岁，人才断档问题比较突出，年轻高技能人才严重缺乏。众所周知，在劳动力市场中，技能认证是价格信号，它是受训者技能资本获得市场回报的直接指引。因此，互通有效的技能认证机制能够保障产业工人享受应得待遇，降低企业重复培训成本，直接影响技能形成的过程。我们的调研数据显示，产业工人中专业技术人员、技能工人得到政府有效认证的比例仅为35.6%，16.9%为部分认证，大部分的技术技能人员没有得到认证，仅有三分之一的企业内部有技能等级评价机制。在中国产业工人技能认证机制上，存在认证主体不明，认证责任不清晰，认证内容不具体等问题。其中，企业认证与政府认证相互隔离而互不承认是较为突出的问题，很多时候，企业并不会因为产业工人拥有国家颁发的某个技能认证证书就会直接建立相匹配的薪资待遇；在政府层面，对于企业或者行业颁发的技能认证同样持怀疑和谨慎态度，一般不会直接将之作为相关公共资源配置的依据。

这种“冰火两重天”的技能供给与技能需求不对等格局，背后实质上意味着国家主导的产业工人职业资格认证体系所表征的“技能水平”与企业用工实际所需的技能水平之间存在明显的鸿沟。这不禁让笔者想起美国社会学家柯林斯（Randall Collins）在其1979年出版的著作《文凭社会：教育与分层的历史社会学》中所警告的：“美国社会已经陷入了文凭通货膨胀，教育非但不是社会流动的阶梯，反而为社会流动制造了障碍。”[①] 反观中国目前的“考证热”以及由此带来的证书信号失灵问题，与柯林斯笔下的文凭通货膨胀现象如出一辙。2018年8月3日，在澎湃新闻对柯林斯的采访中，他依然坚持文凭主义的批判立场，他认为工程师是被“文凭主义化”的几大职业之一，而真正“开创了工业革命、手机革命的发明家和企业家不是在工程学院中学到知识的，而是在操作机械的实际工作中学到的，此后才会尝试创造发明”。一些学者对中国的调查数据也有类似的发现。他们发现，在劳动力市场上，技能水平与工资待遇之间存在着密切的正相关，技能水平等级越高，工人工资待遇往往就越高，这说明劳动力市

① ［美］兰德尔·柯林斯：《文凭社会：教育与分层的历史社会学》，刘冉译，北京：北京大学出版社，2018年。

场价格信号灵敏（曾湘泉，2011；李雪等，2012；董鹏、王毅杰，2019）。另外，职业资格证书虽然能增加劳动者收入（刘艺、宋波，2018；刘凯，2018），但是却存在明显的体制内外分隔的现象。在体制内单位，职业资格证书对工资待遇提高的作用达到 13.8%，但在体制外其作用几乎不显著，甚至变成了负相关（乌尼日其格格，2020）。而专门职业训练出来的学生选择体制外就业的比重高达 96%，其中民营企业/个体的比重占 76%、国有企业比重约占 10%、外资企业比重约占 7%、非营利组织比重约占 1%。这意味着，政府主导的技能认定体系在体制外单位明显失效了。技能认证机制效力弱，权威性和可信度都不够，这对中国产业工人技能形成的影响是直接而深刻的。

三、中国产业工人“先培训、后就业”政策的背离

计划经济体制时期，由于企业的单位属性，产业工人技能培训与劳动用工制度是一体化的，经过学徒制和专门学校体系培训合格后进入工厂会对应相应的技术等级。不过，由于招工与招生指标属于计划性的，产业工人技能培训虽然覆盖面广但规模一直受限，难以满足市场化改革后快速增长的技能需求。市场化转型过程中，中国产业工人的职业技能培训供给方式多元化，大大提高了技能培训规模。但从统计数据上来看，大量的产业工人上岗后并未接受过职业技能培训。而且随着“统招统分”政策取消，自由择业、双向选择的市场化就业方式推进，“先培训、后就业”政策在实践中逐渐演化成一种上岗审批机制，背离了意在提高职工技能水平和工作能力的政策初衷，这也成为国家改革职业资格制度的出发点。

从实际调研数据来看，中国产业工人队伍的主体构成已经发生了巨大变化。根据《中国劳动统计年鉴》相关数据计算，农村户籍人员在制造业中就业的人口持续增加，比例也逐步提高。然而，同期制造业行业本身的就业数量并未大幅度增长。从 1978 年到 1995 年，制造业从业人数仅从 5332 万人增加到 9803 万人。由于国有企业转制和减员增效行动的实施，

制造业从业人口持续下降，2000 年降至 8043 万人，2002 年为 8307 万人。其结果是随着制造业总体用工规模的缩小，农民工比例持续上升。1978 年制造业中农村就业人员占制造业就业人口的比例为 33%，1990 年提高到 37%，2002 年达到 54%，2018 年达到了 64%，已经成为制造业产业工人的主体。从区域分布来看，珠三角地区和长三角地区目前依然是吸纳产业工人就业的主要区域。比如在浙江省，现有产业工人约 2000 万人，其中初中及以下文化程度的占 50%左右，年龄在 35 岁及以下的约占 50%，近八成在制造业就业、近八成为农民工、近八成集中在产业聚焦区①。另外，国家统计局 2008 年以来的历年“农民工监测调查”数据显示，我国农村劳动力向城市转移的速度不断提高，进入制造业的农民的绝对数量相当稳定（见图 1）。我国农民工总量从 2008 年的约 2. 25 亿人，逐步提高到 2011 年的约 2. 53 亿人、2013 年的约 2. 69 亿人和 2015 年的约 2. 77 亿人，七年间农民工供给增加了 23%。超过 30%的农民工进入了制造业，制造业中农民工的占比 2008 年为 37. 2%、2011 年为 36%、2013 年为 31. 4%、2015 年为 31. 1%。从事制造业的农民工数量保持在较高的水平，从 2008 年的 8386 万人提高到 2012 年的 9375 万人，之后略有下降，在 2013 年和 2015 年分别达到 8445 万人和 8629 万人。可以说，“在新时期产业工人中，农民工已经成为主力军”②。

若以受教育程度和接受职业技能培训情况来衡量农民工的技能存量和增量，已有数据表明农民工的技能储备水平偏低，低于制造业当前的平均技能水平，且差距不断加大。同时，正式的制度化技能培训尚未成为农民工技能形成的主要方式，它对农民工技能积累的贡献不大。我国农民工以初中毕业生为主，高中及以上文化程度的农民工约占四分之一。从 2009 年

① 乔健、刘晓倩：《2017 年中国产业工人队伍状况分析报告》，李培林、陈金光、张翼主编：《社会蓝皮书：2018 年中国社会形势分析与预测》，北京：社会科学文献出版社，2018 年。

② 乔健、刘晓倩：《2017 年中国产业工人队伍状况分析报告》，李培林、陈金光、张翼主编：《社会蓝皮书：2018 年中国社会形势分析与预测》，北京：社会科学文献出版社，2018 年。

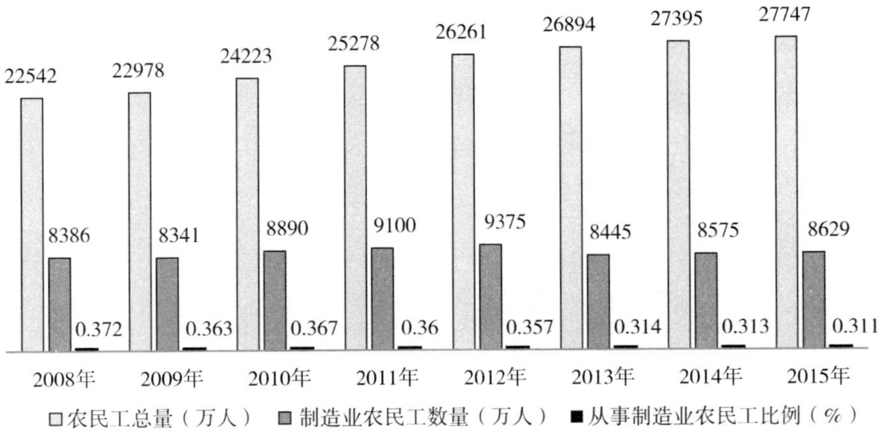

图 1　制造业中乡村就业人员年末数（2008—2015）

数据来源：国家统计局，《农民工调查监测报告》（2009—2015），作者根据相关数据整理。

到 2015 年，具备初中文化程度的农民工比例从 64.8%下降到 59.7%；具备高中及以上文化程度的农民工比例从 23.5%上升到 25.2%。近年来，具备大专及以上文化程度的农民工比例上升，从 2011 年的 5.3%提高到了 2015 年的 8.3%（见表 2）。

表 1　2009—2015 年农民工受教育程度

农民工受教育程度	2009 年	2010 年	2011 年	2012 年	2013 年	2014 年	2015 年
未上过学（%）	1. 1	1. 3	1. 5	1. 5	1. 2	1. 1	1. 1
小学（%）	10. 6	12. 3	14. 4	14. 3	15. 4	14. 8	14
初中（%）	64. 8	61. 2	61. 1	60. 5	60. 6	60. 3	59. 7
高中（%）	13. 1	15	13. 2	13. 3	16. 1	16. 5	16. 9
中专（%）			4. 5	4. 7			
大专及以上（%）			5. 3	5. 7	6. 7	7. 3	8. 3
中专及以上（%）	10. 4	10. 2					
高中及以上（%）	23. 5	25. 2	23. 0	23. 7	22. 8	23. 8	25. 2

数据来源：国家统计局，《农民工调查监测报告》（2009—2015），作者根据相关数据整理。

尽管农民工总体文化程度缓慢提高，高学历农民工比例持续增加，但是与制造业就业人员相比，其文化程度落后于总体水平（见表 2）。历年《中国劳动统计年鉴》中按行业、性别划分的全国就业人员的受教育程度数据表明，制造业就业人员中初中教育程度的比例从 2008 年的 56.4%下降到 2015 年的 51.8%，同时高中及以上文化程度的就业人员比例从 2008 年的 28.2%提高到了 2015 年的 37.4%。制造业就业人员教育水平的提高速度快于农民工文化程度的提高，二者的差距逐步加大。2008 年到 2009 年，制造业中高中及以上文化程度就业人员的比例领先于农民工 5 个百分点，到 2015 年这一差距已经扩大到 12.2 个百分点。农民工教育水平的提升缓慢可能加剧制造业的技能缺口。

表 2　2008—2015 年制造业就业人员教育构成

教育构成	2008 年（%）	2010 年（%）	2013 年（%）	2015 年（%）
未上过学	1.2	0.9	0.7	0.5
小学	14.2	13.1	9.9	10.3
初中	56.4	56.8	53.0	51.8
高中	21.0	20.6	23.6	22.8
大学专科	5.1	5.9	8.6	9.7
大学本科	2.0	2.5	3.8	4.6
研究生	0.1	0.2	0.4	0.3
高中及以上	28.2	29.2	36.4	37.4

数据来源：国家统计局，《中国劳动统计年鉴》（2008—2016），作者根据相关数据整理。

除了初始教育水平的低下，技能培训对农民工技能的积累贡献也不大。农民工参与技能培训的比例偏低，尤其是低教育水平农民工的参与被边缘化。2009 年的农民工监测结果显示，51.1%的外出农民工没有接受过任何形式的技能培训。文化程度越低，接受过技能培训的比例也越低，文盲、半文盲农民工中接受过技能培训的仅占 26.3%，小学文化程度的农民工接受过技能培训的占 35.5%，初中文化程度的农民工接受过培训的占

48%，高中和中专以上文化程度的农民工接受过技能培训的分别占 54. 8%和 62. 5%。2011 年接受过非农职业技能培训的农民工比例为 26. 2%。2012 年该比例下降到 25. 6%，既没有参加农业技能培训也没有参加非农职业技能培训的农民工占 69. 2%。2014 年接受过技能培训的农民工占 34. 8%，其中接受非农职业技能培训的占 32%（国家统计局，2012、2014、2016）。

农民工职业技能培训受训率低还有一个重要原因在于中等职业教育的属地化管理机制①。市场化转型过程中，我国产业工人技能形成过程中出现企业退场但国家在场的格局：企业内部技能形成方式逐渐退场，而以中等职业教育为主体的外部技能形成体系占据主导。近年来，中等职业教育的规模不断扩大，逐步取代工厂师徒制成为产业工人技能教育的主要来源。全国职业中学数量和技工学校数量在 1980 年后出现持续增长。在校生规模从 1980 年的 48 万人发展到 1985 年的 229. 5 万人、1996 年的 473. 3 万人，在 2008 年达到了 761 万人（国家统计局国民经济综合统计司编，2010）。

但是，中等职业教育资源的属地化配置原则限制了农村户籍青年获得职业技能培训的机会。从中国职业教育培训体系的发展策略来看，地方政府仅为户籍居民提供职业教育培训，即实施属地化的职业教育资源分配。这种属地化的职业教育资源分配是财政联邦制的直接结果。由于地方政府是公立职业教育培训经费的主要供给者，它们倾向于将资源配置给本地户籍居民，而不愿意为非本地户籍居民提供职业教育，将培训后者的责任推给中央政府和流出地政府②。这种属地化职业教育发展的结果是农村学生无法接受城市提供的优质职业教育，农民工子女不能跨省接受流入地的职业教育，农民工本人难以从就业地提供的职业教育和技能培训中受益。数据显示，我国中等职业教育中近 82%的学生来自农村家庭，其中近 70%的学生来自中西部（《中国中等职业学校学生发展与就业报告》编写组，

① 杨钋：《技能形成与区域创新》，北京：社会科学文献出版社，2020 年。

② 刘玉照、苏亮：《社会转型与中国产业工人的技能培养体系》，《西北师大学报（社会科学版）》2016 年第 1 期。

2013）。农村学生的制造业高参与率并未改变一个事实，即农村学生难以进入制造业发达地区的城镇职业技校接受教育与培训。在属地化的原则下，地方政府一般仅向本地户籍居民开放中等职业教育机会。各级政府教育行政部门在编制高级中等学校招生计划时，一般按照本地户籍人口初中毕业生数量决定高中阶段（包括普通高中和中职）的录取名额，不考虑流动人口的随迁子女。

这一情况直到2012年才有所变化。从政策的执行效果来看，当时流动人口子女接受城市职业教育的比例低，农民工在流入地获得职业资格证书的比例也很低，大多数只能自学成才。从2012年开始，上海市对外来农民工子女开放了中等职业教育。到2015年，上海全日制普通中等职业学校自主招收的进城务工人员随迁子女的名额仅为1.2万名，而当年初三应届毕业的进城务工人员随迁子女达到6.37万人，享受上海本地职业教育的流动儿童仅为18.8%[①]。2010年，17.4%的农民工获得过国家承认的职业资格证书，其中43.2%的职业资格证书是在老家（流出地）获得的，29.8%是在打工地（流入地）获得的[②]。农民工的技能积累主要靠本人自学或者老乡之间的社会网络来学习。对多省市1899名农民工的调查显示，有证书的农民工中，29.9%是通过个人自学获得证书，24.6%是通过师徒传授获得技能，14.5%是跟着亲戚、老乡或朋友学习（李强，2010）。农民工主要依赖血缘关系和地缘关系来找工作和获得技能，并自发地在求职过程中通过“老手带新手”的准师徒制学习技能[③]。

属地化原则带来职业教育市场的僵化。由于缺乏竞争，多数中等职业学校蜕变为“保育机构”或者“升学机构”，偏离了职业教育的使命。其结果是教育质量的平庸化、职业教育的吸引力下降，导致大量农村中等职业教育学生辍学。陕西师范大学和中国科学院中国农业政策研究中心的研究发现，农村中学各个阶段的辍学率都很高，初中阶段的累计辍学率在

① 刘玉照：《中国新产业工人技能养成难题》，《探索与争鸣》2015年第8期。

② 刘玉照、苏亮：《社会转型与中国产业工人的技能培养体系》，《西北师大学报（社会科学版）》2016年第1期。

③ 张惠强：《重访网络求职》，《北京大学研究生学报》2009年第3期。

17.6%~31%。在初中完成后，51.2%~53.5%的贫困地区初中毕业生没有升高中。在进入中职和普通高中的农村贫困生中，4.23%~7.4%的在毕业之前辍学了，其中中职的辍学率在29%~32%（易红梅等，2016）。大量农村中职学生辍学的现象意味着新生代农民工以“用脚投票”的形式表达了对我国外部技能形成体系的不满。无论对农民工还是其子女，职业教育培训体系对农民工技能形成和积累的贡献逐步边缘化。可以说，农民工技能水平落后与职业教育的城市偏向有着密切的联系。

2017年4月，中共中央、国务院印发《新时期产业工人队伍建设改革方案》，明确指出“产业工人是工人阶级中发挥支撑作用的主体力量，是创造社会财富的中坚力量，是创新驱动发展的骨干力量，是实施制造强国战略的有生力量”。新时期产业工人队伍建设的任务在于“适应新形势新任务新要求，推动建设宏大的知识型、技术型、创新型劳动者大军”，“进一步巩固党的执政基础，实施制造强国战略”。为了促进产业工人队伍建设，《新时期产业工人队伍建设改革方案》提出了五大方面的改革任务，其中构建产业工人技能形成体系是提高产业工人技术技能水平的最重要的举措。从上文数据分析可知，目前农民工已经占据产业工人的主体，而其中没有接受过技能培训的农民工又占近七成。这意味着，一方面，提高农民工技能水平、构建适合农民工技能形成特征的制度体系是关系整个产业工人技术技能素质提升乃至产业工人队伍建设的关键议题；另一方面，中国产业工人队伍技能形成体系建设面临更为复杂的境遇：既要对农民工群体进行“技能补课”，又要适应新时期、新产业特征，对产业工人进行“技能更新”和“技能提升”。

四、结语

产业工人技能形成问题已经成为中国制造产业创新转型的主要制约。中国产业工人技能形成问题不但体现在技能储备的不足，还体现在技能结构上，如技能短缺与技能不匹配（skill mismatch）并存。对处于巨变中的中国而言，产业工人技能形成直接关涉到的经济发展与社会保护议题被浓缩到了一起，基于低技能、低成本的经济发展方式与社会平等之间的矛盾日益尖锐：在经济层面，低技能依赖型产业的比较优势逐渐消失，技能短缺成为产业升级的主要制约；在社会层面，低技能劳动者逐渐成为新贫困群体的主体，贫困劳工和劳资冲突所带来的社会问题越来越多。低技能依赖型产业升级与劳工社会保护之间的张力日益成为影响我国经济社会协调发展的重大现实问题。

如果将中国目前面临的挑战与困境置于世界历史进程来看，我们发现，在20世纪七八十年代，西方国家也经历了劳动密集型经济发展方式带来的类似挑战与风险——产业萎缩与血汗工厂引发的劳工社会保护困境。这些资本主义国家通过经济发展方式转型——从劳动密集型转向技术密集型，较为成功地摆脱了经济社会发展困境，实现了经济效率与社会保护之间的相对均衡。改革开放40多年后的今天，中国经济社会体制改革又走到了一个十字路口，依赖透支廉价劳工的经济发展方式已经陷入困境，结构性失业风险及社会矛盾冲突形势严峻。因而，如何调和经济效率与社会平等之间的矛盾成为当下中国改革必须直面的一个重要问题。目前社会各界的共识除了必须推进政府治理体系的改革外，在经济社会领域，集中表现为转变经济发展方式、建设创新型国家——从劳动密集型走向技术密集型，以及强化社会建设。加强技能形成体系建设，是我们从人力资源大国转变为人力资源强国的重要制度安排，基于生产实践的技能形成则是我们实现产业升级创新的重要微观基础。

对中国产业工人技能形成体系在市场化进程中的历史沿革的分析，从学理上，有助于我们进一步思考技术强制力的变迁与工业社会史之间的关系。无论亚当·斯密、马克思的经典理论，还是丹尼尔·贝尔、布洛维等学者的现代理论，一般都认为，产业工人是在工业社会形成的一个社会阶层。在手工业时代，雇主与劳工之间虽然存在雇佣关系，但是这种雇佣多是嵌入血缘关系或者家族社会关系之中的，是人格化的劳动关系。而在工业社会，当雇主与劳工之间达成普遍性的非人格化劳动契约的时候，严格意义上的产业工人群体才出现。

在丹尼尔·贝尔看来，工业社会时期的产业工人与手工业时期的工匠相比，在技术能力上最大的不同在于，前者比后者更具有“抽象能力”。但是，与布雷弗曼的判断一样，在工业社会中，机器和能源改变了劳动的性质（丹尼尔·贝尔，1985），劳动过程中的技能被分解成不同的组成部分：具有“抽象能力”的工程师和充当“人体齿轮”的半熟练技术工人成为新的劳动者，产业工人群体内部出现了异质分化。丹尼尔·贝尔认为，当社会结构中，当“白领”数量超过“蓝领”的时候，社会就进入了所谓的后工业社会。

在丹尼尔·贝尔的分析思路中，人类社会无论处于前工业社会、工业社会，还是进入后工业社会，除了社会阶层结构分布的表象变化外，更关键的在于所谓的技术强制力的变迁（丹尼尔·贝尔，1985）。从前工业社会到工业社会再到后工业社会，技术强制力贯穿了整个工业社会史，并围绕工业（手工业）生产，组织了劳动的社会等级制。不过，三个工业社会历史阶段在技术强制力的技术疆域存在差异：在前工业社会，掌握技术权能的工匠是技术强制力的主要掌握者，而工匠（劳工）与行东（资方）很多时候是一体化的；在工业社会中，产业工人中的技术工人逐渐成为技术强制力的主体。不过，正如马克思所言，在工业社会阶段，机器对技能的替代是车间生产过程的重要议题；在后工业社会中，技术强制力则逐渐转移至专业技术阶层手中，工业生产过程中的劳动分工导致产业工人阶层技能分化为智力技术能力和加工技术能力两类群体。而掌握智力技术能力的专业技术人员数量庞大，成为链接机器与传统产业工人的中间阶层和平衡力量，他们被丹尼尔·贝尔称为新的“工人知识分子”。新的“工人知识分子”阶层与传统意义上的产业工人阶层存在诸多不同，他们具有“抽象能力”，而造就这些高技能水平的“新工人阶级”则是科学技术进步的本质所在（丹尼尔·贝尔，1985）。从这个意义上来说，思考中国产业工人技能形成体系的变迁实质上有助于我们透视中国工业社会史的演化历程。

State Presence and Enterprise Quit: The Evolution of China workers' Skill Formation System in The Process of Marketization

Xing Wang

Abstract: During the period of the planning economy, the system of China workers' skill formation was a state-dominating model. The policy of unified contracting and unified distribution played a key role in the whole skill formation system. In that time, the apprenticeship in the factory and the specialized technical education were the main constituent of the system of China worker's skill formation. In the 1980s' transformation of mark marketization, training becomes the precondition of employment, this policy pushed the system of skill formation to change from integration to differentiation. There are more and more training institutions can supply the training service for the workers. The skill formation system includes three levels, namely the primary education, secondary education, and higher education. In the same time, the separation of the skill training and skill certification was another major change of China workers' skill formation system. Researching on the system of industrial workers' skill formation can help us to understand the history of industrial society in China.

Key words: Industrial worker, Skill formation system, Marketization

高质量发展阶段下高校毕业生就业政策实施过程评估*

王　阳

摘　要： 高校毕业生是我国成为人力资源强国的主要原动力，促进高校毕业生就业政策是就业优先政策体系的重要组成部分，经济转向高质量发展对高校毕业生就业产生复杂且深远的影响。本文使用公共政策过程评估方法，深入分析高校毕业生就业政策实施和落实情况，发现若干堵点、难点和痛点。“十四五”时期，高校毕业生就业工作仍然任重道远，需要结合总体经济社会发展形势，针对高校毕业生的特点和需求，在现有政策框架的基础上，对政策进一步优化升级，更加关注政策的实施效果，以更好地帮助高校毕业生实现更高质量和更充分就业。

关键词： 高质量发展阶段　高校毕业生　就业政策实施　过程评估

一、问题的提出和研究意义

一直以来，青年就业形势都非常严峻，这一状况在全世界任何国家都不例外。《世界就业和社会展望：2019 年趋势》指出，失业是劳动者尤其是青年劳动者面临的重大难题。青年（15～24 岁）比中年人更可能失业，

---

* ［基金项目］本文为北京市教育科学“十三五”规划 2017 年度优先关注课题《北京市高等学校高层次青年教师队伍建设研究》（CEFA17064）的阶段性成果。

［作者简介］王阳，中国宏观经济研究院社会发展研究所副研究员，经济学博士，主要从事高质量发展、公共政策与劳动力市场等相关研究。

预计2019—2020年世界各国的青年失业率高达11.8%，超过全球整体失业率6.9个百分点。青年失业问题在中高收入国家表现得最为严重。根据国际劳工组织的估测，2019—2020年，全球中高收入国家的青年失业率将达到14.9%，不仅超过世界各国的青年失业率3.1个百分点，而且超过中高收入国家的整体失业率8.9个百分点。① 在我国，青年失业问题日益突出，青年占失业人员的比重持续上升，青年群体中高校毕业生的就业形势更不容乐观。

高校毕业生是文化程度高、富有活力、具有开放创新意识的青年群体，是具有就业意愿和就业能力的劳动者，是未来国家和社会建设的人才主力军，是我国由人力资源大国转变为人力资源强国的主要原动力。但是，高校毕业生无论是享受劳动者的劳动权利，还是体现作为主力军、源动力的社会价值，都必须通过就业才能实现。从国家和社会的角度看，高校毕业生是国家重要的人才资源，是实现“两个一百年”奋斗目标的全过程参与者和奋斗者。高校毕业生充分就业不仅能促进经济发展与社会和谐稳定，而且能促进国家人才强国战略和科技兴国战略的实现。从家庭的角度看，高校毕业生就业在一定程度上能使家庭获得高等教育投资的收益，增加家庭收入和幸福指数，有效扼制“读书无用论”思想的抬头。从高校毕业生自身的角度看，就业是个人自立自强和自我发展的基础，是融入社会、实现社会化的必要途径。可见，就业对国家、社会、高校毕业生及其家庭而言，都具有十分重要的意义。

青年就业是国家的大事、社会的大事，更是每个家庭的大事，是党和政府、社会各界和千家万户关注的焦点。习近平总书记指出，要注重高校毕业生就业工作，统筹做好毕业、招聘、考录等相关工作，让他们顺利毕业、尽早就业。②《中长期青年发展规划（2016—2025年）》提出，实施离校未就业高校毕业生就业促进计划，为毕业生提供职业指导、就业信

---

① 资料来源：国际劳工组织：《世界就业和社会展望：2019年趋势》，北京：中国财政经济出版社，2019年。笔者进行了计算。

② 资料来源：习近平时间丨促进高校毕业生就业．新华社新媒体网．https：//baijiahao.baidu.com/s？id=1672083891004288193&wfr=spider&for=pc.

息、就业见习、就业帮扶等服务。在经济转向高质量发展阶段，本文研究高校毕业生就业促进政策实施情况，旨在破除政策执行障碍，解决痛点堵点难点，充分释放政策红利，有效满足高校毕业生就业服务需求，促进其实现更高质量就业，推动就业政策完善。

二、国内外研究文献的评述

（一）国外高校毕业生就业及相关政策研究评述

关于大学生就业问题产生原因的研究，比较典型的是意大利经济学家希金斯（Niall O'Higgins）关于需求、供给及供求匹配三个方面的分析。希金斯认为，就业需求不足、就业意愿与就业能力不足、供求匹配的效率不足是青年就业问题产生的主要原因。[①] 在需求方面，大学毕业生数量的增长速度远远快于工作岗位数量的增长速度；在供给方面，大学毕业生的能力素质与社会对知识技术的需求之间存在一定偏差；在供求匹配方面，就业市场信息不对称及就业指导服务不完善导致供求不匹配。

针对大学生就业问题产生的原因，促进就业的政策措施也表现在三个方面：第一，促进就业需求，鼓励商业机构、志愿者组织和社区机构等提供学徒、实习的机会[②]，政府为吸纳大学毕业生就业的企事业单位提供服务，减轻企事业单位的负担。[③] 第二，促进就业供给，主要是完善教育培训体系，通过各种教育途径来提高大学生的就业能力[④]，通过免除贷款偿

---

① Niall O'Higgins, "Government Policy and Youth Employment," Paper prepared for the World Youth Summit to be held in Alexandria, Egypt, 2012-7-11.

② Prime Minister's Office, "Supporting Youth Employment: An Overview of the Coalition Government's Approach," London: HM Government, 2018.

③ Ama, Njoku O, "Transition from Higher Education to Employment: A Case Study of Graduates of Faculty of Social Sciences University of Botswana," *Educational Research and Review*, Vol 3, No. 8, 2019, pp. 262-274.

④ Kevin Lowden, Stuart Hall, Dr Dely Elliot, Jon Lewin, "Employers' Perceptions of the Employ Ability Skill of New Graduates," Edge/SCRE Centre 2018.

还和其他激励措施鼓励大学生到特殊地区和特殊行业就业，如实施贷款减免和农村培训项目吸引和留住农村卫生专业人员①，对在指定区域或人员短缺的学校完成规定期限教育任务的教师进行贷款减免。② 第三，促进供求匹配，通过就业指导和就业服务帮助大学生明确职业方向、选择职业类型、提升职业匹配度。关于此方面的研究文献，理论研究上有强调人格与职业匹配的霍兰德职业兴趣理论、重视职业指导全程性的萨帕职业生涯发展理论，实践研究表明“基于人格类型的有效职业选择指导，能够增强大学生的学习、就业的成功度和满意度”。③

纵观国外研究，就业问题尤其是就业理论研究一直被重视，相关理论成果非常丰富，理论体系比较成熟。对于高校毕业生就业问题产生原因与就业促进政策的研究显示，现有的研究文献主要强调由就业市场来自由调配高校毕业生的供求状况，由学生进行自主择业，同时政府、学校等也应制定实施一些就业促进政策，包括就业需求促进政策、就业供给促进政策和供求匹配促进政策。“就业政策就像是一只‘看得见的手’，不仅可以弥补劳动力市场这只‘看不见的手’的不足，而且能够引导和促进‘看不见的手’在大学生就业过程中更好地发挥作用。”④

（二）国内高校毕业生就业及相关政策研究评述

1. 高校毕业生就业问题分析

国内关于高校毕业生就业状况的研究成果较为丰硕，主要集中在以下

---

① Daniels, Zina M., VanLeit, Betsy J., Skipper, Betty J., Sander, Margaret L., Rhyne, Robert L, “Factors in Recruiting and Retaining Health Professionals for Rural Practice,” *Journal of Rural Health*, Vol 23, No. 1, 2017, pp. 62-71.

② Mateu-Gelabert, Pedro, and others, “The 2015~2016 Evaluations of the Loan Forgiveness Program (Revised),” OER Report. ERIC Number: ED373138, 2016-9-13.

③ Kemboi, Rebecca J. Kimongo; Kindiki, Nyaga; Misigo, Benard, “Relationship between Personality Types and Career Choices of Undergraduate Students: A Case of Moi University, Kenya,” *Jounral of Education and Practice*, Vol 7, No. 3, 2019, pp. 102-112.

④ 杨伟国：《借重“看得见的手”：谈谈国外对大学生就业的政策支持》，《求是》2004年第6期。

四个方面：

第一，高校毕业生就业的影响因素分析。彭小孟等（2018）认为，影响大学生到基层就业的原因是多方面的，主要有教育指向存在问题、制度保障存在缺陷、政府调控力度不足、高校作用发挥不够、大学生个人心态游离不定等。① 还有一些研究文献从个人及家庭角度分析，指出社会资本②、学校背景③、人力资本状况④、政策了解程度⑤、个性特征（如生源、性别和独生子女身份）⑥ 等是影响高校毕业生就业的重要因素。从制度、政策支持的角度来看，李从国（2018）认为传统的就业观念、现行户籍制度、收入分配制度、社会保障制度、基层就业政策落实需要时间、单位吸引力和接纳力不足等是阻碍高校毕业生基层就业的制度壁垒。⑦ 房欲飞（2019）认为，高校人才培养制度是影响高校毕业生就业的重要因素，表现在学科专业设置和课程教学脱离就业实际需要、面向基层的社会实践尚未得到充分重视，以及就业指导过程中针对基层就业去向的指引不够等方面。⑧

第二，高校毕业生就业的突出困难及其原因分析。潘日鸣等（2017）从基层单位本身的原因、大学生自身的原因、高校自身的原因、地方政策

---

① 彭小孟、肖池平：《大学生面向基层就业的现状分析和对策思考》，《教育探索》2018 年第 11 期。

② 张秋山：《农村籍大学生基层就业意向调研分析》，《河北大学学报（哲学社会科学版）》2019 年第 2 期。

③ 王友航、文东茅：《高校毕业生基层就业的特征与影响因素》，《教育发展研究》2018 年第 21 期。

④ 尉建文：《父母的社会地位与社会资本：家庭因素对大学生就业意愿的影响》，《青年研究》2019 年第 2 期。

⑤ 蒋承、李笑秋：《政策感知与大学生基层就业》，《北京大学教育评论》2017 年第 2 期。

⑥ 宋国恺、武天、李冬：《家庭地位、人力资本与政策对大学生基层就业意愿的影响》，《西安交通大学学报（社会科学版）》2017 年第 5 期。

⑦ 李从国：《大学毕业生基层就业难题的制度经济学分析》，《经济经纬》2018 年第 1 期。

⑧ 房欲飞：《影响大学生基层就业的关键问题：基于实证的分析》，《教育发展研究》2019 年第 11 期。

和社会环境影响四个维度来分析大学生基层就业存在的困难。[①] 邹小荣（2019）认为大学生基层就业面临的困难包括职业发展前景不明确、缺少基层所需的知识技能、缺少培训指导、缺少工作报酬激励、基层生活环境不如意五个方面。[②]

第三，高校毕业生就业素质和能力的现状及提升策略研究。房欲飞（2017）通过实证调查发现，大学毕业生能够基本适应基层就业岗位，但素质结构和基层实践脱节成为适应基层就业岗位的最大障碍，主要表现为工作状况不佳、人际关系不融洽、对基层生活不适应，提高基层胜任力需要大学生、高校、国家、社会及基层单位共同努力，尤其需要大学生自身的努力。[③]

第四，促进高校毕业生就业长效机制构建研究。王巍（2019）主张从高校、政府两个层面来建立高校毕业生基层就业的长效机制。高校在促进毕业生就业上具有引导、激励、推动和促成等诸多方面的积极作用，应当着力强化对毕业生的就业观念教育、建立高等学校与基层单位教育和培养的衔接机制；在推动毕业生实现基层就业上，政府具有主导作用，应当积极打通就业渠道、增加政策支持，建立宏观保障机制和增强基层就业吸引力。[④] 李在法（2019）认为，用法制保障基层就业大学生的权益是必要的，并提出在就业不同阶段构建基层就业大学生权益保障的法律制度设想：就业前的阶段主要构建反就业歧视法律制度，就业过程中的阶段要大力完善劳动权利维护和权利救济领域的一系列法律制度，失业后寻找工作的阶段要重视完善相关培训法律制度。[⑤] 宋国恺等（2017）建议对立志投身西部、扎根基层的高校毕业生建立动态、长效的激励机制，既保护他们的热情，

① 潘日鸣、曾晓峰：《大学生基层就业困难的原因分析及对策研究》，《当代教育论坛》2017 年第 10 期。

② 邹小荣：《大学生基层就业的困境及出路》，《孝感学院学报》2019 年第 5 期。

③ 房欲飞：《大学生基层就业与人才培养制度》，《当代青年研究》2017 年第 9 期。

④ 王巍：《建立高校毕业生面向基层就业的长效机制》，《中共山西省委党校学报》2019 年第 2 期。

⑤ 李在法：《论基层就业高校毕业生权益的法制保障》，《北京大学教育评论》2019 年第 5 期。

也维护他们的权益，针对当前基层就业政策展开系统客观的评价，形成中长期促就业、畅循环、增收入的就业规划和法律政策。[①]

2. 高校毕业生就业政策分析

我国高校毕业生就业政策经历了三个阶段，即中华人民共和国成立初期至20世纪80年代中期的统包统分阶段、20世纪80年代中期至90年代初的双向选择过渡阶段、20世纪90年代初至今以市场为导向的自主择业阶段。[②] 从政策变迁动力及机制分析上看，周建民等（2017）认为，我国大学生就业政策演变反映的利益关系，经历了从“利益一元化”到“利益双重性”再到“利益多元化”的演变轨迹，公共政策目标取向的变化、利益主体意识的觉醒以及利益冲突的推动。政策调整及利益关系变化是政策演变的主要原因，要求运用利益调整机制不断完善大学生就业市场和引导大学生就业，以利益平衡机制确保大学生就业中的公共利益。[③] 朱家德和胡海青（2018）通过历史制度主义分析框架，认为经济体制转型、政治体制改革以及教育哲学由社会本位向个人本位的转变是影响高校毕业生就业政策变迁的深层结构，政策变迁的路径主要是政府对高校毕业生资源的理性选择，政策变迁的动力是政府的立法行为以及毕业生自主择业能力的提升。[④] 何云辉（2019）认为，高校毕业生就业政策的核心利益相关者，即中央政府、地方政府、高校、毕业生以及用人单位围绕就业政策反复进行的利益与权力博弈是我国高校毕业生就业政策变迁的内在动力机制。[⑤]

从政策变迁的价值分析上看，刘锐等（2018）从价值选择、合法性和有效性三重维度对我国高校毕业生就业政策演变进行价值分析，认为其在

---

① 宋国恺、武天、李冬：《家庭地位、人力资本与政策对大学生基层就业意愿的影响》，《西安交通大学学报（社会科学版）》2017年第5期。

② 全国高等学校学生信息咨询与就业指导中心，北京大学教育学院：《全国高校毕业生就业状况（2004—2008）》，北京：北京大学出版社，2009年。

③ 周建民、张小凤、王旭：《我国大学生就业政策演变中的利益关系轨迹与启示》，《辽宁教育研究》2017年第7期。

④ 朱家德、胡海青：《建国以来我国高校毕业生就业政策的变迁逻辑：基于历史制度主义的分析》，《中国高教研究》2018年第4期。

⑤ 何云辉：《高校毕业生就业政策变迁的动力机制研究》，《江苏高教》2019年第5期。

价值选择上经历了由“国家计划调配”到“学校推荐”再到“市场配置”的转变，政策内容演变顺应不同时期利益关系的变化是政策合法性的基础，高校毕业生配置方式与政治经济社会发展相适应表明政策是有效的，且有效性呈现出螺旋式变革的特性。[①] 夏仕武（2019）认为，中华人民共和国成立以来中国高校毕业生就业政策变迁的价值取向经历了追求公平、兼顾公平与效率、追求效率三次明显的变迁，提出中国未来大学生就业政策要实施政府管公平、市场求效率、政府与社会携手保障就业弱势群体的策略，确保高校毕业生就业政策兼顾公平与效率的目标的实现。[②]

从政策变迁对政府、高校等的要求的角度来看，吴庆（2015）认为，市场并不能解决大学生就业的所有问题，需要政府的强力介入，因而政府应加大服务力度。[③] 王志刚（2018）建议选择多种政策工具促进大学毕业生就业，使就业市场体系真正发挥高效配置资源的作用，兼顾效率和公平，充分发挥和体现人才的作用和价值。[④] 冯淑娟（2019）指出，大学生就业政策演变对各阶段高等教育要求侧重点不同，针对大学生就业日趋市场化、社会化的大形势，高校应当在做好学校教育的同时，树立市场引导人才教育方向的基本准则，完善人才培养机制，培养人才质量意识和高校育人品牌意识，持续推动高等教育改革，切实提高教书育人的质量和社会效益，打造高校毕业生的就业竞争力。[⑤]

（三）小结

高校毕业生就业促进政策研究既是传统的研究主题，又在新时代具有

---

① 刘锐、周建民、张小凤：《我国高校毕业生就业政策演变的价值分析》，《高等农业教育》2018 年第 8 期。

② 夏仕武：《试论中国高校毕业生就业政策的价值变迁》，《国家教育行政学院学报》2019 年第 1 期。

③ 吴庆：《演变、定位与类型：中国大学生就业政策分析》，《当代青年研究》2015 年第 2 期。

④ 王志刚：《自由与选择：高校毕业生就业政策分析》，《当代社科视野》2018 年第 10 期。

⑤ 冯淑娟：《从大学生就业政策演变谈高校教育的走向》，《浙江树人大学学报（人文社会科学版）》2019 年第 2 期。

新的研究意义和政策价值。现有的国内外研究文献卷帙浩繁，为开启本项研究提供了比较丰富的参考。经过对国内外研究文献系统深入的梳理，笔者得到如下发现：

无论是就业理论成果展示，或是就业障碍和堵点分析，还是对高校毕业生就业政策内容和效果的探讨，当前的国内外研究文献都对本文围绕高校毕业生就业促进政策实施情况开展评估研究具有重要的启发性作用。尤其是，大量的国内研究文献都关注到引导和鼓励高校毕业生到特殊地区、特殊行业、基层企业就业的政策，并在国家层面、地区层面乃至基层进行了一些探索性、调查性、思辨性、实证性的研究。

已有的研究文献既是对本文研究的重要支持和补充，但也存在一些空白点。故此，本文拟使用过程分析方法对国家层面高校毕业生就业促进政策的实施情况开展过程评估，深入挖掘政策实施各环节存在的短板和障碍，并提出政策建议。研究思路的开拓和研究方法的创新是本文最突出、最重要的贡献。同时，借助国家机关系统的调研优势，本文提出的政策建议更具有政策参考性，文中的政策改进的方向清晰，政策优化内容的可操作性强，这也是本文比较重要的贡献。

三、高校毕业生就业的当前形势与“十四五”展望

经济转向高质量发展对高校毕业生就业产生复杂且深远的影响，总体来看，我国劳动力市场需求仍然比较旺盛，但是产业升级转型和新业态的发展对劳动者素质提出了更高的要求。

（一）现阶段高校毕业生就业具备扎实的基础和良好的条件

党的十八大以来，我国高校毕业生初次就业率持续稳定在77%以上，总体就业率达到95%左右，就业创业人数实现“双增长”，向社会累计输送超过5000万人，形成了比较完备的毕业生就业创业政策体系、工作机制和相对健全的指导服务体系。

1. 多措并举促进高校毕业生就业

近年来，我国各地各有关部门把高校毕业生就业摆在就业工作的首位，多方位拓宽就业领域。在产业结构调整中，着力支持科技含量高的智力密集型产业特别是战略性新兴产业、现代服务业以及各类新产业新业态发展，加快传统产业升级改造，开发更多适合高校毕业生的高质量就业岗位。

基层是年轻人成长成才的广阔天地。2017 年，中共中央办公厅、国务院办公厅印发实施《关于进一步引导和鼓励高校毕业生到基层工作的意见》，创新政策措施，完善服务保障机制，积极营造有利于高校毕业生立足基层成长成才的良好环境，引导鼓励高校毕业生扎根基层、服务基层。

“十三五”以来，国家大力实施高校毕业生就业创业促进计划、青年就业见习计划和基层成长计划，深入实施高校毕业生基层服务项目，开展公共就业人才服务进校园、民营企业招聘周、全国中小企业百日招聘、就业服务月、大中城市联合招聘、阳光就业行动等专项服务活动，完善毕业生信息衔接共享机制，加强户口和档案管理服务，严格对人力资源服务机构的监督管理，严厉打击就业协议造假行为，严厉打击“黑中介”、虚假招聘和以求职为名的信贷陷阱，引导鼓励毕业生到部队、到重点领域和行业就业创业，支持服务外包等企业接纳毕业生就业见习。对家庭贫困、身有残疾等困难毕业生，加大就业援助力度，及时发放求职创业补贴。

2020 年以来，受新冠肺炎疫情影响，企业招聘需求萎缩，高校毕业生求职难问题突出。面对疫情冲击，各地各有关部门认真贯彻党中央、国务院决策部署，采取了一系列稳定和促进高校毕业生就业创业的政策举措。比如，安排硕士研究生扩招 18.9 万人、普通专升本扩招 32.2 万人，扩大毕业生入伍规模，招收 40 万名毕业生补充中小学和幼儿园教师队伍，扩大中央基层项目实施规模，许多高校毕业生参加了“农村教师特岗计划”“三支一扶”“志愿服务西部计划”等，国有企业在 2020 年、2021 年扩大高校毕业生招聘计划，城乡社区和基层卫生部门新增岗位优先招录毕业生，科研单位聘用高校毕业生作为科研助理或辅助人员，人力资源和社会保障部、教育部、国资委、共青团中央纷纷开展“百日千万网络招聘专项行动”“24365 校园联合招聘服务”“抗疫稳岗扩就业”专项行动、“千校万岗”线上就业服务季活动。国家发展改革委会同有关部门开展双创示范基地创业就业“校企行”专项行动。

2. 高校毕业生规模不断扩大，就业形势保持平稳

我国把教育摆在优先发展的战略地位，提出了“科教兴国”战略。2021 年，高校毕业生规模攀升至 909 万人，年度增长 35 万人。尽管高校毕业生数量连年扩大，但是从一些统计和调查的结果来看，高校毕业生就业的数量和质量都有所改善。具体表现如下：

第一，应届高校毕业生毕业后半年的月收入持续增长。根据《2019 年中国本科生就业报告》显示，如表 1 和图 1 所示，2018 届高校毕业生月均收入 4624 元，比 2017 届的增长了 307 元。其中，2018 届本科毕业生的月均收入为 5135 元，高职高专毕业生的月均收入为 4112 元，分别高于 2017 届的 4774 元和 3860 元。

表 1　2012—2018 届高校毕业生毕业半年后工资变化

年份	2012	2013	2014	2015	2016	2017	2018
毕业生平均月收入（元）	3049	3250	3487	3726	3988	4317	4624
本科毕业生平均月收入（元）	3366	3560	3773	4042	4376	4774	5135
高职高专毕业生平均月收入（元）	2731	2940	3200	3409	3599	3860	4112

资料来源：麦可思研究院编著的历年《中国本科生就业报告》和《中国高职高专生就业报告》，北京：社会科学文献出版社。

第二，高校毕业生就业的用人单位类型分布更加合理。民营企业吸纳高校毕业生就业的比例持续提高，2018 届本科毕业生在民企就业的比例升至 54%，超过 2014 届 4 个百分点。国有企业吸纳高校毕业生就业的比例持续下降，2018 届本科毕业生在国企就业的比例降至 19%，低于 2014 届 4 个百分点。高职高专毕业生与高校本科毕业生的情况类似，2018 届高职高专毕业生在民企就业的比例升至 68%，比 2014 届高出 3 个百分点，而在国

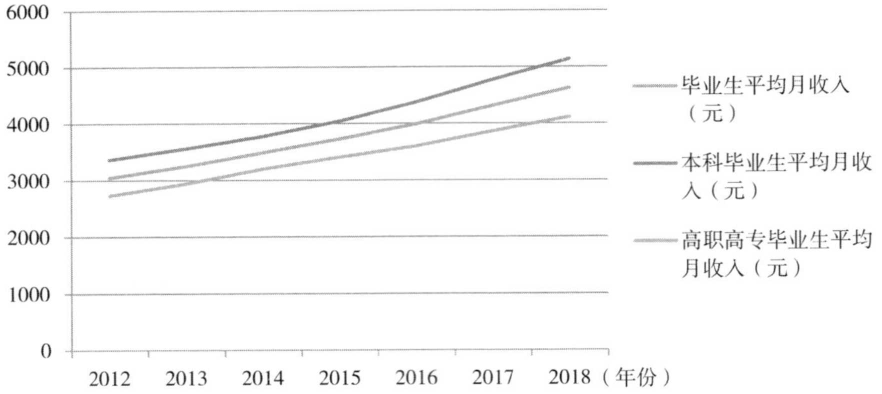

图 1　2012—2018 届高校毕业生毕业半年后月工资变化

资料来源：麦可思研究院编著的历年《中国本科生就业报告》和《中国高职高专生就业报告》，北京：社会科学文献出版社。

有企业就业的比例降至 15%，比 2014 届低了 3 个百分点。

第三，高校毕业生就业的城市类型分布更加平衡。高校毕业生在“北上广深”一线城市就业比例下降，从 2014 届的 25%下降到了 2018 届的 21%；在南京、青岛、宁波、成都、重庆、杭州、武汉和西安等“新一线”城市就业的比例显著提高，2018 届达到 26%，比 2014 届高了 4 个百分点。

3. 巨大的人才资源助推就业扩面提质

我国高等教育人才规模大，已经成为构建新发展格局、建设现代化经济体系和实现高质量发展的青年人才资源和智力支撑。近年来，全国高校毕业生规模屡创新高，这些高素质青年人力资源进入就业市场，不仅有助于应对经济下行压力，更为企业培育未来竞争优势、增强就业预期奠定了坚实基础。根据中国社科院等机构的研究，在制造业领域，职工教育年限每增加 1 年，劳动生产率就会提升 17%，由此预测，2030 年前，劳动力受教育年限平均每年增加 0.1 年，可带动我国经济增长速度提高 1.7 个百分点，就业需求提高 0.05 个百分点。

（二）“十四五”时期高校毕业生就业仍面临一些挑战

当前和今后一段时期，我国高校毕业生就业形势仍较严峻，总量问题和结构问题并存，新矛盾和老矛盾交织，做好就业工作面临较大挑战。

1. 青年就业压力始终不减，失业率有所升高

大量高校毕业生连年集中进入就业市场，用工主体消化尚需时间，这就造成短期的就业淤积和压力。2020 年，应届高校毕业生达 874 万人，较 2019 年增加 40 万人，增量、增幅均为近年之最，又恰遇新冠肺炎疫情，就业压力进一步加大。进入“十三五”时期后，我国城镇新增就业每年都在 1300 万人以上，失业率保持低位，但青年失业率一直高于社会总失业率一倍多。解决了高校毕业生的就业问题，实现就业总体稳定就有了较好保障，相反，如果高校毕业生就业出了问题，就业工作就会比较被动。特别是我国很多家庭倾全家之力供养一个大学生，有的贫困家庭把全家脱贫的希望都寄托在孩子毕业后找到一份满意的工作，如果大学生毕业之后找不到工作，不仅对本人和家庭影响很大，对社会影响也很大，甚至会成为一个社会问题。

2. 高校毕业生就业结构性矛盾日益突出

就业结构性矛盾表现为劳动者的就业能力、技术技能、工作经验、个体特征和所处位置等，与岗位的需求不相匹配和适应。高校毕业生就业结构性矛盾日益突出表现在以下方面：一是高等教育改革滞后于经济社会发展水平，大学生在大学学习期间并未获得市场要求的知识和技能，造成毕业生的就业竞争力偏低。二是毕业生的就业预期高，对就业质量要求高，但是具有招聘需求的用人单位却没法提供毕业生所需的工资待遇、工作条件和环境。高校毕业生不愿意到中小企业工作，更希望去中央国家机关、事业单位、国有企业和大型民营企业就业。[①] 三是就业流向对区域经济发展需要的支撑偏弱，中西部地区成为高校毕业生的“人才洼地”，而“北

---

① 王阳：《劳动力要素市场化配置改革与经济发展效率：以劳动力要素城乡配置变化为例》，《经济纵横》2020 年第 7 期。

上广深”等大城市、东南沿海一线二线城市则受大学毕业生的欢迎，成为就业集中的“人才高地”。中西部地区、东北地区、基层单位迫切渴求大学生人才，却很难对高校毕业生产生吸引力，因此在区域上形成了供求上的不平衡。

3. “慢就业”现象有增无减，青年劳动参与率下降

“慢就业”是近年来社会上越来越受关注的一个现象，主要是一些高校毕业生放缓求职步伐，在校不急于签约，离校不急于就业，毕业后、就业前的时间延长，有些毕业生甚至处于既不工作也不受教育、不培训的状态。高校毕业生付出了高额的人力资本投资和时间成本，对就业质量的预期也水涨船高。“慢就业”表明毕业生的选择余地在增大，有合理的一面，但负面影响也不容忽视，不能简单地当成就业问题来看待。短期看，这意味着青年的劳动参与率下降，不但辜负了大好青春，也是对人力资源的浪费，甚至会导致跟风模仿，扭曲青年的价值取向。长远看，这相当于把现在的问题推迟到以后，会加剧将来的就业压力。尤其要注意的是，部分“慢就业”可能演变成“懒就业”、逃避就业，一些年轻人长期游离在就业之外，每天无所事事，容易引发一系列社会问题，不少国家在这方面有深刻的教训。

4. 劳动力市场不够规范，部分高校毕业生的劳动权益受损

我国劳动力市场环境总体上是好的，但也存在一些不合理的地方，个别领域乱象还是比较多。比如，有的用人单位在劳动合同中片面强调劳动者的义务，权利和义务不对等；有的企业随意延长试用期、拒付或拖欠试用期工资；有的单位过度重视名牌大学、高等学历，但工作岗位却发挥不了毕业生的专长，不仅不能人尽其才，而且不利于职工队伍稳定；有的单位违反国家有关法律法规，招聘中存在性别歧视、民族歧视等，造成了恶劣影响。在就业创业服务方面，有些中介机构提供了虚假信息、骗取钱财；有的以服务为名，诱骗毕业生申请求职贷、培训贷、创业贷等，不少是高利贷；有的地方甚至出现了诱骗毕业生参加传销的案件。这些问题如果不解决，不仅会侵害毕业生的合法权益，而且会扰乱就业市场秩序，最

终会妨碍高校毕业生就业创业工作。

5. 其他影响高校毕业生就业的不确定因素还在叠加

高校毕业生有不同于其他劳动者的择业观念，其职业要求、行动力量和权责意识等也与其他劳动者不同。我国正处在新旧动能转换的关键时刻，一些传统产业发展缓慢甚至萎缩，而新兴产业还没有完全成长起来，劳动力从传统产业向新兴产业转移的过程中会产生一定结构性失业；产能过剩行业推进去产能、“僵尸企业”退出，也会释放出部分劳动力；一些领域智能化、自动化发展较快，对劳动力的需求减少。这些都会对高校毕业生就业带来较大压力。

还要看到，当前一些国家贸易保护主义抬头，全球经济发展存在诸多的不确定因素，也可能干扰我国经济稳定向好的势头，削弱市场信心，不利于就业稳定，高校毕业生作为就业市场的敏感群体，更容易受到影响。

四、高校毕业生就业促进政策实施面临的深层次问题

高校毕业生就业促进政策是国家制定的、用以调整就业领域利益关系的一项公共政策，必然承载着特定的价值取向。在对公共政策的分析研究中，价值分析具有核心地位。[①] 此外，公共政策的实施研究中，过程评价是重要的方法和认识工具，对解释政策在实施中的堵点、难点和痛点等具有独特的优势。当前，尽管高校毕业生就业促进政策的目标和价值取得了广泛共识，但是在实施过程中，仍然面临一些深层次问题，造成相关政策的效力未能充分释放。

（一）部分政策与用人单位及高校毕业生的需求脱节

第一，鼓励中小微企业吸纳高校毕业生就业政策门槛高。笔者在调研中发现，多数用人单位对中小微企业吸纳高校毕业生就业政策的评价不积

① 彭海霞：《大学生基层就业补偿政策及制度建设》，北京：知识产权出版社，2018年。

极。一些中小微企业表示，不了解国家及当地鼓励高校毕业生到中小微企业就业的相关政策，甚至不清楚从什么渠道可以了解高校毕业生就业促进政策。即使是对政策有一定了解的中小微企业，认为政策“非常有效”和“比较有效”的比例也不足一半。此外，享受过高校毕业生就业促进相关优惠政策的被调查中小微企业数量少、占比低。我国当前激励中小微企业使用大学生的政策工具大体分为财政手段、金融手段和行政手段，具体的项目包括提供发展资金和贷款贴息，小额担保贷款和财政贴息，人事代理、档案保管等就业服务，岗前培训补贴、技能提升补贴和社会保险补贴等。调研发现，只有社会保险补贴和岗前培训补贴两项优惠政策的享受情况较好，但在被调查的中小微企业中也刚刚超过了半数。中小微企业之所以未能享受政策，最主要的原因是“申请资格认定和申办手续复杂，放弃享受政策”，以及“不符合优惠政策申请条件”等。

第二，鼓励毕业生到基层和西部就业政策激励不足。虽然高校毕业生到基层和西部就业的人数在增加，但是多数毕业生仍认为政策激励和保障措施不够，对此有后顾之忧。笔者在调研中发现，高校毕业生到基层和西部就业普遍存在一些顾虑和困难，比较集中的顾虑有“工资待遇较低”“职业晋升通道狭窄”以及“职业发展机会少”。对于国家的政策支持，一些高校毕业生表示，到基层和西部就业最希望国家能提供更多针对基层就业毕业生的公务员招考指标，其次是提供更多针对基层就业毕业生的事业单位招聘岗位。还有部分毕业生希望国家为其在当地“干事业”提供项目、资金和指导方面的政策支持，以及在职位提升和职称评定等方面提供倾斜政策。从政策制定的民主性角度看，政策程序的合法性有待提升。目前，高校毕业生基层和西部就业政策的制定和决策主体为政府，而作为政策对象的大学生没有参与其中，这在一定程度上影响了政策制定的有效性。[①] 从政策实施的有效性角度看，基层就业的高校毕业生对基层公务员、大学生村干部等岗位的满意度偏低，反映了政策目标与政策结果之间存在

① 彭海霞：《大学生基层就业补偿政策及制度建设》，北京：知识产权出版社，2018年。

一定的偏差。

（二）部分补贴政策不完善，就业资金使用效益较低

目前，国家和地方已经出台了许多促进高校毕业生就业创业的政策措施，政策内容丰富，既有涉及资金发放的补贴政策，又有减轻成本负担的减税降费政策，还有提供多种帮扶便利的劳动就业创业服务。但是，部分资金补贴政策的受益范围还比较窄，劳动就业创业服务的针对性和实用性也不强。各类资金补贴政策着力点不同，既有针对灵活就业的，也有针对自主创业的；既有面向基层就业的，也有面向困难毕业生的。补贴政策中资格认定复杂，手续也比较烦琐，即便是专门从事这方面工作的高校就业指导人员和就业服务机构工作人员，有的都难以厘清政策，更不用说高校毕业生了。笔者在调研中发现，有近七成的被调查高校毕业生表示，就业政策“政出多门，政策零碎，搞不清楚，有没有作用不好说”，还有约四成的高校毕业生认为“多数优惠政策力度不够，作用有限”。同时，一些高校毕业生对当地劳动就业创业服务不太满意。之所以对服务不满意，绝大多数被调查的高校毕业生都提到“介绍指导的内容太虚了，对找工作没有实际帮助”，有过半数的毕业生认为“提供的岗位信息没有针对性，大多不合适”，还有约占 1/3 的毕业生选择了“参加服务活动太麻烦”和“培训内容不实用”。

资金使用是切实落实各项就业创业扶持政策的关键环节。当前，高校毕业生面临的就业风险加速扩大，稳就业面临更加复杂和多变的形势。实施好高校毕业生就业促进政策，要求全方位提高资金使用效益。由于一些原因，各地就业资金的使用效益较低，严重制约稳就业政策红利的释放。结合地方的专题调研，笔者发现以下两个问题亟待解决：

第一，个别补贴“先行垫付、再行补贴”的规定落地难。根据现行就业资金管理办法，就业技能培训、创业培训和职业技能鉴定三项补贴实行个人培训费用“先垫后补”的办法。但是，长期实施的由培训机构垫付费用的办法已经形成固定认识，参训人员对自己先缴培训费、再向人社部门

申请补贴的做法还难以认同，愿意先行垫付费用的人数不多。

第二，部分补贴划定的对象条件严格，受益面窄。一些地方还未及时扩展职业培训补贴，就业见习补贴扩面不充分。尽管很多省级和地市级人民政府已先后出台了相关文件，对国家政策规定作出具体要求和工作部署，但是在具体职能部门的实际工作中却尚未贯彻执行。

（三）公共服务体系不健全，政策扶持力度依然较弱

以互联网为代表的新媒体的广泛应用，有助于促进就业困难群体及特殊失业群体的再就业。互联网技术帮助求职者（失业者）获取大量的岗位信息，提高其求职动力；互联网还能减少城市中的长期失业者数量，帮助他们尽快回归社会。根据模型测算结果，“失业转就业人数”与互联网普及率具有显著的正向关系。2018 年，我国互联网普及率为 59.38%，当年“失业转就业人数”规模达到近 1100 万人。按照目前互联网普及率增长至 62%来估算，预计能够帮助 17.3 万名失业者重新就业；按照失业青年在全部失业人员占比 40%～60%来估算，能够帮助 6.9 万～10.4 万名失业青年重新就业。[①] 互联网的快速发展和普及为失业者创造了更多的再就业机会。我国就业的新趋势呈现如下特点，不仅就业领域广，不受城乡、地域、年龄和性别等限制，而且就业门槛低，求职成本小，使大龄失业者、低技能青年、妇女、残疾人等就业困难群体能得到更公平的就业机会。在互联网时代，各类灵活就业、新就业形态蓬勃发展，成为大量失业人群，尤其是青年失业群体尽快回归经济生活、走出“慢就业”带来的不良后果的一个重要契机。

然而，我国民生领域的服务体系和政策措施还难以适应新形势的要求，突出的问题有如下两个：

第一，针对灵活就业、新就业形态的均等化公共服务体系建设还存在短板。按照现行户籍政策，户口迁移的主要依据是合法稳定就业。灵活就

① 王阳：《互联网快速普及对城镇失业影响及建议》，《宏观经济研究》2020 年第 7 期。

业人员受其就业特点的影响，很有可能在进城落户方面产生问题，对其中希望进城落户的高校毕业生等群体将产生较大影响。同时，灵活就业人员在享受教育、医疗等社会福利方面也受到一定程度的限制。从我国积极就业政策的产生和发展看，高校毕业生就业创业政策总体是在过去下岗失业人员再就业政策框架基础上进行的延伸和拓展。相对高校毕业生群体的流动性、特殊性而言，毕业生就业创业政策的碎片化问题比较突出。

第二，政府劳动权益保障的政策覆盖面难以和灵活就业的形式相适应。目前，我国对灵活就业人员尚缺乏系统的政策支持，相关的社会保险制度和维权政策都不完善。随着在职职工平均工资的逐年提高，灵活就业人员的缴费压力加大，甚至出现了部分灵活就业人员缴不起费的现象。受客观条件制约，灵活就业发生纠纷时劳动者一方往往面临取证难、维权难的窘境。

（四）就业统计监测制度有缺陷，数据的准确性不高

一直以来，我国高校毕业生就业统计主要由教育部门和人社部门负责，由于存在调查时点不科学、档案管理失范和虚假合同等问题，导致高校毕业生就业统计结果不全面，给科学决策和精准施策造成干扰。

第一，调查时点统计存在高估就业率现象。当前，初次就业率通常被舆论重视，也为各高校所看重。但是，由于各高校在学生毕业后难以跟踪学生的就业情况，因此在每年 9 月 1 日以后发生的就业和失业情况不能被高校统计上来。

第二，用档案统计大学生就业可能会导致信息偏误。学生档案是高校毕业生的重要凭证，然而也存在一些问题，包括信息略显过时、部分缺失、管理不到位等。同时，社会对大学生档案管理的知识普及不够，很多学生不了解档案和户口之间的关系，甚至存在反感和排斥情绪。

第三，大学生就业统计方式单一。当前，对高校毕业生就业统计的调查方式主要有科学抽样方法以及直接调查大学生本人两种。然而，现在的高校毕业生就业调查主要通过高校调查和上报，很难保证信息完全客观真

实。有的毕业生在已经落实就业单位的情况下，因为暂时签不了就业协议，便没能被统计到已就业的数字中去。

五、高校毕业生就业促进政策“提质增效”的思路和措施建议

习近平总书记在党的十九大报告中提到：青年兴则国家兴，青年强则国家强。提升高校毕业生群体的就业能力，帮助其顺利实现就业，对经济发展和社会稳定意义重大、影响深远。经济进入“新常态”发展阶段，稳增长、调结构、促改革、惠民生、防风险成为全国经济工作的基本思路，经济增速放缓和结构性改革深入，都将影响今后一段时期高校毕业生的就业形势。针对高校毕业生的特点和需求，在现有政策框架的基础上，应该对政策进一步优化升级，更加关注政策的实施效果，以更好地帮助高校毕业生实现更高质量和更充分就业。

（一）加强宏观政策的协调性和一致性，拓宽高校毕业生就业渠道

第一，加强各项宏观政策目标在稳就业、促就业中的一致性。在全面推进供给侧结构性改革、加快转变产业结构和构建现代化产业体系的过程中，要加大宏观政策逆周期调节，完善财政政策、货币政策、产业政策等其他宏观政策。产业转型升级应当与扩大就业联动起来，不断推进智力密集型、技术密集型产业发展。

第二，在产业结构调整过程中更加注重地区布局的合理性和对待各类微观市场主体的公平性。制定国家、地区和行业智力密集型高新产业发展规划以及主体功能区规划，按照全国主体功能区规划和产业结构调整指导目录，着重加强“长三角”“珠三角”及“环渤海”等经济圈智力密集型高新产业发展的统筹协调。

（二）完善部分补贴政策，稳妥推进政策落实

第一，健全职业培训政策。开发建立全域统一的创业就业技能培训管理服务平台，通过平台发布各类培训主办部门的相关政策、信息、组织、服务等信息并接受社会监督。在统一服务平台基础上，由市、县级财政根据本地实际、市场需求、上级下达任务和补助资金情况，明确牵头部门负责，按有关规定统一进行管理和组织实施。

第二，分类落实职业培训补贴政策。按照中央统一部署，结合实际，分类落实职业培训补助。对于个人参加培训的，放开培训市场，鼓励各类符合条件的培训机构参与培训，按照个人自愿培训、费用实行“先垫后补”的模式，政府以培训结果作为发放补贴的依据；对于政府采取项目制方式委托培训机构培训的，尽快出台政府采购培训服务指导意见或操作指南。

（三）完善公共服务体系，加强高校毕业生就业的多方协作机制建设

第一，加强服务能力建设，不断创新和改善服务方式。加强省、市公共就业服务机构建设，健全以城市为核心、覆盖城乡的人力资源公共就业服务信息网络，及时发布人力资源供求、职位空缺、薪酬价位等相关信息。加快信息平台建设，实现招聘信息和求职信息的有效传递，畅通高校、企业和学生三方的信息通路。

第二，加强高校毕业生就业联动工作机制建设。高校应为学生提供有针对性的课程教育和就业指导；社会组织应提供专业性服务，协助政府和高校帮助高校毕业生提升就业能力、顺利实现就业；企业应提升参与性，积极为大学生提供实习机会，帮助大学生更好地了解企业、了解社会，更早、更有效地掌握就业技能；各个方面应经常性开展社会对话和沟通交流，提升工作的协同效应。

（四）加快完善高校毕业生就业失业统计，增强数据对决策的支撑作用

第一，优化调查统计方式方法，推迟统计时点，建立长期追踪系统。针对高校毕业生具有离校前后就业情况不一致的特点，建议在毕业生离校之前直接调查大学生本人，并且采用简单随机抽样或者系统抽样等科学抽样法，分行业对大学生进行调查。同时，应当推迟统计的时点，增加一年后、一年半后、两年后等追踪统计。

第二，吸引非利益相关方参与统计工作，形成多方合作、联合推进的工作机制。针对教育部门和人社部门之间缺少沟通、政出多门、难以协调，同时高校作为利益相关方难以保证数据的客观真实的情况，建议加强两个部门之间的协作，可考虑组织劳动部门和教育部门直接介入大学生就业统计工作，同时借鉴国外经验，鼓励相关非营利组织多方参与，从而有效地统计大学生就业情况。

Evaluation on the Implementation Process of College Graduate Employment Policy under High-quality Development Stage

Yang Wang

Abstract: College graduate is the vital initial power for China to build powerful human resource country. Employment policies aiming college graduate is an important part of Chinese employment priority policies system. With the evaluation method of public policies' implementation process, this paper finds that, there are several blocking points, difficulties and pain points, and Chinese college graduate employment's situation is going to face some uncertainties and challenges. Under high-quality development stage, it suggests that China should improve and update college graduate employment policies, aiming at college students' characteristics and demands, in order to better the policies' effects, and then promote college graduate achieving the high-quality and fuller employment.

Key words: high-quality development stage; college graduate; employment policies' implementation; process evaluation

[工会研究]

新时代国家治理体系现代化中的工会角色和作用探究

陶志勇*

摘　要： 立足“两个一百年”的历史交汇点，党的十九届五中全会开启全面建设社会主义现代化国家新征程。中国工会在新征程中肩负新使命。本文结合工会参与推进治理体系和治理能力现代化的实践探索，深入分析研究了全面建设社会主义现代化国家新征程中中国工会的角色地位和独特优势，系统地提出了迈向新征程中的工会工作路径，即锚定坚持和完善党的领导、人民当家做主、社会主义基本经济、民生保障、共建共治共享的社会治理制度体系，进一步增强工会接受党的领导的政治自觉、推动全心全意依靠工人阶级方针落地、组织职工助推经济高质量发展、助力职工实现对美好生活的向往、依法做好工会维权维稳工作。

关键词： 新征程　工会　治理能力　治理体系　现代化

用中长期规划指导经济社会发展，是中国共产党治国理政的一种重要方式。党的十九届五中全会擘画了中国未来五年以及十五年的发展新蓝图，开启了全面建设社会主义现代化国家新征程，这在我国发展进程中具有里程碑意义。

---

* ［作者简介］陶志勇，全国总工会研究室副主任、一级巡视员。

中国工会是党领导的工人阶级群众组织，在迈向新征程中肩负着重要使命。进入新发展阶段，国内改革发展任务艰巨繁重，人民对美好生活的要求不断提高，社会主要矛盾已经转化为人民日益增长的美好生活需要和不平衡不充分的发展之间的矛盾。我国既具有制度优势显著、治理效能提升、经济长期向好等条件和优势，同时又面临发展不平衡不充分问题仍然突出、重点领域关键环节改革任务仍然艰巨等问题。新征程新目标对工会工作提出了新课题新要求，深入分析工会在全面建设社会主义现代化国家新征程中的角色和作用，需要我们把党的十九届四中全会提出的国家治理体系和治理能力现代化，与党的十九届五中全会精神结合起来研究，找准工会定位，发挥工会优势，彰显工会作为。

一、回溯我国国家治理和社会主义现代化建设的探索之路

从历史传承来看，在5000多年文明发展史中，中华民族创造了独树一帜的灿烂文化，积累了丰富的治国理政经验。我国古代主张大道之行、天下为公的大同思想；六合同风、四海一家的大一统传统；德主刑辅、以德化人的德治主张；民贵君轻、政在养民的民本思想；等贵贱均贫富、损有余补不足的平等观念；法不阿贵、绳不挠曲的正义追求；孝悌忠信、礼义廉耻的道德操守；任人唯贤、选贤与能的用人标准；周虽旧邦、其命维新的改革精神；亲仁善邻、协和万邦的外交之道；以和为贵、好战必亡的和平理念①等。

现代化是一个漫长的历史进程，对人类文明影响深远。世界上既不存在定于一尊的现代化模式，也不存在放之四海而皆准的现代化标准。中国共产党成立100年来，一直在艰辛地探索着我国国家治理和建设的现代化之路。一方面，汲取5000多年的治国理政的智慧养分；另一方面，引进吸收世界先进的思想精华。比如，从古希腊文明中提炼出民主思想，自阿拉

① 《习近平在中共中央政治局第十八次集体学习时强调牢记历史经验历史教训历史警示，为国家治理能力现代化提供有益借鉴》，新华社，2014年10月13日。

伯世界中探索科学理念，在东方世界里寻找世俗理性。我国的现代化这一概念，最早是周恩来提出来的，那个时候提出的实现“四个现代化”，侧重是物质现代化。时至今日，随着决胜全面建成小康社会取得决定性成就，物质现代化基本实现，可以说是现代化的 1.0 版本。党的十九届四中全会专门研究国家治理体系和治理能力现代化问题并作出决定，这在我们党的历史上还是第一次。其首次系统描绘了中国特色社会主义制度的图谱——“十三个显著优势”是“中国之治”制度密码的一次全景展示。制度现代化是现代化的 2.0 版本。党的十九届五中全会审议通过的“十四五”规划和 2035 年远景目标的建议，明确提出了“十四五”时期是我国全面建成小康社会、实现第一个百年奋斗目标之后，乘势而上开启全面建设社会主义现代化国家新征程、向第二个百年奋斗目标进军的第一个五年，到 2035 年人民生活更加美好、人的全面发展、全体人民共同富裕取得更为明显的实质性进展，我国现代化将步入 3.0 版本，即人的现代化。人的全面发展是马克思主义的内在本质要求，也是现代化不可或缺的关键元素。在迈向现代化的新征程中，必须把人的现代化作为现代化的永恒主题，将现代化重心从“物”的单向发展转变为“物与人”的统筹发展，使物质、精神、制度、文化等相互作用、协调推进，推动人的生活方式、思想观念、社会关系的现代化。中国共产党建党 100 年来团结带领中国人民进行的一切奋斗，就是为了把我国建设成为现代化强国。目前，全球已实现现代化的发达国家和地区人口在 10 亿人左右，坚持目标导向，沿着党的十九届五中全会指引的方向奋发进取，到 2035 年我国 14 亿人口整体迈入现代化社会，将超过现有发达国家人口总和，会彻底改写现代化的世界版图，这在人类历史上是一项影响深远的大事件。

二、工会在我国国家治理体系和社会主义现代化建设中的角色定位

习近平总书记深刻指出：“工会工作是党治国理政的一项经常性、基

础性的工作。”这句话清晰地表明了工会在我国国家治理体系和社会主义现代化建设中的重要角色和地位，这是基于对我们100年党史和96年工运史的深刻洞察与把握。2015年7月6日，习近平总书记在中央党的群团工作会议中强调，群团事业是党的事业的重要组成部分。群众工作是党的一项根本性、基础性工作。由于党的群众工作对象众多、层次多样，党需要建立旨在广泛联系各方面群众的群团组织来帮助党做群众工作。历史上，我们党就是依靠工会等22家群团组织①，去分别联系和服务各自的群众，实现对全体国民的覆盖。这是我们党的一大创举，也是我们党的一大优势。

当年党带领人民闹革命、打天下，群团组织不可或缺；现在，党带领人民搞改革、求发展，治国理政，全面建设社会主义现代化国家，群团组织依然不能缺席。中国工会在劳动关系领域、社会治理结构、公共服务体系、意识形态建构、国际劳工合作等方面发挥越来越重要的功能，成为现代国家建构中不可或缺的角色。这同西方工会与政治国家②的竞合关系有着本质区别。

三、我国工会参与社会治理、推动全面建设社会主义现代化国家的优势分析

在推进国家治理体系现代化、全面建设社会主义现代化国家的进程中，应充分发挥我国工会的政治优势、组织优势、制度优势、群众优势、资源优势等五大优势，把中央决策部署落实到工会工作中。

---

① 中华全国总工会、中国共产主义青年团中央委员会、中华全国妇女联合会、中国文学艺术界联合会、中国作家协会、中国科学技术协会、中华全国归国华侨联合会、中国法学会、中国人民对外友好协会、中华全国新闻工作者协会、中华全国台湾同胞联谊会、中国国际贸易促进委员会、中国残疾人联合会、中国红十字总会、中国人民外交学会、中国宋庆龄基金会、黄埔军校同学会、欧美同学会、中国思想政治工作研究会、中华职业教育社、中国计划生育协会以及中华全国工商业联合会。

② 政治国家（political state）即“国家”，指的是恩格斯在1872年至1873年同无政府主义者论战时提出的一个概念，与“非政治国家”相对。

1. 政治优势

党的领导是工会最大的优势。其一，保证了工会工作不会偏离正确的政治方向，同时也能保证工会工作干到点子上、做到关键处，便于将工会工作纳入党的工作总盘子。比如，目前已有20个省份将集体协商工作纳入党政目标考核体系，31个省份协调劳动关系三方开展“联合行动”推进集体协商工作。其二，党的领导能够有效推动相关部门研究制定一系列维护职工权益、支持工会工作的法律法规和政策，工会可以通过各种渠道参与国家重大立法事项和经济社会事务，从源头上维护好职工权益。其三，党的声音、党的大政方针能够迅速准确地传递给广大职工群众；同时职工的利益诉求也能在第一时间方便快捷地传递上来并得到回应，有效架起党和职工群众的连心桥。其四，各级党组织还为工会统一选配干部，有助于工会事业的开展。全国有专兼职工会干部850.3万人，其中专职工会干部102.2万人。政治路线决定之后，干部就是决定性的因素。这一优势，有力保证了工会工作的顺利推进。

2. 组织优势

工会的组织体系健全，横向到边、纵向到底，凡是有职工的地方，都有工会组织的身影。目前全国基层工会组织有280万多个，覆盖基层单位655多万家。这一庞大的组织体系，拥有一般社会组织所不可能具备的规模优势，组织动员基础十分广泛。特别是对于一些非公有制企业，由于党员人数较少或者缺乏，没有条件建立基层党组织，工会组织可以率先建立，并从基层发现一些先进积极分子，向党组织进行推荐，实现党建带工建、工建服务党建，党工共建，促进党的基层组织和工会组织共同健全发展。

3. 制度优势

从宏观层面看，基层以上的工会普遍建立了与政府的联席（联系）会议制度，协调劳动关系三方机制①。从微观层面看，基层工会形成了以职

---

① 三方机制中的“三方四家”指人力资源社会保障部门、总工会、企业家协会/企业家联合会、工商联。

工代表大会为基本形式，以厂务公开制度、职工董事职工监事制度、平等协商集体合同制度为法定形式，以职工民主管理委员会、民主议事会、劳资恳谈会、民主协商会等为补充形式的企业民主管理制度体系。职工代表大会成为公司制企业的公司治理结构的重要组成部分，与企业管理层级相衔接，职工民主管理与企业专业管理深度融合。目前，全国建立职代会（职工大会）制度的基层企事业工会有225万个，覆盖职工2.5亿人；实行厂务公开的基层企事业工会有220万个，覆盖职工2.4亿多人。非公有制企业单独建立职代会制度的有378.6万家，建制率91.8%；单独建立厂务公开制度的达398.7万家，建制率89.4%。①

4. *群众优势*

团结统一的思想基础是国家治理的强大精神支撑。目前全国有4亿多职工、3亿多工会会员，其中农民工会员占一半左右，工会工作具有广泛的群众基础。工会特别是基层工会离职工群众最近，工会就在职工身边，工会干部是职工群众最可信赖的“娘家人”，工会组织是最可信赖的“职工之家”。

5. *资源优势*

国家赋予工会一系列公共资源，这是一般社会组织不可能获得的。即便与党领导的其他21家中央群团组织相比，工会在这方面的优势也是十分明显的。比如，国家通过立法规定企事业单位按照全部职工工资总额的2%向工会拨缴经费；在最好的城市地段，工会拥有一批公益性的工人文化宫；在最佳的风景名胜地区，工会拥有100多家职工和劳模疗休养院；各级政府还用财政资金支持工会对劳模管理服务、对困难职工进行帮扶救助、对外开展各种国际交流活动；明确工会参与劳模的评选表彰，每年“五一”前夕开展五一劳动奖章、奖状以及工人先锋号的评选表彰；等等。这些得天独厚的优势，有力地促进了工会组织在我国国家治理中的作用发挥。

---

① 中华全国总工会：《中国工会年鉴（2019）》，北京：中国工人出版社，2020年。

四、工会推动我国治理体系现代化、全面建设社会主义现代化国家的基本路径

概括起来讲，就是工会要锚定党的领导、人民当家做主、基本经济制度、民生保障、社会治理等领域，积极发挥优势，充分展示作为。

1. 紧扣坚持和完善党的领导制度体系，增强工会接受党的领导的政治自觉

第一，工会要永远保持自觉接受党的领导这一优良传统。自觉接受党的领导，是中国工会的根本政治原则，也是中国工会区别于西方工会的显著标志。我们党成立之初，主要工作就是发动群众。1921 年 7 月 23 日至 31 日，中国共产党第一次全国代表大会通过了《中国共产党纲领》和中国共产党的第一个决议——《关于当前实际工作的决议》，确定党成立后的中心任务是组织工会、教育工人、领导工人运动。该决议共六个部分，其中三个部分是关于工人阶级和工会工作的。第一部分是工人组织，明确“本党的基本任务是成立产业工会”。第三部分是工人学校，“因工人学校是组织产业工会过程中的一个阶段，所以，在一切产业部门均应成立这种学校”“工人学校应逐渐变成工人政党的中心机构”。第四部分是工会组织的研究机构，“研究工人工会以及其他无产阶级组织的情况”①。

第二，工会自觉接受党的领导是具体的而不是抽象的。工会组织不是一般的社会组织，而是政治性很强的组织；工会工作做的是工人阶级群众工作，实质上是政治工作。目前，工会的一项首要政治任务，就是要承担起引导亿万职工群众听党话、跟党走的政治责任，为夯实党执政的阶级基础和群众基础作贡献。党的十九届五中全会明确提出，要发挥工会、共青团、妇联等人民团体作用，把各自联系的群众紧紧凝聚在党的周围。这是工会坚持党的领导在实践中的具体体现。

---

① 中国社会科学院现代史研究室，中国革命博物馆党史研究室选编：《“一大”前后：中国共产党第一次代表大会前后资料选编（一）》，北京：人民出版社，1985 年。

当前，工会“团结带领”的政治任务越来越艰巨，遇到了很大的挑战。从外部环境看，40 多年前，我们还是一个农业大国；40 多年后，我们实现了巨大的发展。如果从世界社会主义 500 年的大视野来看，我们依然处在马克思主义所指明的历史时代，仍然处在劳动关系视角下的“强资本弱劳动”的时代。在这个时代，财富积累快于产出和工资增长，资本越来越强势。皮凯蒂在《21 世纪资本论》中讲到，资本主义的核心矛盾是私人资本收益率（r）大于产出增长率（g）。最富有者不是因为劳动创造了财富，只因为他们本来就富有[①]。从产业发展趋势看，行业越来越细分、服务对象越来越分散、第三产业占比越来越高，这是社会发展进步的表现，但同时也带来了最广泛团结职工与工人队伍组织程度弱化的现实冲突。一些企业去实体化，企业运营由重资产向轻资产转变，传统企业轻资产化改革，将资产持有成本和风险向普通劳动者转移，企业职工随之被大规模剥离；各类网络服务平台等新兴经济组织，更是把实体性资产降至最低。与之相伴，用工去雇佣化，企业与从业者关系由雇佣转向合作，产业工人由“单位人”向“社会人”加速转变。再就是劳动报酬去工资化。劳动者的收入由工资向合作取酬转变。“劳动关系不明晰、建会入会没依据、组织动员无渠道”的劳动者大量涌现。“谁有资格入会？在哪建会？靠什么吸引工人入会？”成为工会团结职工面临的首要难题。从职工自身来看，最广泛团结职工与工人队伍阶层分化也发生了冲突。利益群体日趋多样，劳务派遣、劳务外包、平台用工等新的劳动组织形式迅猛发展，不同职工群体差异巨大，利益冲突加剧。同时，职工利益结构日益复杂，随着职工劳务性收入、经营性收入、投资性收入占比的增加，职工收入不再单一依赖工资。所有这些，给我们的“团结带领”工作带来了巨大压力。直面挑战、迎难而上，坚定地把这项工作扛在肩上，是新时代工会的不二选择。

第三，工会自觉接受党的领导的前提是必须保持工会组织的统一。建党 100 年来，在党的领导下最广泛地把职工组织到工会中来，实现工人阶

---

① ［法］托马斯·皮凯蒂：《21 世纪资本论》，巴曙松等译，北京：中信出版社，2014 年。

级的团结和工会组织的统一，是经历长期曲折的过程逐步实现的，是中国工人阶级的重大斗争成果。高度统一的组织领导体制事关中国工会性质和中国工运事业的发展，中国只有一个工会——中华全国总工会。必须高度警惕敌对势力西化、分化图谋，绝不允许出现“第二工会”“独立工会”。中国工人阶级的团结和工会组织的统一，来之不易，务必倍加珍惜、长期坚持、不断发展。这是工会自觉接受党的领导的应有之义。

第四，工会自觉接受党的领导必须积极承担职工思想政治引领之责。在网络信息化时代，思想政治工作过不了网络关就过不了时代关。网民特别是加入某个“群”之后的网民，其思维轨迹、情绪变化、价值选择、道德判断、语言方式，均会发生重大改变，有的变化甚至是颠覆性的，网上网下判若两人。到互联网上做工会工作，必须重新学习，重新认识以网民形态出现的职工群众，不断创新互联网时代职工群众工作机制。考虑到主流舆论往往是常识、常理，且属于共识，基础性认同已经完成，无须再大面积争取，主旋律最不容易传播，思想政治引领需要遵循科学的方式方法。要有效运用弱传播理论①，通过格式化表达，如国家宣传机器的开动，大型会议的召开等，激活主旋律，使之活跃起来。比如故事传播，电影大片或者微电影、微视频、VLOG（视频博客）等，最有传播能力的人往往是最会讲故事的人；或者是仪式化传播，如“不忘初心、牢记使命”主题教育，仪式化的东西不怕重复，就怕不重复；再就是借势传播，如中美经贸摩擦中我国在美国不断围堵之下展现出坚毅精神，使国民的自主创新意识空前高涨；新冠肺炎疫情使大家守望相助、遵守公共秩序的自觉性迅速提高。

2. 紧扣坚持和完善人民当家做主制度体系，推动全心全意依靠工人阶级方针落地

第一，全心全意依靠工人阶级，这是我们党的一个突出政治优势，也是中国特色社会主义的一个鲜明特点，是确保工人阶级主人翁地位的重要体现。

① 邹振东：《弱传播：舆论世界的哲学》，北京：国家行政学院出版社，2018 年。

推动“依靠方针”落地，一个基本前提就是要知道当今的工人阶级在哪里。当前，制造业越来越不吸引年轻人，越来越多的年轻人宁愿送外卖也不去工厂，未来谁来当工人？据全总的调查发现，三分之一的骑手在送外卖之前，职业身份是产业工人。传统制造业工资待遇低，上海市总工会的调查表明，全市产业工人集聚的第二产业职工社会平均工资较第三产业低约46.7%，较全市职工低约29.4%。两大产业一个比较典型的案例对比是：“饿了么”的全职骑手月均收入在8000元以上，高于富士康工人月平均工资（6000元）[①]。同时，劳动强度大、工作环境差、在传统工厂流水线上机械式工作，束缚与压抑了一些“90后”和“00后”们精神层面的需求，也限制了他们个性的发挥。

在这方面，美国、英国等的前车之鉴应引起我们的警觉。1850—1970年，美国传统制造业集聚地“铁锈八州”[②]，人口从1023万人快速升至7203万人，而1970年后，其人口增速严重放缓。以先进制造业和现代服务业为主的加利福尼亚州、得克萨斯州和佛罗里达州的人口则急剧增加。1970—2017年，“加得佛”三州人口从3794万人增至8883万人，是同期“铁锈八州”人口增量的9倍多。《工业与帝国：英国的现代化历程》研究表明，正是工业革命，将英国正式推向了日不落帝国[③]的全球霸主地位。也正是新的工业革命，将跟不上革命步伐的大英帝国摔下神坛。[④]

现阶段，中国制造不像我们想象的那么强大，西方工业也并没有衰退到完全依赖中国的程度。在全球制造业的四级梯队中，中国位于第三梯队（第一梯队是美国，第二梯队是德国、日本，第四梯队是巴西等），而且在

① 富士康工人在制造业中的收入属于比较高的。

② “铁锈八州”所指的铁锈地带（The Rust Belt）也被称为制造带，是指以制造业为经济支柱的美国东北部底特律、匹兹堡、克利夫兰和芝加哥等大工业城市所在的地区。“锈带”是因明尼苏达的钢铁产业而得名，在20世纪七八十年代，由于该地区工业急剧衰落、工厂大量倒闭、失业率增加而使闲置的设备锈迹斑斑，被人们形象地称为“锈带”。

③ 太阳无论何时都不会在其领土上落下的帝国。历史上一共有两个国家先后被称为日不落帝国，分别是西班牙帝国和大英帝国。

④ ［英］埃里克·霍布斯鲍姆：《工业与帝国：英国的现代化历程》，梅俊杰译，北京：中央编译出版社，2016年。

短时间内这种格局难有根本性改变。如果把世界制造格局比作一个人的话，美国是头脑，日本、德国是心脏，中国是四肢，只是做一些粗活、力气活[①]。我国制造业在转型升级过程之中，但是我们的制造业者（企业家和产业工人）却纷纷开始撤离，长此以往，“产业空心化”无可避免。党的十九届五中全会提出，“坚定不移建设制造强国、质量强国、网络强国、数字中国”[②]。不同于“十三五”规划，“十四五”制造强国在网络强国之前，“十三五”规划的亮点主要在虚拟经济，“十四五”规划的亮点则更倾向于实体经济。习近平总书记反复强调，实体经济是基础，各种制造业不能丢。坚持把发展经济着力点放在实体经济上，保持制造业比重基本稳定，巩固壮大实体经济根基，成了“十四五”时期的重中之重。

第二，全心全意依靠工人阶级不能只当口号喊、当标签贴，要贯彻到党和国家政策制定、工作推进全过程，落实到企业生产经营各方面。

推动党的全心全意依靠工人阶级方针落地，是一项系统工程。从工会承担的角色来看，可以采取“小切口、大纵深”的方式，“大题小做”，久久为功，持续用力。比如，中共中央、国务院印发的《新时期产业工人队伍建设改革方案》就是一个落实“依靠方针”的很好的切入点。在推动这一重要改革方案落地中，中央赋予工会“牵头抓总”的重任。工会应抓住有利契机，从四个维度加以推进。一是政治上保证。在保证工人阶级主人翁地位方面作出一系列制度安排，提高普通职工参政议政代表比例，保障广大职工的政治地位和民主权利。加大在职工中发展党员力度，把技术能手、青年专家、优秀工人吸收到党组织中来。二是制度上落实。加强对劳动就业、收入分配、社会保障、劳动安全卫生等涉及职工切身利益的法律法规政策的制定和修改，从源头上维护和保障职工的合法权益。三是素质上提高。不断提高广大职工的思想政治素质、科学文化素质和技术技能素质，促进他们体面劳动、舒心工作、全面发展。四是权益上维护。突出维

① 国家工业和信息化部原部长苗圩在全国政协十二届常委会第十三次会议上对《中国制造2025》进行的解读。

② 《中国共产党第十九届中央委员会第五次全体会议公报》（2020年10月29日）。

护好职工的就业、技能培训、收入分配、社会保障、安全卫生等权益，着力在思想引领、建功立业、素质提升、地位提高、队伍壮大等方面促进举措落地。

鉴于新时期产业工人队伍建设改革的头绪较多，推进中工会还应联合有关部门，集中力量抓重点环节、关键要素，以点带面，实现突破。当前，最重要也是最需要优先做好的一项工作，就是大力推动落实中共中央办公厅、国务院办公厅《关于提高技术工人待遇的意见》，这也是《新时期产业工人队伍建设改革方案》的一项最重要的配套文件。该意见的基本考量是：突出重点人群、突出重点需求。针对当前技术工人社会地位不高，收入水平偏低，各项保障待遇较弱，职业荣誉感、自豪感、获得感不强等问题，加大政策供给。以高精尖缺人才为导向，努力提升他们的经济待遇，以此带动政治待遇和社会待遇的提升，营造“技术改变命运”的示范效应。促进2亿多技能劳动者成为中等收入群体，我国扩大内需就有一个坚实的基础。

所谓高精尖缺人才，即职工队伍中的高技能领军人才，其范围可界定为“5+1”：一是全国劳动模范，以党中央、国务院名义每五年表彰一次，2500名左右，其中高技能人才占比四分之一左右；二是全国五一劳动奖章获得者，每年“五一”前夕由全国总工会进行评比表彰，700名左右；三是中华技能大奖获得者，中华技能大奖已经表彰了13届，现在是每两年表彰一届，逢双数年表彰；四是全国技术能手，三和四这两项都由人力资源和社会保障部表彰；五是享受省级以上政府特殊津贴人员，国务院政府特殊津贴专家是从20世纪90年代开始评选的，开始时只表彰专业技术人员，2008年作了调整，拿出表彰总额的10%，从5000个名额中拿出500个，专门用于表彰高技能人才。“+1”即省级政府根据本省的产业情况、经济发展情况认定的“高精尖缺”高技能人才。政策的着力点是提高这些高技能领军人才的经济待遇，鼓励企业为高技能领军人才制定职业发展规划和年资（年功）工资制度，合理确定年资起加点和工资级差；试行高技能领军人才年薪制和股权期权激励，鼓励各类企业设立特聘岗位津贴、带徒津贴等，参照高级管理人员标准落实经济待遇；对于参与国家科技计划项目的高技能领军人才，鼓励所在单位根据其在项目中的实际贡献给予绩效奖励；落实中央财政科研项目资金管理政策，对高技能领军人才进行绩效奖励；对于解决重大工艺技术难题和重大质量问题、技术创新成果获得省部级及以上奖项、“师带徒”业绩突出的，取消学历、年限等限制，破格晋升技术等级。在提高产业工人经济待遇的基础上，以此为牵引，带动提高他们的政治待遇和社会待遇。如上海市2020年制定了五类人才可以直接落户的政策，包括高层次人才、重点机构紧缺急需人才、高技能人才、市场化创新创业人才、专门人才和其他特殊人才等。工会应大力总结宣传推广这一做法，形成人人争当高技能人才的良好局面。

3. 紧扣坚持和完善社会主义基本经济制度，组织职工助推经济高质量发展

推动经济高质量发展，是2021年我国全年工作的主题。

首先，工会要大力推动公有制为主体、多种所有制经济共同发展制度。经济增长不会自发实现。在人类250万年的历史中，经济增长的历史只有250年。经济增长在今天被当作常态，250年前经济不增长是常态。同时，经济也并不总是增长的。1995年日本经济规模达到美国规模的71%，而现在仅相当于美国的25%。我国经济的增长，离不开广大工人阶级勤劳的双手。经济发展新常态下，增速放缓了，但对增长的质量要求更高，广大工人阶级同样不能缺席。组织各种所有制职工广泛深入持久开展劳动和技能竞赛，为推动经济高质量发展献计出力，这是工会助推经济高质量发展的切入点。习近平总书记指出，劳动和技能竞赛是工会的传统优势、工作品牌，新时代要注入新内涵。着眼于高质量发展，日本产品的低成本、德国产品的稳定性、美国产品的先进性，应是我们赶超的对象，也是我们开展劳动和技能竞赛对标的目标。

劳动竞赛出英雄，凡是共同劳动都存在竞赛的可能性。马克思讲：“单是社会接触就会引起竞争心和特有的精力振奋，从而提高每一个人的

工作效率。”[①] 习近平总书记指出：“长盛不衰的社会主义劳动竞赛活动，主题始终紧扣时代脉搏、围绕党和国家中心工作展开，领域不断拓宽，内涵不断丰富，方式不断创新，可以说，群众性劳动竞赛活动锻造了劳动模范，而劳动模范的成批涌现推动了劳动竞赛活动不断向深度和广度进军。”工会要组织职工以国家重大战略、重大工程、重大项目、重点产业等为主攻方向，全面参与技术攻关，助推科技创新和进口替代。一方面拉长长板，持续增强高铁、电力装备、新能源、通信设备等领域的全产业链优势，拉紧国际产业链对我国的依存关系；另一方面补齐短板，推动在关系国家安全的领域和节点构建自主可控、安全可靠的国内生产供应体系。

其次，工会要积极推动完善按劳分配为主体、多种分配方式并存制度。按照马克思主义政治经济学的观点，讲基本经济制度，不能只讲所有制，不讲生产关系，只讲所有制是不完整的，还要讲分配方式。党的十九届五中全会提出了到2035年人均国内生产总值达到中等发达国家水平，到了最接近伟大复兴的临门一脚的时候，如果收入差距还是偏大，那么世界上其他国家因贫富差距拉大引发的各种矛盾和问题也会在我国出现。人的发展如果只是无穷无尽地追逐个人利益，最终会反噬自己。2008年，以美国为首的西方世界爆发国际金融危机，是资本侵吞劳动导致全球范围内贫富两极分化的必然结果。2019年以来全球范围内动荡不已：美国洛杉矶爆发大规模教师抗议，3万名教师罢课要求涨薪，数百个城市爆发强烈要求性别平等的“女性大游行”；比利时工会举行大罢工，负责空中交通管制的员工也参与罢工；法国连续十多个周六举行“黄背心”运动；德国八个机场同时罢工，影响22万多名乘客出行，甚至出现效仿法国的“黄背心”活动；印度包括银行业、农业、通信业、公共服务业等10个全国性行业工会组织民众共计2亿人上街参加罢工游行；等等[②]。

我国收入分配也面临很大挑战，劳动创造剩余价值，资本却在很大程度上主导分配。财富占有和收入分配的两极分化，必然带来思想上、政治

---

① 马克思：《资本论》第1卷，北京：人民出版社，2004年。

② 李慎明：《新时代战略机遇期的相关思考》，《马克思主义研究》2019年第10期。

上乃至行为上的两极分化。邓小平晚年反思中国发展：“富裕起来后财富怎样分配”也是“大问题”；“不讲多劳多得，不重视物质利益，对少数先进分子可以，对广大群众不行，一段时间可以，长期不行”。[①]

工资收入是职工最核心的权益。一次分配是工资收入，对最终可支配收入的贡献超过85%。据2020年北大光华思想力课题组测算，我国居民收入分配在国民总收入占比仅为43.3%，远低于发达市场经济国家平均55%的比重，比美国的63%更是低了很多。一线职工工资收入普遍较低且增长缓慢。全总第八次职工队伍状况调查发现，19个行业门类中，城镇单位就业人员平均工资最高行业是最低行业工资的3.59倍。中国收入分配中居于后50%的人口的收入只占总收入的15%，前10%收入群体的人均实际收入是后50%群体的14倍，远高于法国的7倍，略低于美国的18倍。我国欠薪问题的存在，进一步加剧了初次分配的矛盾。在我国一度大行其道的低劳动力成本竞争理论应坚决摒弃，因为按照这一理论的逻辑，财富永远难以分配到一线工人等普通劳动者，两极分化、“群体性差距”[②]的出现就是必然。二次分配是社会保障。社保是再分配手段，并非一次分配的自然延伸，维护公平、缩小差距是其使命。我国碎片化、地区分割的社保制度的再分配功能严重受限。三次分配是慈善事业，我国慈善事业很不发达，慈善组织培育扶持政策配套不足，数量少、规模小，尚处于起步阶段。

认真审视工会参与工资收入分配的主要手段——工资集体协商制度，目前面临种种难题。从外部因素分析，法律支撑不充分，法律位阶较低，集体协商属于选择性条款，刚性不足；劳动定额标准缺乏统一规范，特别是行业劳动定额管理缺位严重，不合理的劳动定额使职工的劳动力价值难以得到公正体现，休息休假权受到侵害；工资指导线、劳动力市场工资指

① 邓小平：《解放思想，实事求是，团结一致向前看》，《邓小平文选》第二卷，北京：人民出版社，1994年。

② 从分配来看，群体性的差距有收入差距、财富差距、消费差距。其背后更深层的东西是群体性的能力鸿沟，就是群体性权利的不平等导致起点的不公平、机会的不公平而累积形成的。

导价位、同行业同类企业职工平均工资水平、当地城镇居民消费价格指数等相关信息的制定和发布，与开展集体协商的要求差距较大。从内部因素看，协商主体不健全，雇主组织的组织体系缺失，工会开展行业性集体协商找不到对手；工会专职集体协商指导员队伍建设缓慢，数量不够，素质更是跟不上；集体合同实效性不强，照搬照抄法规条文情况严重，缺乏具体的细化和量化标准。党的十九届五中全会提出了构建新发展格局，首先要坚持把扩大内需作为战略基点。没有收入，哪来消费，谈何内需？所以构建新发展格局的核心之一，就是要加紧构建合理有序的分配新格局。工会工作的着力点，就是要促进劳动要素按贡献参与分配，提高劳动报酬在一次分配中的比重；促进社会保障制度的完善，扩大社保覆盖面，促进保障水平与经济发展水平相适应；积极参与第三次分配，大力开展帮扶、送温暖活动、职工医疗互助活动等，构筑职工抵御社会风险的又一道防线；推动落实带薪休制度等，促进收入和财富分配格局的改善。

最后，工会要努力推动完善社会主义市场经济体制。重点关注劳动力等要素市场化改革，包括强化就业优先政策，扩大就业容量，完善重点群体就业支持体系，实现更充分更高质量的就业等。在资本创新驱动下，高新技术日新月异，劳动力市场分层、断裂不可避免。工会必须高度关注我国劳动力市场的新变化，并有针对性地加以应对。一是劳动力供给下降。2012 年以来，我国劳动年龄人口数量和比重连续出现双降，每年减少 400 余万人。从 2018 年开始，就业总量开始减少，由 2017 年的 7.76 亿人下降到 2018 年的 7.75 亿人[①]。劳动供给的持续下降在减少就业市场压力的同时，也带来了老龄化下的养老等问题。二是平台型就业发展。平台型就业在推动就业数量扩大的同时，也产生了就业极化与就业质量问题[②]。如《外卖骑手，困在系统里》所揭示的平台算法“压榨”，造成了“全天候工人”和“风雨极速人”，骑手 50 分钟违章 6 次、上海平均每 2.5 天就有

---

① 曾湘泉：《中国就业市场的新变化：机遇、挑战及对策》，《中国经济报告》2020 年第 3 期。

② 曾湘泉：《中国就业市场的新变化：机遇、挑战及对策》，《中国经济报告》2020 年第 3 期。

1 名外卖员伤亡等，这是就业质量下降的具体体现。新就业形态进入门槛低、灵活性和兼职性强，从业者的社保权益普遍缺失。交通运输部职业资格中心调查发现，网约车司机中参加社保的只有 9%，从业者就业质量受到影响。三是结构性矛盾持续。这在就业群体及区域两个层面均有体现。如技术进步产生了新的生产要素和生产工具，提高了生产效率，进而加剧了收入不平等；技术快速变化导致部分人就业困难、部分人忙不过来。忙不过来的人闲暇时间被挤占，影响了劳动力的可持续利用；农民工数量庞大与其受教育程度低、技能水平和职业化程度不高的反差；大学毕业生规模庞大与工作能力缺乏并存；未来劳动力市场对创新型和技能型人才的需求上升，但科技型企业和制造业面临利润率偏低、较难为人才培养提供有效激励的矛盾。此外，还有区域不平衡问题。技术进步倒逼公司采取新的生产组织方式以摆脱空间限制，将进一步导致大公司的垄断和增加大城市对劳动力的吸引力，如当前互联网平台头部企业的垄断问题、东三省青壮年劳动力“孔雀东南飞”，大量流动到珠三角、长三角等地。结构性矛盾持续对就业质量产生十分不利的影响。四是不确定因素加大。中美经贸摩擦、新冠肺炎疫情，两者都来得猛烈并且有向未来延伸的不确定性。其中，最大的不确定性就是中美关系，突出的问题是美国能不能接受一个和平发展的中国、一个日益强大的中国、一个让 14 亿人过上更加美好生活的中国。不确定性因素加大必然带来经济的下行、失业压力的加大。①

4. 紧扣坚持和完善统筹城乡的民生保障制度，助力职工实现对美好生活的向往

工会是广大职工的“娘家人”，最重要的是要念好服务职工“三字经”：“维、生、素”。“维”（维权），就是维护职工的合法权益；“生”（民生），就是关注职工的生产生活；“素”（提素），就是提高职工素质能力。工会研究和观察经济现象，不能仅仅看效率、利润、供需关系和冷冰冰的统计数字，要关注数字背后的成千上万的劳动者的真实生活，“以服

① 曾湘泉：《中国就业市场的新变化：机遇、挑战及对策》，《中国经济报告》2020 年第 3 期。

务群众的实效打动人心、温暖人心、影响人心、赢得人心”[①]。

当中国人吃饱了饭，那么体面就将成为刚需。“十四五”时期，全面建成小康社会后，我国必须加快社会保障步伐，需要加紧完善防止返贫的制度机制。我国社保制度面临许多风险和挑战，工会应代表广大职工积极参与推动社保制度的完善，搞好源头维护。

工会在这方面要做的工作很多，这里仅以民生保障中的养老保障为例。我国正在经历全球规模最大、速度最快、持续时间最长的老龄化过程，制度的可持续发展问题十分突出。2019 年，我国 60 岁及以上人口 2.5 亿，占总人口的 18.1%。65 岁以上人口达 1.76 亿，占总人口的 12%；占世界同年龄组人口的 23.0%，高于我国总人口的世界占比（18.2%）。我国养老保险制度是 20 多年前建立的，当时人口抚养比是5：1，现在已经持续下降到2.8：1。“十四五”末期，我国将进入“中度老龄化”社会[②]，60 岁及以上老年人口规模将达到 3 亿人。我国退休年龄偏低，是在新中国成立初期规定的，那时候人口平均预期寿命是 50 岁，男性法定退休年龄为 60 岁，低于日本（法定 65 岁、实际 69.5 岁）、韩国（61 岁）、英国（65 岁）、美国（66 岁），也低于巴西（65 岁），仅高于印度（58 岁）；女性退休年龄 55 岁，与俄罗斯（55 岁）持平，低于印度（58 岁）[③]。我国男女总体平均退休年龄是 54 岁，低于绝大多数国家，远低于发达国家。但现在，我国人口平均预期寿命是 77.3 岁，与发达国家基本相当。随着人口的老龄化，全国劳动力人口的平均年龄不断上升，由 1985 年的 32.2 岁上升到 2016 年的 36 岁，2019 年又迅速上升到 37.8 岁。[④]

党的十九届五中全会提出要实施渐进式延迟法定退休年龄，这一举措会对职工特别是女职工产生较大影响。工会首先要主动参与制定渐进式延

---

① 习近平：《在全国劳动模范和先进工作者表彰大会上的讲话》，北京：人民出版社，2020 年。

② 中度老龄化社会指的是 65 岁以上人口占比超过 14%，超过 20%为超老龄化社会。

③ 《实施延迟退休需系列政策配合》，《第一财经》社论，2020 年 11 月 30 日。

④ 《渐进式延迟退休确定实施，“女干部”退休年龄或首先调整》，《新京报》，2020 年 11 月 27 日。

迟法定退休年龄方案，坚持按照小步慢走、弹性实施、强化激励的思路，统一规定同自愿选择相结合，小幅逐步调整，以减少职工和社会震动，争取更多支持。同时，要向广大职工讲清楚延迟法定退休年龄的重要性、必要性和紧迫性。

关于参与推动养老保险制度，工会还有一个重要的职责，就是积极参与推动企业年金（补充养老保险）的发展，提高职工的养老待遇水平。对于有条件的企业，国家大力鼓励发展企业年金。《企业年金办法》[①] 对建立企业年金的先决条件有三个：企业职工参加了基本养老保险、企业建立了职代会制度、能够有效开展集体协商，这些都是对工会的直接要求。该办法规定，建立企业年金的企业应当与职工一方通过集体协商确定，并制定企业年金方案。企业年金方案应当提交职工代表大会或者全体职工讨论通过。同时也明确将企业年金受托人规定为企业年金理事会或法人受托机构。企业成立企业年金理事会作为受托人的，企业年金理事会应当由企业和职工代表组成，也可以聘请企业以外的专业人员参加，其中职工代表应不少于三分之一。对于法人受托机构的选择，工会也有很大的发言权。企业年金方案包括参加人员、资金筹集与分配的比例和办法、账户管理、权益归属、基金管理、待遇计发和支付方式、方案的变更和终止、组织管理和监督方式、双方约定的其他事项等，每一项都需要工会代表职工和企业协商确定。此外，企业年金的投资运营等，也需要工会深度参与。

5. 紧扣坚持和完善共建共治共享的社会治理制度，依法做好工会维权维稳工作

法治现代化是国家治理体系和治理能力现代化的承载、平台和核心，没有法治现代化就没有社会主义现代化，法治现代化以国家制度现代化为根本。凡是实现现代化的国家，无不向人类贡献了可资借鉴的现代制度。如荷兰的公司制度、英国的议会民主制度、法国的人权制度、德国的社会保障制度、美国的司法审查制度等。一个国家只有成为制度大国，才是世界公认的强国。历史上中国向世界贡献了中华法系，世界向中国学习了考

---

① 《企业年金办法》（2017 年 12 月 18 日），人社部、财政部令第 36 号。

试制度、文官制度等，但在近现代，中国在这方面落后了，新征程中我们要迎头赶上。推进国家治理体系和治理能力现代化，最终要落实在法治平台上。维权维稳是工会的重要职责和工作内容，工会要顺应时代发展的变化，坚持运用法治思维和法治方式开展工作，大力推动劳动保障法律体系的完善，为工会主动、依法、科学维护职工合法权益提供法治保障。

第一，工会的当务之急就是要努力推动新就业形态用工的劳动立法，切实保障这一劳动关系脆弱群体的合法权益。“拿命换钱”的现象必须被坚决遏制，新就业形态从业者的合法权益不能被忽视、被侵害。对于这些新兴的就业群体，传统的劳动法律法规难免“失灵”，我国可以借鉴德国对劳动者的“三分法”经验，将经济和人格都独立的划分为自雇者、经济和人格都不独立的划分为雇员、经济上有从属性但人格独立的划分为类雇员[①]。新就业形态从业者拥有与雇员类似的社会保护需求，可以在《劳动合同法》中增设“新就业形态用工”的特别规定。《劳动合同法》在第五章分三节分别对集体合同、劳务派遣、非全日制用工作了特别规定。可以在保持《劳动合同法》总体立法框架不变的前提下作一微调，在其特别规定中再增设一节，对新就业形态用工作出特别规定，为这一群体提供一个合理的保护框架。这一群体在劳动权利的享有和保护程度上应强于劳务工而弱于传统标准劳动关系的劳动者，只受劳动法律的部分保护而非全面保护，比如把解雇保护、经济补偿金排除在外，给用工双方留下一定的弹性。

加强对我国新就业形态从业者的劳动权益保障，其重点包括：一是维护收入保障权。各类平台在各自行业领域基本占据垄断地位，具有足够的代表性，而产业（行业、地方）工会与平台企业进行集体协商也具有足够的可行性。要引导平台与劳动者平等协商服务价格、提成比例、劳动报酬，尤其应避免平台可能利用市场优势地位，制定过于苛刻的计费规则，使网约车司机不得不以超长时间的工作任务来实现收入保障。二是完善社

① 德国《劳动法院法》于 1926 年首次在法律上界定了类雇员，即不存在于一种劳动关系之中、代表他人并为他人工作负责的人。

保政策。社保要跟上共享经济的发展。要建立针对平台工作交易特点的特别社保系统，实时掌握平台工作交易，实时按单提取一定比例的费用，用于劳动者的社会保障。三是维护免遭就业歧视的权利。比如，为保障运营安全，在立法的范围内，平台可规定相应的驾驶资质要求，但是不应附加其他的歧视性准入条件。具有经济依赖性（从属性）的司机应当有权适用《就业促进法》第三条关于禁止歧视的规定，以保护自身的就业平等权。四是职业安全与健康权。可以采取社保模式，单独建立职业伤害险；或者由国家出台税收优惠政策，鼓励商业保险公司制定专门针对快递人员的意外伤害险。考虑到这一群体有 300 多万人，按照大数法则，以较低的费率就足以分散风险。平台企业要建立相应的职业安全与健康管理制度，包括在交通高峰期设置派单阈值、驾驶过程中的安全监督义务、建立驾驶时间的监督制度、优化软件功能使之符合安全驾驶操作规范等。五是建立劳动纠纷在线解决机制。在劳动用工信息化管理、无纸化办公的当下，劳动纠纷的证据均可以数据形态保存，并可追踪数据来源，显示数据演变过程。借助劳动仲裁、人民法院之外的网络平台，可最大限度地降低劳动诉讼处理的时间成本和经济成本。六是创新工会组建和工作方法。根据共享经济用工方式和劳动者就业特点，打造“网上工会”，实现网上入会登记、选择服务项目、网上建家，网下属地化确认会员身份、开展维权服务的目标，扫清工会组织覆盖和工作覆盖的障碍与盲区。

第二，要发挥工会紧密联系职工群众的优势，大力开展职工普法宣传。法律发生作用的前提是，全社会首先要信仰法律。习近平总书记深刻指出：“如果一个社会大多数人对法律没有信任感，认为靠法律解决不了问题，还是要靠上访、信访，要靠找门路、托关系，甚至要采取聚众闹事等极端行为，那就不可能建成法治社会。”工会要积极引导广大职工依法理性表达利益诉求，自觉维护职工队伍和社会大局稳定。

第三，依法维护劳动领域政治安全，促进劳动关系和谐稳定。党的十九届五中全会提出，要统筹发展和安全，使安全发展贯穿国家发展各领域和全过程，防范和化解影响我国现代化进程的各种风险，筑牢国家安全屏障。当下我国社会个人主义、机会主义比较盛行，其行为中派生出大量“越轨”行为，极大地增大了社会冲突的概率。当经济增速放缓后，新阶段的安全发展问题会进一步凸显。加之信息技术的发展，新就业形态群体的出现，都呼唤工会积极作为。在新技术、新业态、新模式下出现的新就业形态从业者，比如数量庞大的快递员、网约工、货车司机等，既是劳动关系领域相对弱势的群体，又是容易出现风险矛盾的群体。要通过网上建会、网上维权、网上服务多种方式，最大限度地把他们吸引过来、组织起来、稳固下来，使工会成为他们愿意依靠的组织。但是，这些群体劳动关系难以认定，“像雾像雨又像风”，各方责任难以厘清。不同于传统标准劳动关系、不同于一般的劳务关系、不同于非全日制灵活就业，也不同于一般的社会交往（结社）方式，线下他们是陌生人、高度分散，但在线上却高度集中、极易集聚，可能很方便地形成“非正式组织”，对我国工会组织体制提出挑战，对社会治理提出严峻挑战，需要积极地进行规范。与此同时，我们走出国门的企业日益增多，全国 96 家央企中有 85 家在“一带一路”沿线国家布局，实施了大约 3000 个项目，涉及职工 100 多万人。维护好我国这些海外职工的安全和正当权益，防范境外势力插手其劳动关系问题，也是工会的应有之责。加强全国工会劳动关系监测网络建设，及时发现并有效处置一些诉求不纯粹、手段不合法的事件，已是工会维权维稳的重要工作。

第四，依法重点开展“八大群体”等新就业形态从业者入会工作，夯实工会组织根基。货车司机、快递员、护工护理员、家政服务员、商场信息员、网约送餐员、房产中介员、保安员等“八大群体”，是当前工会入会工作的重点对象，也是一大难点，其对入会条件、入会方式、工会组织形式、经费管理体制、工会工作方式、服务维权能力等方面都带来了挑战。一是对“能否入”的问题。不能囿于有劳动关系或以工资收入为主要生活来源这两个范围限定。事实上，早在 1932 年 4 月 25 日，刘少奇在《苏区阶级工会的会员成份》中就明确提出了工人的概念——卖劳动力换工钱的方算工人。[1] 这些工人的特征与我们现在的网约工、快递员十分相似。一方面，我们可以从立法技术上对“职工”的概念进行解释，即不仅包括具有劳动关系的职工、以工资为主要生活来源的职工，还应包括对用工方具有经济依赖（从属）、以提供自己的劳动力作为生活资料主要来源的职工。坚持“把所有靠给‘别人’做工来取得全部或者部分生活资料的人团结在一起是绝对必要的”。[2] 另一方面，在相关法律短期内难以修改的情况下，借鉴“判例法”的理念，先以文件或个案答复等方式作出安排。二是对“入在哪”的问题，选择一些重点领域探索建立各层级行业工会联合会，可先期推动各地成立货运、快递行业的工会联合会。对这些没有固定工作单位的灵活就业人员，可通过工会联合会直接发展入会。如上海市普陀区推进网络送餐行业工会组建分三步走：第一步，推动“饿了么”平台总部建会；第二步，引导与“饿了么”平台签订合作协议的配送公司建会；第三步，吸收“两非一无”（非正规就业、非标准劳动关系和无单独建会）的送餐员加入街道工会组织。在此基础上，成立上海市普陀区的网络送餐行业工会。三是对“经费保障”问题，全总设立货车司机等群体入会专项资金 500 万元，一些地方总工会也相应跟进，对八大群体入会工作实施项目制，对以覆盖“八大群体”为主的工会联合会进行项目补助。四是对“维权维稳”问题，先服务覆盖再组织覆盖，依靠服务吸引入会。通过工会自建、项目合作、党群共建等方式，推进覆盖货车司机等群体的“司机之家”、户外劳动者驿站、共享职工之家等服务阵地建设。加强对行业内“自组织”有效引导，切实维护职工队伍稳定。截至 2020 年底，全国“八大群体”劳动者入会约 1700 万人。

结　语

在迈向全面建设社会主义现代化国家的新征程中，团结带领广大职工

---

① 刘少奇：《苏区阶级工会的会员成份》，中共中央文献研究室、中央档案馆编，《建党以来重要文献选编（1921～1949）》（第九册），北京：中央文献出版社，2011 年。

② 《列宁、斯大林论工会》，北京：工人出版社，1981 年。

走在时代前列、永立时代潮头，“建功‘十四五’、奋进新征程”，工会责无旁贷，具有其他群团组织和社会组织无可比拟的独特优势。工会要永远保持自觉接受党的领导的优良传统，坚决保持工人阶级的团结和工会组织的统一，团结带领广大职工群众坚定不移听党话、矢志不渝跟党走。大力推动党的全心全意依靠工人阶级方针落地见效，从政治保证、制度落实、素质提高、权益维护等多维度发力，切实增强广大职工当家做主的主人翁责任感和自豪感，不断夯实党执政的阶级基础和群众基础。

经济高质量发展是当前和今后一个时期我国经济社会发展的主题，高质量发展题中应有之义是，就业容量要扩大，就业质量要提高，社保覆盖面要广，统筹层次要提高，待遇水平要适度，工资收入要增长，劳动保护水平要提升，职工队伍要稳定，这些都是工会工作的重要着力点。工会要组织动员广大职工加强智慧众筹，群策群力助推经济高质量发展。积极参与共建共治共享的社会治理制度，防范和化解劳动关系领域各种风险，以职工队伍的稳定促进社会的和谐稳定。尤其要高度关注新就业形态群体，大力推动新就业形态用工的劳动立法，把新就业形态从业者纳入劳动法律保护的框架之中。要创新“八大群体”等新就业形态从业者入会的方式方法，最大限度地把他们组织到工会中来，最大限度地维护好他们的合法权益，最大限度地激发他们的积极性主动性创造性，凝聚起推动新时代党的工运事业和工会工作创新发展的磅礴力量。

On the Role and Function of Trade Union in the New Journey of Building a Socialist Modern Country in an all Round Way

Zhiyong Tao

Abstract: Based on the historical intersection of "two centenary goals", the Fifth Plenary Session of the 19th CPC Central Committee started a new journey of building a socialist modern country in an all-round way. Chinese trade unions shoulder new missions in the new journey. Combined with the practice and exploration of trade union's participation in promoting the modernization of governance system and governance ability, this paper deeply studies and analyzes the role and unique advantages of Chinese trade unions in the new journey of building a socialist modern country in an all-round way, and systematically puts forward the path of trade union work in the new journey, that is, to adhere to and improve the institutional system of the Party's leadership, the people's ownership, the socialist basic economy, and people's livelihood protection. To further enhance the trade union's political consciousness of accepting the Party's leadership, promote the implementation of working-class policies wholeheartedly, organize workers to boost high-quality economic development, help workers realize their yearning for a better life, and do a good job in safeguarding the workers' legitimate rights and interests in accordance with the law.

Key words: New journey; Trade Union; Governance ability; Governance system; Modernization

中国工会基层民主选举的内生性演进：基于珠三角地区的实证分析 *

杨　涛

摘　要： 嵌入党的国家政权建设体系的中国工会，持续存在着基层工会如何密切联系职工群众的基本问题。作为增强基层工会合法性的重要路径之一，民主选举成为解决此问题的重要方案。根据职工参与程度和党政介入程度的差异，中国基层工会选举实践可以分为委派型、指标型、干预型和内生型四种基本类型。其中，近年在珠三角地区部分企业工会持续进行的内生型选举，职工参与程度高，选举过程独立自主，是中国工会基层民主选举发展的典型代表。本文通过案例比较分析发现：在内生型选举过程中，由工人团结驱动的企业工会具有很强的能动性，选举过程充满了对制度规则的灵活运用和经验学习；与选举形式相比，职工参与的竞争程度更能影响选举的民主效果；内生型选举可以实现基层工会组织的渐进式更替，使工会工作方法和经验得以累积，组织建设和制度建设更有延续性；民主实践场域是基层工会内生型选举发生的重要基础。

关键词： 内生型选举　基层工会　能动性　民主实践场域

---

* ［基金项目］本文为国家社科基金青年项目“新技术变革背景下工会参与劳动关系治理研究”（20CSH082）阶段性成果。

［作者简介］杨涛，中共广州市委党校教师。

一、作为增强基层工会合法性的民主选举

中华人民共和国成立初期，经过不断磨合，工会被牢牢嵌入党的国家政权建设体系中，工会运作“新传统”形成——在党的统一领导下，学习、宣传和执行党在各个时期的路线、方针、政策。[①] 这种政治性嵌入使工会成为国家政权建设的重要社会支柱，要求工会必须具备大局意识，在思想上政治上行动上始终与党中央保持高度一致，最终内化为工会工作的基本要求，形成了中国工会的运作特色。政治性嵌入塑造了中国工会身份的复杂性，呈现出“三维与一体”的基本特征。[②] 兼具“政治”“群众”和“社会”三重身份属性的中国工会，需要努力克服不同身份之间的张力与潜在冲突，将党的意志和主张融入具体工作中，最大限度地把职工群众团结在党的周围，使自身成为党的国家政权建设所必需的社会基础的有效构筑者和维护者。然而，无论是“新传统”的有效运行，还是三重身份作用的发挥，工会都需要具有广泛而坚固的职工基础，即工会需要具备强合法性。党的领导和职工认同，是中国工会合法性的两种重要来源。对中国工会来说，党的领导通过政治性嵌入形成了一种自上而下的合法性建构，而职工认同是一种自下而上的合法性赋予。如何有效吸纳整合这两种合法性来源，决定着工会的运作空间与成效。

有研究者指出，中国工会一直存在着脱离职工群众的问题，而中国工会历史上的三次大改革，均是在想办法解决此问题。[③] 其实，包括正在进行的新一轮工会改革在内，旨在解决基层工会脱离职工群众的历次工会改革，实质均是在加强党的领导的前提下，通过提升工会的职工认同来增强基层工会的合法性。在此逻辑下，基层民主选举自然成为中国工会实践和

---

① 杨涛：《镶嵌与磨合：中国工会“特色”的形成》，汪晖、王中忱主编：《区域》（第7辑），北京：社会科学文献出版社，2019年。

② 杨涛：《三维与一体：中国工会“特色”解析》，肖滨主编：《中国政治学年度评论》（2018），北京：商务印书馆，2018年。

③ 游正林：《60年来中国工会的三次大改革》，《社会学研究》2010年第4期。

研究的一个重要议题。工会脱离职工群众或工会的职工认同薄弱的直接表现是基层工会的“软弱”，即部分基层工会不但在日常生产中不能有效代表和维护职工合法权益，而且在处理劳资冲突时不敢站出来为职工维权，甚至拎不清自己的身份角色，站错位。中国工会的政治性嵌入或基层工会脱离职工群众问题，始终吸引着研究者，尤其是海外劳工学者的持续关注，成为他们了解、研究和解释中国工会乃至中国劳动政治的出发点和切入点。

研究者对中国工会脱离职工群众或基层工会“软弱”的形成有着很鲜明的制度功能化分析特征，对“中国工会是什么”的研究和回答往往是研究者分析中国工会的开始。在研究者关于中国工会的多种身份界定中，“政府机构”是最具代表性的界定之一。① 但与一般政府机构不同的是，中国工会要有广泛的职工群众基础，能够在党和职工群众之间发挥“传送带”作用。② 基于“传送带”的基本定位，中国工会需要发挥双重功能：通过自上而下地传达，动员工人为了国家集体利益而劳动生产；通过自下而上地传递，保护工人的权益。③ 然而，在研究者看来，这种功能设定使中国工会在具体实践中常常处于困境之中：当强调代表和维护职工群众利益、想要发挥自下而上的传递作用时，可能会被指责为试图脱离党的领导，④ 甚至中国工会改革的矛盾焦点实质上就是对双重功能或双重角色定位的争论与演变。⑤

因此，有学者提出，兼具国家属性和社团属性的中国工会有着内在的身份矛盾，尤其是改革开放后，双重身份产生了直接的冲突，结果是工会

① Feng Chen, “Union Power in China: Source, Operation, and Constraints,” *Modern China*, vol. 35, no. 6, 2009, pp. 662-689.

② Alex Pravda Blair A. Ruble, “Communist Trade Unions: Varieties of Dualism,” in Alex Pravda and Blair A. Ruble, eds., *Trade Unions in Communist States*, Boston: Allen and Unwin, Inc., 1986, pp. 1-21.

③ Anita Chan, “Revolution or Corporatism? Workers and Trade Unions in Post-Mao China,” *The Australian Journal of Chinese Affairs*, No. 29, 1993, pp. 31-61.

④ Harper Paul, “The Party and the Unions in Communist China,” *The China Quarterly*, vol. 37, 1969, pp. 84-119.

⑤ 徐小洪：《中国工会的双重角色定位》，《人文杂志》2010 年第 6 期。

依据劳资冲突的性质与程度，分别扮演代表、调解和阻止角色，努力在国家与工人之间寻找平衡。[①] 在一些研究者看来，这种制度性的双重身份设置或“二元冲突”，制约了中国工会的工人代表功能和行动力。[②] 但同时，也有研究者观察到，中国工会在国家权力体系中获得了一定的政治地位，能够源头参与相关法律政策制定，成为关键的劳动政策行动者。[③] 基于这种复杂且有张力甚至可能会产生矛盾后果的制度结构与身份，有学者认为，中国工会的力量主要来自行政力量，所处地位越高，影响力或力量就越大。[④] 在这种行政赋权的逻辑下，距离中央的远近决定了各级工会力量的大小，处在国家权力体系末梢的基层工会，往往既不具有强有力的行政力量，又缺乏工人的组织性力量，因而有研究者作出了中国工会“上层强大，底层弱小”的判断。[⑤]

如同对中国工会“有用”还是“没用”的学术争论，基于不同的标准、比较对象或出发点，研究者对中国共产党领导下的中国工会的运作逻辑、作用方式和效果的分析判断经常会出现分歧，甚至观点截然相反。但是，不可否认现实中存在这样的现象：一些基层工会作用发挥的整体效果

---

① Feng Chen, “Between the State and Labour: The Conflict of Chinese Trade Unions' Double Identity in Market Reform,” *The China Quarterly*, No. 176, 2003, pp. 1006-1028.

② Craig R. Littler, Martin Lockett, “The Significance of Trade Unions in China,” *Industrial Relations Journal*, vol. 14, no. 4, 1983, pp. 31-42; Anita Chan, “Revolution or Corporatism? Workers and Trade Unions in Post-Mao China,” *The Australian Journal of Chinese Affairs*, No. 29, 1993, pp. 31-61; Gordon White, Jude Howell and Xiaoyuan Shang, In Search of Civil Society: *Market Reform and Social Change in Contemporary China*, New York: Oxford University Press, 1996, pp. 39-68; 姜凯文:《工会与党—国家的冲突：八十年代以来的中国工会改革》,《香港社会科学学报》1996 年第 8 期；张允美：《理顺与冲突：中国工会与党—国家的关系》,《二十一世纪》（网络版）2003 年 9 月。

③ 岳经纶:《中国劳动政策：市场化与全球化的视野》，北京：社会科学文献出版社，2007 年；岳经纶:《中华全国总工会：一个关键的劳动政策行动者》，［德］鲁道夫·特劳普-梅茨、岳经纶:《中国产业民主：兼论德国、韩国与越南》，北京：中国社会科学出版社，2012 年。

④ Feng Chen, “Union Power in China: Source, Operation, and Constraints,” *Modern China*, vol. 35, no. 6, 2009, pp. 662-689.

⑤ Eli Friedman, *Insurgency Trap--Labor Politicis in Postsocialist China*, New York: Cornell University Press, 2014.

与高会员入会率、高工会组建率存在一定反差，一方面基层组织数和会员人数不断增加，另一方面又会发生工人因合法权益得不到工会保护而“抛弃”或反对基层工会的冲突事件，甚至在社会中存在着“中国工会只是‘福利工会’（例如发过节慰问品、组织文娱活动）”等片面认识。产生这些现象的具体原因各异，但至少在源头上都与基层工会的组建方式有着密切联系。

对于政治性嵌入国家政权建设体系的中国工会来说，建立基层工会组织不仅是要代表和保护工人合法权益，也是为了要“占领阵地”，“如果在应该建立工会的地方，我们不去建立，别人就要去建立”，[①] 基层被视为多方力量的“争夺地带”。[②] 在占领阵地的思维下，建会成为一种政治任务，出于效率的考虑，出现了通过行政命令、层层下达指标来建会的现象。一些地区在完成指标或提高工会组建率的压力下，采用“先组建，后规范”的策略来克服建会困难，地方工会“求人建会”的现象时有发生，[③] 甚至有的地方工会把企业老板作为发动组建工会的对象。[④] 由于缺乏工人的有效参与，有的地方工会所采用的指标建会方式弱化了工人通过选举对工会的赋权，导致基层工会组织数量并不能如实反映工人的组织化程度和工人团结程度。但是，不同层级的工会有着不同的运作策略与行动，不同地方工会的具体运作方式和效果不尽相同，因此，相同的建会方式也会产生不同的工会运作结果。例如，自上而下的建会方式产生了“蛇口模式”“宝安模式”等有效运作的地方工会模式。工会体制和组织的“统一性”与具体运作的“多元化”，说明中国工会被嵌入国家政权体系后，仍然存在运作空间，并且在特定条件下，会激发工会积极利用和拓展运作空间而有所

① 尉健行：《尉健行谈工会工作》（上），北京：中国工人出版社，2015 年。

② 汪建华、石文博：《争夺的地带：劳工团结、制度空间与代工厂企业工会转型》，《青年研究》2014 年第 1 期。

③ 冯同庆：《中国工人的命运：工会民主选举与工人公民权利的衍生》，北京：中国社会科学出版社，2009 年。

④ 陈伟光：《忧与思：三十年工会工作感悟》，北京：中国社会科学出版社，2012 年。

作为的能动性，例如广州工会维权作用的发挥[①]。对于基层工会来说，民主选举是这个“特定条件”的重要内容之一。

改革开放后，国家从企业具体管理事务中的撤离，再加上大量非公有制企业的出现和快速发展，导致中国工会的运作空间被重构，原来的党和国家、工人二元空间发展为由党和国家、工人、资本组成的三维空间。[②]中国工会在三维空间中有效运作，意味着基层工会要从坚持党的领导，获得普遍的工人认同，拓展到还要学会和资本打交道。通过民主选举提高基层工会的代表性，成为中国工会赢得职工信任，增强合法性的重要路径之一。[③] 在实践中，直接选举成为一些基层工会实现有效运作的探索路径。1984 年，吉林省梨树县用不设候选人的直选来解决国企工会的“生存”危机。[④] 后来，基层工会直选在一些地方的民营企业和外资企业等非公有制企业中被不断实践，成为维护职工合法权益的重要途径，被认为是中国工会改革的方向，是中国基层民主政治的新发展[⑤]，逐渐成为基层民主选举的一种重要形式。例如，2005 年湖北省总工会制定了《关于加强基层工会主席直接选举工作的意见》和《湖北省基层工会主席直接选举试行办法》，并在 100 个基层工会试点进行工会主席直选。[⑥] 又如，2010 年后，在工人越来越激进的行动主义、国家自上而下的社会建设要求和广东产业转型政

① 杨涛：《中国工会功能角色再审视：基于“广州经验”的探讨》，《岭南学刊》2016 年第 2 期。

② 杨涛：《三维与一体：中国工会“特色”解析》，肖滨主编：《中国政治学年度评论》（2018），北京：商务印书馆，2018 年。

③ 杨涛：《化解劳资冲突过程的微观分析：来自基层工会的比较》，《中国人力资源开发》2016 年第 7 期。

④ 庄会宁：《从职工“直选”工会主席做起：吉林省梨树县工会改革追踪》，《瞭望新闻周刊》1998 年第 35 期。

⑤ 王金红：《工会改革与中国基层民主的新发展：非公有制企业工会直选的案例分析》，《华南师范大学学报》2004 年第 5 期；陈剩勇、吴魏、陈燕：《工会直接选举：中国地方民主的新发展——以浙江省的余杭、余姚、温岭为个案》，《浙江社会科学》2004 年第 1 期；陈剩勇、张明：《中国地方工会改革与基层工会直选》，《学术界》2004 年第 6 期。

⑥ 转引自冯同庆：《中国工人的命运：工会民主选举与工人公民权利的衍生》，北京：中国社会科学出版社，2009 年。

策的共同推动下，[①] 直选成为基层工会获取工人认同、加强合法性的重要途径，在广东被大力推广，[②] 期望实现“把权力交给工人”。[③]

无论是在具体实践中，还是在理论分析中，民主选举都被寄予厚望，尤其是直选，成为解决工会脱离职工群众、增强基层工会合法性的重要方案之一。然而，工会民主选举方案产生效果的发生过程和作用机制等却并不清晰，民主选举或直选如何发挥作用仍然需要更加细致的观察与分析。本文通过比较分析近年在珠三角地区出现的由工人主导的企业工会选举案例，尝试揭示通过民主选举增强基层工会力量和基层工会合法性的发生过程、机制与基础。

二、研究对象的选取与简介

（一）案例选择与资料获取

本文的研究对象是珠三角地区的汽配企业工会。笔者从 2012 年开始进行持续的田野调查，通过问卷调查、访谈、座谈会和参与工会活动等，积累了较丰富的一手资料，并亲身感受到研究对象的发展变化。2010 年夏季，珠三角地区发生了影响较大的“停工潮”，而本文的研究对象正是此次“停工潮”的参与者或亲历者。此后，这些企业工会均发生了不同程度的转变，一些重要的劳动关系调节制度（如工资集体协商制度）被激活，企业劳动关系进入新发展阶段。从这方面来说，本文属于对“后停工时期”企业工会运作和劳动关系发展状况的追踪研究，具体关注企业工会选举的演进。

---

① 闻效仪：《工会直选：广东实践的经验与教训》，《开放时代》2014 年第 5 期。

② 闵杰：《民选工会的理光经验》，《中国新闻周刊》2012 年第 2 期；吴俊：《深圳推进企业工会主席直选今年有望在 163 家企业启动》，新华网，2012 年。

③ 中国工人编辑部：《把权力交给工人：深圳市总工会副主席王同信专访》，《中国工人》2013 年第 5 期。

2012年至今，随着工会委员会到期换届或个别工会主席提前离任，笔者经历了每家企业多位工会主席更替。笔者多次受邀参加企业工会委员会换届选举大会，经历了多家企业新一届工会委员会投票选举过程。在这个过程中，笔者收集了与换届选举相关的一手资料，比如新一届工会委员会换届选举办法、上一届工会主席的工作总结报告、新一届工会委员会委员候选人“竞选演说”，以及投票大会中的会员发言等。除此之外，笔者在换届选举大会举行的当天或之后，还对企业工会的上一届工会主席、新一届工会主席和工会委员会委员进行了访谈。

工人对工会选举的基本看法，除了在投票现场通过与会员交谈获取外，主要依据笔者在2013年夏季进行的工人问卷调查和工人访谈，其中多个问题与选举直接相关。基于此次调查结果中工人对工会工作的整体评价以及田野调查发现，笔者在12家企业工会中挑选出8家运作良好的企业工会进行重点跟踪调查，本文分析的A企业工会和E企业工会均来自其中。本文之所以选取A企业工会委员会2013年换届选举和E企业工会委员会2014年换届选举进行分析，主要是因为这两次选举分别是两家企业工会委员会2010以来的第二次换届选举，表现出较强的民主化操作延续性和稳定性，是两家企业工会委员会换届选举民主化持续发展、承前启后的重要节点。但同时，两家企业工会委员会换届选举又存在具体差异，A企业工会换届选举采用直接选举，E企业工会换届选举采用间接选举，这种差异构成了比较分析的重要基础。

（二）案例简介

汽车及零部件制造是广州G区四大支柱产业集群之一。A企业和E企业均坐落于广州G区，都属于日本独资企业，生产汽车零配件，产品客户主要是中日合资汽车品牌。2010年夏季发生的以汽车产业工人为主体的“停工潮”影响了珠三角地区较多制造业企业，广州G区包括汽车制造企业在内的多家企业工人进行了集体停工，是“工潮重灾区”（时任G区总工会主席访谈，编号：I-Z-1407）。2010年，A和E两家企业的工人发生停工的主要诉求是涨工资。2010 年之前，两家企业在区总工会的推动下通过选举成立了工会，工会主席均为企业行政管理人员。2011 年 7 月，广州 G 区成立六大行业工会联合会，其中包括汽车配件用品行业工会联合会（以下简称汽配工联会），以日系汽配企业为主，A 企业工会和 E 企业工会都是成员单位。G 区汽配工联会每月召开一次例会，讨论近期各企业工会遇到的问题或分享经验，由成员单位轮流负责召集和组织。至今，此例会制度仍然在坚持运行，已经成为各企业工会共享信息、分享经验和相互学习的重要渠道。① 值得一提的是，汽配工联会是广州 G 区六大行业工会联合会中唯一一个仍在发挥实际作用的行业工联会。

A 企业建于 2003 年，第一届工会委员会成立于 2007 年 12 月，2013 年 12 月进行了第三届工会委员会换届选举，当时有会员 330 人。截至此次工会换届选举，工会委员会委员均为兼职，无专职工会干事。A 企业第三届工会委员会由全体会员经过两轮投票直接选举产生：第一轮预选在全体会员中投票产生候选人，第二轮投票后得票数最多的前两位候选人依次当选为工会主席和副主席（见图 1）。

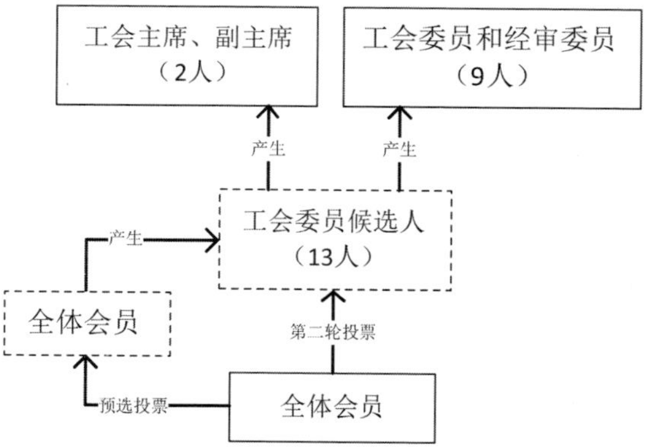

图 1　A 企业工会委员会换届选举程序

E 企业建于 2001 年，第一届工会委员会成立于 2003 年 10 月，2014 年

① 杨涛：《基层工会有效运作经验探析：对广州 G 区汽配企业工会的考察》，《中国劳动关系学院学报》2016 年第 5 期。

10月进行了第四届工会委员会换届选举，当时有会员1423人。自工会委员会成立以来，E企业工会主席和工会委员会委员均为兼职，有一名专职工会干事。E企业第四届工会委员会采用间接选举方式产生，差额设置候选人，由会员代表投票产生新一届工会委员会，然后新一届工会委员会再投票产生新一届工会委员会主席和副主席（见图2）。

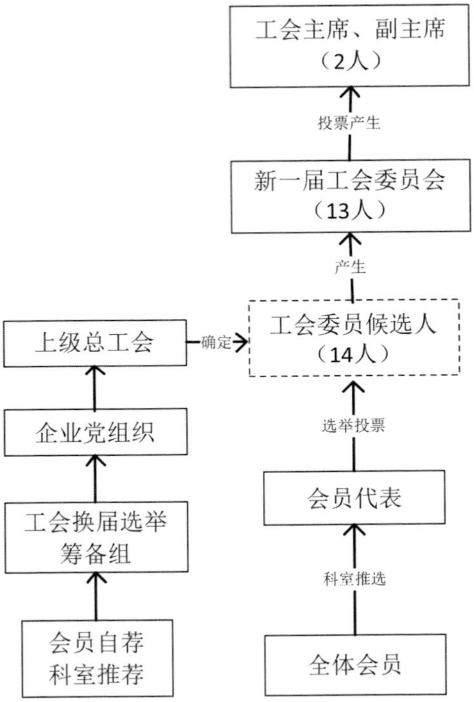

图2　E企业工会委员会换届选举程序

三、基层工会选举的研究进程与多元实践

在中国，无论是村委会选举、居委会选举，还是企业工会选举，基层民主选举从来都不是一件简单的事。对中国基层工会选举而言，民主选举不仅是基层工会的合法性来源问题，还关乎国家政权基础稳定这一根本问题，基层工会选举天然具有较强的政治关联性。正是这种政治关联性，增加了基层工会选举民主化的复杂性。如学者所指出的，在选举问题上，常

常有不选举不能体现民主，搞选举又会出现失控、混乱的“选举困局”，工会选举经常陷入“治乱循环”。[①] 也正是这种复杂性，以及其中蕴含的工人、工会、企业和党政之间的政治张力，使中国基层工会选举吸引了国内外研究者的关注。

（一）基层工会选举研究的缓慢发展

国内关于基层工会选举比较有代表性的研究大致可以分为两类：一类是劳工学者的研究，将基层工会选举放在工人发展或劳动关系发展脉络中进行分析和讨论；另一类是政治学者的研究，像对待村委会或居委会选举一样，将基层工会选举放在中国基层民主发展脉络中进行分析和讨论。国内劳工学者对基层工会选举的研究，对基层工会直选进行了重要的基础性分析与讨论。其中，冯同庆对中国基层工会民主选举进行过持续的调查和研究。2004—2005 年，冯同庆和石秀印等学者组织参与了“工会基层直接选举调查”，在广东省、浙江省和福建省开展田野调查，提出了“工会基层直接选举是中国工会改革的一个重要‘突破口’”“工会基层直接选举主要通过地区层面加以推动，自上而下地进行”“工人工会意识的形成和发育是工会基层直接选举最有意义的成果”等基本观点。[②] 在后来出版的专著中，冯同庆详细地讨论了中国工会民主选举的发展及其深远影响和意义。通过对福建 SD 公司工会发展的多年观察，冯同庆认为 SD 公司工会民主选举没有陷入“治乱循环”，原因是：台商企业出现了民主选举工会的需要；工会民主选举由于基层的推动而深化且安全性提高；选举中“会员权利”向公民属性的转变从根本上成就了民主与避乱的兼得。[③] 在一篇关于基层工会主席直接选举的理论文章中，吴亚平对工会直选的基本问题进

---

① 冯同庆：《中国工人的命运：工会民主选举与工人公民权利的衍生》，北京：中国社会科学出版社，2009 年。

② 冯同庆、石秀印：《工会基层直接选举调查及其思考》，《工会理论研究》2005 年第 4 期。

③ 冯同庆：《中国工人的命运：工会民主选举与工人公民权利的衍生》，北京：中国社会科学出版社，2009 年。

行了分析，厘清了“何谓直接选举”“工会主席由谁选举”“工会主席候选人如何产生”等关键概念，并提出工会主席直选是工会组织实现民主化、群众化的重要措施之一。[①] 闻效仪关于广东工会直选的研究，在工会研究领域产生了广泛影响，是近年国内学者关于中国基层工会民主选举的重要研究。不同于既有研究认为中国工会直选的推动力量要么来自工人行动，要么来自政治环境的转变，闻效仪认为广东工会直选是由这两种力量共同推动的结果，同时还有广东产业转型政策的作用，其还进一步指出工会直选能够促进集体协商的发展和工会工作作风的改进，但也存在过多依赖资方、工人群体成熟度不高、政府惯性思维和上级工会态度模糊等发展障碍。[②]

与劳工学者多基于长期田野调查的分析相比，从中国基层民主发展视角出发对工会直选的研究侧重于以案例为基础的理论演绎，其中，直选往往被视作“新”的政治民主发展现象，王金红、陈剩勇等人的研究具有一定代表性。王金红将2003年在国内多个地方发生的非公有制企业工会直选案例划分为三种类型：劳资协商型、政府主导型和外力推动型，认为这些新型工会和直选工会领导人的出现是工人权利意识觉醒、组织能力增强的产物。[③] 作为在相似论述逻辑下的更深入讨论，陈剩勇等人基于对浙江省民营企业工会直选多个个案的分析，提出直选提高了工会的合法性，强化了工会的代表性，增强了工会领导人的责任感，同时逐渐培养和熏陶了打工阶层的参与意识和民主精神。[④]

海外劳工学者对中国基层工会选举的研究往往建立在对中国工会的总体研究基础之上，尤其多通过基层工会选举来分析工会与党和国家的关

---

① 吴亚平：《关于基层工会主席直接选举的几个问题》，《工会理论研究》2008年第2期。

② 闻效仪：《工会直选：广东实践的经验与教训》，《开放时代》2014年第5期。

③ 王金红：《工会改革与中国基层民主的新发展：非公有制企业工会直选的案例分析》，《华南师范大学学报》2004年第5期

④ 陈剩勇、吴魏、陈燕：《工会直接选举：中国地方民主的新发展——以浙江省的余杭、余姚、温岭为个案》，《浙江社会科学》2004年第1期；陈剩勇、张明：《中国地方工会改革与基层工会直选》，《学术界》2004年第6期。

系。陈佩华长期关注和研究中国工会，提出过学术影响较大的概念或分析框架。[①] 通过分析2001年和2002年由企业社会责任（CSR）推动发生的两家制鞋代工企业工会民主选举的过程及后来运行情况，陈佩华认为，通过产业链的跨国公司和供应商关系作用出现的民主选举，能够为企业工会的正常运转提供帮助，但在与资方开展集体谈判，为工人争取工资等方面，当外部的支持减弱或有限时，由民主选举产生的企业工会可能会出现运作困难。[②] 与陈佩华关于中国基层工会选举的研究相比，郝秋笛更注重从工会改革及其所处的各种制度环境等来分析中国基层工会选举的民主发展。她认为，政治的、制度的和结构的因素共同作用制约或限制了基层工会直选发展。例如，对外部势力的担忧、工会主席享受的福利待遇级别规定，以及保证地方发展优先的工会、政府和企业之间的结构性关系等。[③] 尽管后来郝秋笛认识到自己之前所分析到的部分因素已经发生变化，但她仍然从制度和结构的角度来分析中国工会基层民主选举。[④] 此外，2010年之后，陆续有青年一代海外劳工学者或英文文献从工人集体行动出发，分析中国基层工会选举的问题，但整体来看，由于田野调查不充分或调查对象的选择性偏差，研究深度没有超越原有研究，且存在受意识形态或认识偏见的影响而结论先行的嫌疑。

综合比较国内外学者关于中国工会基层民主选举的研究，至少可以发现两点不足：一是无论是注重本土经验挖掘的国内劳工学者的研究，还是习惯从工会与党和国家关系出发具有较强批判意识的海外劳工学者的研

① 例如提出了中国工会研究或劳动政治研究的“统合主义/组合主义”（Corporatism）分析，参见 Anita Chan，“Revolution or Corporatism? Workers and Trade Unions in Post-Mao China，” *The Australian Journal of Chinese Affairs*，No. 29，1993，pp. 31-61.

② Anita Chan，“Challenges and Possibilities for Democratic Grassroots Union Elections in China：A Case Study of Two Factory-Level Elections and Their Aftermath，” *Labor Studies Journal*，vol. 34，No. 3，2009，pp. 293-317.

③ Jude Howell，“All-China Federation of Trades Unions beyond reform? The slow march of direct elections，” *The China Quarterly*，vol. 196，2008，pp. 845-863.

④ Jude Howell：《中国工会改革面临的挑战：工会干部直选及其经验教训》，赵明华、赵炜、范璐璐：《中国劳动者维权问题研究：中国工会法60年与劳动法15年》，北京：社会科学文献出版社，2011年。

究，当前关于中国工会民主选举的重要研究，几乎都还停留在过去的讨论范式中，而中国基层工会民主选举实践却在不断发展，可以说，当前的理论研究或学术研究已经滞后于实践，或者说学术研究的反应迟滞了；与此相关的第二点不足是，从研究进程来看，与村委会选举等基层民主选举研究相比，多数中国工会选举研究还处于主要从制度结构层面讨论民主选举效果的初级阶段，更常见于海外学者的研究中，而选举过程的复杂性和选举结果的不确定性等现象，及其对中国工会民主选举发展的价值和意义，还没有引起学者的足够重视。中国基层工会选举的多元化实践需要更加细致全面地观察和研究，中国工会民主选举研究的“想象力”需要被激发。

（二）实践中的基层工会选举类型

为了破解选举困局或治乱循环，基层工会选举实践在强调要进行民主选举的同时，还在制度上设定了一些党政介入程序。比如委员候选人强调酝酿协商、自下而上产生等，但需要经过“建议名单”和“审查同意”程序。[①] 这种介入既有政治方面的考量，也有实践经验教训的吸取，是基层工会选举“民主集中制”的重要组成内容。“上级工会一般不会担心基层工会民主选举会失控……主要担心（民主选举）造成基层工会陷入混乱，不利于发挥工会的应有作用，不利于构建和谐劳动关系。”（原广东省总工会领导访谈，编号：E-K-1801）党政介入体现了政治环境对工会民主选举的影响和作用的一面，[②] 引发了研究者对中国工会基层民主选举的民主程度的分析。例如，有研究者认为，由工人推动的基层工会直接选举，在党和国家、上级工会、资本和工人的共同作用下，实际上是“非直接

① 徐小洪、陈乐洋：《工会主席直接选举的现实与有关规定比较分析：以南方某市为例》，《北京市工会干部学院学报》2005 年第 4 期。

② Jude Howell, “All-China Federation of Trades Unions beyond reform? The slow march of direct elections,” *The China Quarterly*, vol. 196, 2008, pp. 845-863.

的”。①

同时强调职工参与和党政介入是中国基层工会选举的基本特征。以这两个特征为划分维度，可以将实践中的中国基层工会选举分为四种基本类型（见图3），不同类型的选举实践包含的推动力量、主导者或职工权利意识等不同。

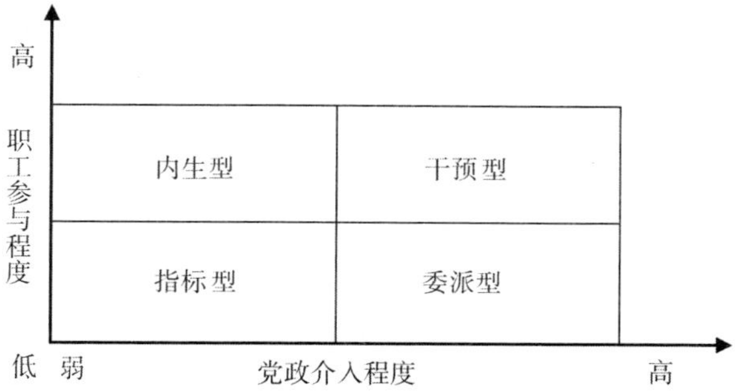

图3　中国基层工会选举的基本类型

委派型选举是中国基层工会选举实践中的一种常见形式，多见于国有企业中。一般情况下，因为由党委或上级工会提名的候选人最后均能够顺利当选，所以在此类选举中，职工的参与程度或主动性不高。此外，由于国有企业生产经营较规范，保护职工合法权益的各项制度能够有效发挥作用，所以职工选举工会主席和工会委员会委员的意愿并不强烈，职工通常也不会要求工会代表自己维权，工会的实际功能是提供服务。除了国有企业外，各级党政机关、事业单位工会的选举也属于此类选举。但是，由于工会主席具有行政级别，且嵌入在党政或单位管理层的权力体系内，具有一定政治地位和决策权，所以此类选举隐含着较强的党政介入动机和可能。

指标型选举是指上级工会为了较快完成建会指标或任务而推动的工会

① Elaine Sio-ieng Hui, Chris King-chi Chan, “Beyond the Union-Centred Approach: A Critical Evaluation of Recent Trade Union Elections in China,” *British Journal of Industrial Relations*, vol. 53, no. 3, 2014, pp. 601-627.

选举，是中国工会自上而下建立基层组织的方式之一。此类选举的主要动力来自上级工会，尽管职工参与积极性有限，但选举操作过程往往较规范，具有很强的程序化特征，在一定程度上赋予了基层工会程序合法性。因为能够按照法律制度规定进行，所以指标型选举过程中的党政介入较少，表现出一定的运行自主性。但是，由于这一选举类型中职工主动性有限，所以在一些资本强势的企业中，容易发生企业行政方干预甚至操控选举的现象，破坏指标建会的程序合法性。

干预型选举主要是指由企业、工人和上级工会及党政之外的力量推动的工会选举，主要表现为国际劳工运动等外部力量干预基层工会选举进程。一般来说，国际劳工运动对基层工会选举的干预，通常直接向资方施压来促使其遵守中国各项劳动制度，并不直接影响基层工会民主选举，但该推动力量持续性不强，而且发生频率较低。典型表现是前文提到的诸多学者所关注的企业社会责任运动对基层工会选举的影响。

内生型选举是指由工人推动和主导的工会选举，常见于工人具有较强主体意识、权利意识和行动意识的企业中。内生型选举发生空间的形成是由于党政力量从具体企业管理事务中撤离和非公有制企业的发展，工会作为企业内代表和维护工人合法利益的组织，在企业劳资关系中主体地位的确定。内生型选举发生的工人基础是工人对工会是自己合法权益的代表者和维护者的清晰认知和认可，以及工人有着要通过民主选举产生属于自己的组织的强烈意愿和较高行动力。因此，在内生型选举过程中，职工参与程度较高，选举过程和投票行为均按照规章制度进行，来自上级工会或党政力量的政治介入程度较低。

相对其他三种选举类型来说，内生型选举更加符合民主选举的基本要求——职工权利意识强、职工参与程度高、党政介入程度低、选举过程相对独立自主。内生型选举在现行制度体系内进行，所产生的工会具有较高合法性，是一种较理想的基层工会选举类型。对内生型选举进行分析无疑具有重要的理论意义和现实意义，本文选取的两个案例均属于此种类型。

四、内生型选举的运作过程与机制：案例比较

（一）上级指导与独立自主

为保障基层工会组建和换届选举工作顺利进行，通常地方工会都会根据现行法律法规制作简单易懂的具体指引文本，并进行指导。例如，广州G区总工会制作了《基层工会组建指引》和《基层工会换届指引》。广州G区总工会对汽配企业工会换届选举的指导主要体现在讲解制度规定和经验介绍两个方面。在得知有几家汽配企业工会开始筹备换届选举工作后，G区总工会基层组织建设部门负责人JG在汽配工联会例会上详细介绍了关于换届选举的前期准备、投票大会和事后报备等方面的制度规定，包括选举流程设计、会员代表名额的确立、工会委员会委员名额的确立，以及选举过程中需要特别注意的事项等。除此之外，JG还对即将举行换届选举的企业工会主席进行单独指导，主要介绍新一届工会委员会委员和会员代表的人数如何确定。对于间接选举来说，确定会员代表名额是企业工会换届选举的基础，可以直接决定哪个部门的候选人能够进入新一届工会委员会，甚至可以影响工会主席的产生。

尽管法律法规已经规定了代表名额的比例和范围，但对于第一次组织换届选举工作的基层工会主席来说，还需要掌握一些具体操作经验。JG介绍了选举过程中关键环节的一些“传统”做法，例如对候选人产生方式的介绍：

我认为（候选人的产生）比较传统和合理的方式是按照会员比例产生候选人。按照规定，候选人差额应为10%～15%，我不主张差额太多，否则到时候有很多人过不了半数票，选票不宜太分散。按照会员的比例确定候选人，然后由部门推荐，也可以自荐、联名推荐、筹备小组提名，但必须进行公示，说明基于什么考虑而推荐。这些方法都是可以的。（JG的发言。G区汽配工联会会议记录，编号：F-1409）

尽管有上级工会的指导，但法律制度的具体执行带有很强的主观性，企业工会主席往往会根据本企业的实际情况和自己的亲身经历做出调整，选举过程中的诸多环节表现出一定的独立性和自主性。例如，如果按照规定，汽配工联会 G 企业工会会员代表的比例应该占总会员数的 6%～10%，但在实际操作中，G 企业的会员代表比例并未达到 6%的下限要求。之所以如此操作，企业工会主席的解释是：

我们的做法是大概 2000 人的企业，代表是 110 多（人），比例大概是 5.8%。建议不要（设置）太多（会员代表），太多就会乱。乱成什么样子呢？我很清楚记得有一次开会员代表大会，有一个人“捣乱”，结果全部（代表）一边倒，很难控制场面。（G 企业工会主席的发言。G 区汽配工联会会议记录，编号：F-1409）

基层工会在选举过程中的独立性和自主性还体现在确定选举形式方面。尽管在实践中，间接选举是基层工会选举的常见形式，[①] 但是在选举筹备阶段，仍然需要首先确定选举形式是采用直接选举还是间接选举。一般来说，采用间接选举而非直接选举的原因主要有两点：便于实践操作和选出“合适”的人。而这两点也是 JG 建议企业工会采用间接选举“传统”方式的原因：

比较传统的、比较好把握的还是按部门、按比例推荐（候选人），这样人员的分布会比较合理一点，工会工作好开展一些。要是海选的话，可能这个部门有很多候选人，而那个部门一个（候选人）都没有……全总现在推行工会主席直选，但在实际操作中还要看是什么企业，具体看企业的会员数、规模、职工的整体素质等。（JG 的发言。G 区汽配工联会会议记录，编号：F-1409）

尽管上级工会极力建议采用会员代表间接选举的形式，但最终采用哪种形式由负责换届筹备工作的上届工会委员会决定，报上级工会批准后实

① 在中国劳动关系学院关于基层工会主席的一项调查中，工会主席由选举产生的比例占 51.5%，在这其中，工会主席由直选产生的比例为 17.9%。参见吴亚平：《关于工会主席直接选举的几个问题》，《工会理论研究》2008 年第 2 期。

施，其中，上届工会主席具有较大话语权。对采用哪种选举形式，A 企业工会和 E 企业工会作出了不同选择。E 企业工会主席认为，间接选举可以保证选出的工会主席“不偏激”“不像愤青”，同时还可以在最短的时间内完成换届选举投票。① 与 E 企业由工会主席建议、委员会讨论决定采用哪种选举形式不同，A 企业工会主席将决定权交给全体会员。在筹备换届选举工作期间，A 企业工会对全体会员做了一次问卷调查，其中在工会工作方面设置了关于下一届工会委员会选举采用何种方式的问题，调查结果是，89%的会员认为应该采用“由全体会员依法通过无记名投票直接选举”。② 根据大多数会员的意见，A 企业工会委员会换届选举采用直选方式，而且不设候选人。这在 A 企业工会主席看来更“民主”。

我们根据调查的结果，召开全体会员大会选举，不提名候选人。不提名的原因是我们要保障《宪法》《工会法》《中国工会章程》规定的每一位会员都有被选举的权利，这样更加民主。（A 企业工会主席的发言。企业工会主席座谈会，编号：D-1507）

通过以上分析，我们可以看出，G 区总工会对企业工会换届选举的指导，主要是对基本制度规定的普及和经验介绍，在整个指导过程中没有强制性，A 企业工会和 E 企业工会可以独立自主做出最终决定。

（二）设计选票：规则与经验

对民主选举而言，选票的设计和填写规则会对选举结果产生重要影响，甚至能决定选举结果。在国内选举研究中，村委会选票吸引了一些学者的关注和分析。例如，有学者讨论了不同类型选票的适应性问题，③ 有

---

① E 企业工会主席很注重在短时间内完成换届选举投票。为了把对会员代表的正常工作和休息的影响降到最低，E 企业工会换届选举大会在白晚班交接的时间进行，全部议程在两个小时内完成。

② 问卷问题是“您认为下一届的工会委员会，包括工会主席的选举通过哪种方式进行会更民主？”一共有三个选项，另外两个选项是“由会员代表选举”和“由工会委员会选举”。

③ 詹成付：《哪类选票更合适》，《乡镇论坛》2001 年第 11 期。

学者在总结分析具有代表性的选票样式的基础上，讨论了选票样式存在的不足和改进空间。[①] 尽管学界尚未开始关注和重视企业工会民主选举选票的研究，但在G区，随着民主选举的推进，选票的重要性已经被基层实践者发现和利用。这一点尤其体现在E企业工会对选票填写和计票规则的设计中（E企业工会选举选票详见图4）。

E企业第四届工会委员会委员及经费审查委员候选人选票

(按姓氏笔画为序)　　(工会委员)　　（经审委员）

您神圣的一票与自身利益密切相关，请慎重地选举。

序号	1	2	3	4	5	6	7	8
候选人姓名	WL	WYJ	ZL	ZL	XY	WF	CJ	CX
选举符号								
序号	9	10	11	12	13	14	其他	
候选人姓名	LO	HL	LP	XX	ZY	XP		
选举符号								

序号	3	2	其他
候选人姓名	WJ	HW	
选举符号			

说明：

1.同意该候选人的，在“选举符号”栏画“○”；不同意的画“×”；弃权的不画任何符号。

2.另选他人的，在“候选人姓名”空白栏写上另选人的姓名，并在“选举符号”栏画“○”，如不画“○”，作为无效票。

3.选票所选人数，工会委员等于或少于13人(应选的委员数)的为有效票，多于13人(应选的委员数)的为废票，经审委员等于或少于2人(应选的经审委员数)的为有效票，多于2人(应选的委员数)的为废票。

图4　E企业工会选举选票

尽管在实践中，几乎所有的选举投票，都会按规定设置专门的计票人和监票人，以确保投票结果的记录真实、公正，但是，不由计票人和监票人决定的选票统计方法会影响进而决定选举结果。选票的统计方法一般有两种：“正向”计算，即统计候选人的得票数；“反向”计算，即统计反对候选人的得票数。由于两家企业工会选举的投票规则均要求对同意和不同意的候选人进行标注，所以在一张选票上，会有两种意愿表达：同意和反对。虽然从表面上看，两种统计方式只是对一张选票的不同计算方法，但这两种计算方法却有可能会使一张选票产生不同的计票结果。在得票多者胜出的规则下，因为无法保证每张选票都能严格按要求对全部候选人做出标注，所以对一张没有完全做出标注的选票采用“正向”计算和“反向”计算，会产生不同的统计结果。例如，在有A、B、C三位候选人的选票上，需要差额选出两名委员，同意的打钩，不同意的打叉。有一张选票的

---

① 何俊志、朱忠壹：《村民委员会选举中的选票设计与民主质量》，《复旦学报（社会科学版）》2011年第2期。

画票结果是A被打钩，C被打叉，而B未被做任何标注。此选票按照“正向”计算方法，A得一票；按照“反向”计算方法，则C得一票，但在计算谁胜出的时候，需按正向得票数计算，结果是：“正向”计算方法是A得一票；“反向”计算方法是A、B各得一票（减去得反向票的C）。在这个规则下，B在无形中就多计算了一票。所以，当不完全画票的选票大量存在时，选票“反向”计算方法可能并没有如实反映投票者的选举意愿，但却能保证多数工人反对的候选人被选掉，而多数工人支持的候选人也能被选中（详见图5所示）。

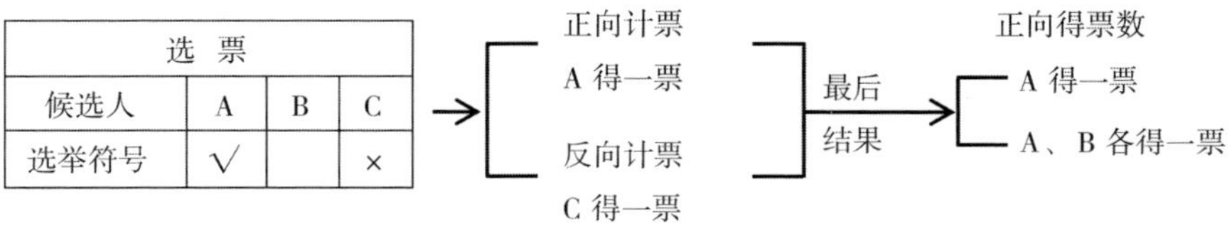

图5　两种计票方法的比较分析

两家企业工会选举中，E企业工会换届选举采用的是选票“反向”计算方法。E企业工会采用这种计票方法，并不是无意之举，而是“经过了精心设计”（E企业工会选举大会记录，编号：E-E-1410）。之所以如此，与E企业工会上一次换届选举的“难产”有关。在三年前E企业工会的换届选举大会上，由于票数过于分散，第一轮投票没能产生得票数达到法律规定的候选人，所以又进行了第二轮投票，并临时修改了选举规则，采用了“反向”计算方法。有了这次经历后，选票“反向”计算方法作为经验在E企业被延续下来。在E企业工会看来，“反向”计算选票方法既可以保证选出“合法”的新一届工会委员会委员，又能节省时间，而这也是E企业工会选举投票能够在2个小时内完成的主要原因之一。

（三）选举形式与竞争差异

出于实用主义考虑，比如为了节省时间和选出“合适”的人，E企业工会采用了会员代表间接选举形式，但这背后也有对选举公平的考虑。对于企业工会选举来说，部门同事和同乡是企业中最容易影响选举结果的两个群体。在E企业，有的部门有工人三四百人，而有的部门则只有几十人，如果采用不设候选人的直接选举，工人多的部门会出现较多候选人，大大提高该部门产生工会主席和委员的机会。E企业现任工会主席W，在2014年换届选举时是副主席，参与了换届选举的整个过程。在W主席看来，采用间接选举和设定每个部门候选人名额，可以防止部门利益或同乡利益影响选举。

我个人认为，员工选代表，代表选委员，委员选主席，这种方式比直接选举好……直选对员工少的科室不公平，人数越多的科室选举的权力就越大……间接选举就不一样了，工会委员会委员候选人涉及所有科室，不管人多人少至少都会有一个候选人名额……工人多的部门因为会员代表多，还是能影响委员的选举，但对工会主席的影响就不会那么明显，因为工会主席是由委员选举的。(E企业工会主席访谈，编号：I-E-W-1710)

尽管从形式上看，A企业工会换届选举采用直选形式是经过了问卷调查，由工人决定，但其实更与作为工会委员会换届筹备组组长的工会主席XD个人对民主选举的理解直接相关。在XD看来，不设候选人的全员直接选举最能体现民主，民主选举就是要实行“大民主”。

我从来都不认为选举应该有候选人，为什么要有候选人？候选人就是制定条条框框限制你嘛。每一位工会会员都可以选工会主席，实行全部员工直选，这才符合我们《宪法》和《工会法》的规定。通过会员代表选举工会主席和员工直接选举工会主席的差别就是，会员代表选工会主席并不能代表所有会员的意见，不能直接体现民主。我们要广泛的民主，要大民主。(A企业工会主席访谈，编号：I-A-XD-1406)

通常情况下，将直接选举和间接选举相比，人们普遍将直接选举与更加民主联系起来，但是让更多投票人的意志得到直接体现的直接选举，并不决定候选人参与选举的竞争程度，甚至竞争基础也不能决定选举的竞争程度，而竞争程度是职工参与选举的积极性或程度的重要体现。从候选人的产生方式和差额人数来看，A企业工会选举似乎比E企业工会选举更具有竞争基础。如表1所示，采用直选的A企业工会新一届工会委员会委员候选人产生的环节更直接，候选人的确定没有层层筛选和审批，候选人的差额人数也多于E企业工会的差额数。但是，在选举投票过程中，E企业工会新一届工会委员会委员候选人参与选举的竞争程度却远高于A企业工会新一届工会委员会委员候选人。

表1　两家企业工会选举的竞争基础比较

企业	候选人产生方式	差额人数
A	在预选环节，由海选产生	从13人中选11人，差额2人
E	由会员自荐和科室推荐产生，但要经过企业工会换届选举筹备组、党支部和上级工会的审核和批准	从14人中选13人，差额1人

候选人“竞选演说”是选举过程中最能体现竞争程度的环节之一，是让选民（会员或会员代表）了解候选人的竞选计划、目标和意愿的重要环节。在这一环节，A企业工会选举所表现出来的竞争程度明显低于E企业工会选举。

由于A企业工会采取直选方式，没有预先提名候选人，所以当第一轮预选候选人投票结束后，多数通过“海选”成为新一届工会委员会委员候选人的工人并未做好成为工会委员会委员以及做工会工作的准备。这一点直接体现在他们被选为候选人后集体“亮相”时的发言。①

LH：各位同事下午好，今天各位辛苦了，我是品质管理科LH，现在在技术系工作。很感谢大家能这么看重我，我也不知道为什么大家投了我这么多票，我也不知道现在要说什么了，所以还是希望以后的工作大家能够多支持和理解。谢谢。

① 当预选产生候选人之后，大会主持人要求候选人走上会场前台“亮相”，并进行限时一分钟的发言。起初，候选人并不知道发言要说什么，在主持人的多次提示下，各位候选人才勉强进行了非常简短的发言。其中，只有三位候选人的发言超过了一句话，但发言最多的候选人也没有超过三句话，其中包括上一届的工会主席，也就是换届选举大会的主持人。由于有一位候选人当天并未参加换届选举大会，所以实际在场的候选人是12人。

ZM：大家好，我叫 ZM，是一名班长，上一届（工会委员会）担任的是一个（会员）代表吧，希望大家……（没有继续说，而是把话筒递给了下一位候选人）

MY：大家下午好！我是品质管理科的 MY，大家都选我，我很意外，我还没这个心理准备，有点“赶鸭子上架”的感觉。千言万语吧，尽在不言中。谢谢！

XD：大家好！我是上一届工会主席 XD。非常感谢大家对我的信任，往后的工作，或者说我真的当选了新一届工会主席的话，我会继续努力，谢谢！（A 企业新一届工会委员会委员候选人演说记录，编号：E-A-1312）

由于此次发言是在第二轮选举投票前进行，且是候选人的唯一一次发言，所以可以被视为候选人进行“竞选演说”，为自己争取当选的一次机会，但是，除了上一届工会主席较清楚地表达了愿意当选的态度外，其余 11 位候选人均没有表达出争取当选的意愿。[①] 而且，包括上一届工会主席在内，所有候选人都没有提到对工会的任何看法或认识，更没有提及工作计划、目标等。如此简洁的候选人发言，很难认为全体会员在第二轮选举的投票选择是经过对候选人的了解和一番认真考虑的结果。从这方面来看，A 企业工会选举虽然具有较强的竞争基础，但选举过程并不存在实质性竞争或竞争程度很低，会员投票给谁并非基于对这位候选人能够胜任工会工作、维护工人合法权益的理性判断或预期。

E 企业新一届工会委员会委员候选人的“竞选演说”环节与 A 企业形成鲜明对比，全部候选人都做了充分准备，有人拿着演讲稿朗读，有人脱稿背诵，还有人以朗诵诗歌的形式吸引会员代表的关注。除了形式多样和充满激情外，在“竞选演说”的内容方面，E 企业新一届工会委员会委员候选人的发言也更加深刻和具体。例如，E 企业新一届工会委员会委员候

---

① 尽管在 A 企业的选举议程上，没有设立候选人“竞选演说”的环节，只有候选人自我介绍环节，但是从整个选举过程以及差额选举办法等方面来考虑，候选人的“亮相”和自我介绍实际发挥了一种“竞选演说、争取选票”的作用。

选人 WL 的演说：

我从 2007 年参加工会工作以后，干了很多年，也已经干出感情来了……在我眼里，工会就是建立和谐劳动关系和增强企业凝聚力，促进企业健康发展的必需和保证。企业工会就是为企业职工谋求切身利益的组织……如果大家选了我，我会用自己的行动来感谢大家，来回报大家。我会以维护职工的合法权益为己任，组织和动员全体员工开展各种有意义的文体活动，调动大家的积极性，做大家的“贴心人”，为大家说实话、办实事，真正让工会成为连接职工和公司的桥梁和纽带……请大家相信我，我会用行动证明我说的是真的。记住我，我是 1 号，我叫 WL，请把票投给我！（E 企业新一届工会委员会候选人演说记录，编号：E-E-1410）

相对于 A 企业工会新一届工会委员会委员候选人的发言，E 企业新一届工会委员会委员候选人的发言表现出了较高的竞争意识。大部分候选人的发言不仅介绍了自己对工会的认识、工作计划和工作目标等，而且还明确表达了争取当选的意愿。这就为会员代表投票提供了理性思考的空间和选择依据，提高了选票的价值。由此可以说，对于基层工会民主选举来说，由制度设定的竞争基础固然重要，但在实践中，候选人或会员的竞争性参与选举意识更能够决定选举的民主质量。

（四）基层工会组织的更替机制

民主选举通过更替当选者实现对组织或机构的重建。然而，通过一些民主选举重建基层工会组织却常常存在这样的矛盾心理：一方面鼓励工人将其支持的人选入工会组织，以增强工会的代表性；但另一方面又担心工人选出的人缺乏必要的能力和经验，无法胜任工会工作，甚至会“制造”劳资冲突。正是这种矛盾心理使得一些基层工会在确立候选人的过程中设置了审批环节，以确保民主选举选出“合适”的人，或至少排除“不合适”的人。这种矛盾心理实质上反映出中国基层工会的一个基本现状：是人而非制度对基层工会有效运作至关重要。也正因为如此，基层工会委员会委员的更替能够影响新一届工会委员会发挥作用的程度。

两家企业新一届工会委员会委员和上一届工会委员会委员的构成情况是：A 企业上一届工会主席、副主席均连任；E 企业上一届工会副主席被选为新一届工会主席，上一届工会委员会委员被选为新一届工会副主席。另外，在 A 企业工会和 E 企业工会的新一届工会委员会委员中，所有参选的上一届工会委员会委员全部当选。从上一届工会委员会委员与新一届工会委员会委员的关系来看，A 企业工会和 E 企业工会的换届表现出一定的工会组织延续性。

尽管都表现出延续性特征，但 A 企业工会和 E 企业工会所蕴含的基层工会组织更替机制并不相同。在前文对“竞选演说”环节的分析中，我们认识到尽管 A 企业具有较强的竞争性选举基础，但在选举过程中却并没有实质性竞争。在 A 企业工会选举过程中，由于上一届工会委员会委员两次向全体会员表明自己的工会委员会委员身份，[①] 所以会员将选票投给上一届工会委员会委员在一定程度上是对上一届工会委员会工作付出的认可，可以理解为会员对工会能够代表职工利益的一种承认，是对工会具有代表性的肯定。而这也印证了选举前 A 企业工会进行的全体会员问卷调查结果，会员对上一届工会工作给出“非常满意”和“满意”的比例超过 80%。因此，A 企业工会的延续性说明，在缺乏实质性竞争的情况下，由于无法获得候选人相关有效信息并进行理性思考和判断，会员会根据自己的经历或感受进行投票，而这种投票选择可能并非出于对候选人能够胜任工会工作的认可，也就是说工会运作的有效性并没有得到会员的肯定。[②] 其实，笔者通过长期调查和接触发现，无论是来自职工、上级工会、工联会以及企业行政方等各方的信息反馈，还是根据在集体协商等工会工作中

① 第一次，按照换届选举大会的议程，上一届工会主席需要向全体会员汇报本届工会工作情况，在这个过程中，工会主席要求上一届工会委员会委员全部走上前台，进行简短的工作总结或感想发言；第二次，在候选人上台“亮相”进行自我介绍的过程中，有候选人提到了自己是上一届工会委员会委员。

② 一个佐证是，在 A 企业工会换届选举大会投票现场，不止一位会员站起来质疑上一届工会主席的工作方法和能力。此外，还有会员质疑为什么工会要在换届选举工作筹备期间为每位会员发放物品等。

的表现判断，A 企业工会主席都是一个富有争议的工会主席。① 而且从后续发展来看，很难对 A 企业工会选举所体现出的“民主”延续性及其结果直接做出好与坏的判断，其充分展现了民主选举与工会有效运作之间的复杂关系。

与 A 企业工会相比，E 企业工会的组织更替更加“理想”。除了工会主席外，上一届工会委员会成员中只有一位委员因为不在国内没有参选，其他委员全部参选，并且都当选。在一些非公有制企业中，对于工人来说，工会像是一个熟悉的“陌生人”。尽管可能听说过，但却不知道它是做什么的，不了解工会如何开展工作。② 在这种情况下，新一届工会委员会中若有上一届工会委员会委员连任，会对新一届工会的正常运转起到重要的保障作用。尤其是当上一届的工会副主席当选为工会主席，而工会副主席也是上一届工会委员会委员时，这种保障作用会更加充分，工会运转会更加顺畅。因此，E 企业新一届工会委员会换届选举结果得到了上级工会的肯定。

你们这个（选举结果）非常符合我们工会组织的人才梯队建设（要求），上一届主席不参选了，选举了副主席做主席。(JG 的发言。E 企业工会选举大会记录，编号：E-E-1410)

这种渐进的组织更替既能使新一届工会委员会继承上一届工会委员会的工作方法与经验，又能保证工会工作具有连贯性，使长期的工会组织建设和制度建设成为可能，不但有利于新一届工会委员会有效发挥作用，而且还能够赢得工人的持久支持，实现工会对工人团结的凝聚。

---

① 企业换过三位人力资源部长和这位工会主席打交道，但始终没有实现工会和行政方的和谐相处。

② 一个典型的例子是 2010 年南海本田发生工人集体停工事件，有工人代表在听说工会是代表和维护工人合法权益的组织之后，才开始上网查询工会是什么等相关信息，而在此次停工发生之前，南海本田工会已经成立和运转了多年。（南海本田工人访谈，编号：I-HD-FW-1506）

五、内生型选举发生的重要基础：民主实践场域

更进一步来说，以 A 企业和 E 企业工会选举为典型代表的内生型选举，揭示出中国基层工会选举背后的一个基本问题：为什么在相同制度下，有的基层工会选举表现出持续的内生民主发展，而有的基层工会选举却连基本的民主化操作都难以启动？此问题直接涉及中国基层工会有效运作的空间构成，是基层工会选举民主化发展或内生型选举发生的基础。

作为中国工会多重身份的微观呈现，基层工会在工人、企业和上级工会等构成的空间中运作，需要应对与各方主体之间的复杂关系。在这个空间中，制度规则和各行动主体及相互关系，构成了法国社会学家布迪厄（Pierre Bourdieu）所说的场域（field）。[①] 场域是一种充满力量和斗争的社会关系系统，或者说是具有自主性的多维社会空间，其基本因素“是多面向的社会关系网络”。[②] 依照布迪厄的场域概念，“社会现实既包括行动也包括结构，以及由二者相互作用所产生的历史，而这些社会现实的材料则存在于行动与结构的关系之中”。[③] 中国的基层工会正在这样一个包含行动和结构的社会空间中运行。企业工会在由多个主体及其相互关系组成的场域中运作，其中充满了不同行动者的各种策略运用，目的是“维续或变更场域中这些力量的构型”或“保证或改善它们在场域中的位置”。[④] A 企业和 E 企业的工会民主选举，在重塑工会合法性的同时，改变了工会的力量及其在基层民主实践场域中的位置。基层民主实践场域构成了工会内生型选举发生的重要基础，使基层工会独立自主进行选举成为可能，其至少包括工会民主运作的动力来源、自主空间的形成和独立运作的重要条件有三

① ［法］皮埃尔·布迪厄、［美］华康德：《实践与反思：反思社会学导引》，李猛、李康译，邓正来校，北京：中央编译出版社，1998 年。

② 高宣扬：《布迪厄的社会理论》，上海：同济大学出版社，2004 年。

③ 宫留记：《布迪厄的社会实践理论》，郑州：河南大学出版社，2009 年。

④ ［法］皮埃尔·布迪厄、［美］华康德：《实践与反思：反思社会学导引》，李猛、李康译，邓正来校，北京：中央编译出版社，1998 年。

个方面内容。

（一）民主化运作动力来源：工人团结

A 企业工会和 E 企业工会在第一届工会委员会时期，都不同程度地存在工会运作“空壳化”问题。两家企业的第一届工会委员会都是在 G 区总工会的推动下成立的，并取得了企业资方的同意和支持。但是，尽管企业工会的组建过程合法合规，由于受资方影响较大，两家企业的工会主席均为企业行政管理人员。这种建会方式的弊端在 2010 年夏季的“停工潮”中充分暴露，企业工会得不到工人信任，甚至被工人“抛弃”，表现出了“双重失效”。[①] 尽管 A 企业工会和 E 企业工会最初的组建方式是自上而下，但本文分析的两家企业的新一届工会委员会选举已经具有了较高的民主程度，其发生的动力已经转化为工人推动。更准确地说，两家企业工会选举实现民主化转变的动力来自由工人运动塑造的工人团结。经历过 2010 年夏季的集体停工，工人对工会有了更加全面和深刻的认识，在坚持选出属于自己的工会组织方面表现出了团结意识和行动力。工人团结发展了工人民主选举工会的权利意识，因此在 2010 年之后的新一届工会委员会选举中，两家企业具有行政背景的工会主席均被工人“选了下来”。甚至在 A 企业工会换届选举中，还发生了工人与企业行政方的直接“较量”。最终，具有强烈权利意识的工人以选票为“武器”，通过投票行动，打破并从此改变了企业行政方对选举的习惯性干预，选举普通工人成为工会主席。[②] 从 A 企业工会和 E 企业工会的选举演进过程中可以看出，工人团结实现了

---

① 杨涛：《基层工会有效运作经验探析：对广州 G 区汽配企业工会的考察》，《中国劳动关系学院学报》2016 年第 5 期。

② 在 A 企业工会 2011 年第二届换届选举大会上，会员代表将一名普通工人选为工会主席，但企业行政方认为这位普通工人不适合做工会主席，反对选举结果。后来，经过上级工会调解，A 企业工会重新召开换届选举大会，最终这位普通工人获得了比第一次投票更多的选票，当选为工会主席。按照这位工会主席所说，在换届选举开始阶段，很多工人并不知道他是谁，也不想选他，但当知道了资方干预选举，不同意一位普通工人做工会主席后，在第二次投票中，工人就把票都投给了他，支持他做工会主席。（A 企业工会主席访谈，编号：I-A-XD-1310）

对一些企业存在的“空壳工会”的基础性改造，选举过程实现了民主化运作，甚至是实现“先组建、后规范”的重要路径之一。

（二）自主空间的形成：上级工会的身份边界意识

作为国务院首批批准成立的国家级开发区，外资企业是G区的主要企业类型，而且外来劳动者众多。面对复杂的劳动关系，在维护工人合法权益方面，G区总工会的探索创新和经验做法受到全总、广东省委省政府和广州市委市政府的多次肯定。例如，2005年被人事部、全总评为“全国工会系统先进集体”（广东省唯一获评的工会组织），2003年被广东省总工会评为广东省“十佳区（县）工会”，并曾连续11年获得广州市总工会“模范达标单位”等荣誉。[①] 此外，在每年一次的全国经济特区开发区工会工作会议上，G区总工会提交的参会论文连续13年被大会评为一等奖。在日常工作中的主动探索和经验积累，使G区总工会在2010年夏季“停工潮”发生时，能够抓住机会，充分利用既有运作空间，在有效处理停工事件的同时，顺势推动各项劳动制度实质性展开，例如成立行业工会联合会、激活集体协商制度等。在促进基层工会选举民主化发展的过程中，G区总工会有着明晰的身份边界意识，只提供外部指导帮助，不干预具体活动，充分给予基层工会自主运作的空间。而这种不干预首先来自G区总工会对民主选举作用的理解。在谈到对民主选举的看法时，JG认为：

民主选举对工会来说是非常重要的，只要是民主选举的工会肯定能运作起来，在履行职责方面和发挥功能作用方面肯定是有用的。（JG的发言。G区汽配工联会会议记录，编号：F-1409）

在处理职工民主选举和上级工会发挥领导作用之间的关系时，G区总工会同样表现出清晰的身份边界意识。在一家汽配企业工会换届选举时，由于选举出的委员数没有达到预先规定的人数，需要进行再次投票。当该企业工会换届选举筹备组组长就再次投票的候选人设置、投票规则等，询

---

① 广州G区总工会编：《和谐的发展：献给改革开放三十周年》，内部资料，2008年。

问在现场的G区总工会干部时，该干部建议企业工会拿出几个方案让会员代表决定，并帮助制定投票方案。当选举结束后，该干部在代表G区总工会讲话时提到：

基层工会的最高权力机关是会员大会以及今天由在座的各位组成的会员代表大会。会员代表大会通过的一切决议都具有我们（基层工会）的最高权力属性，只要是不违背法律法规的决议，包括我们上级工会都无法进行更改。（G区总工会干部的讲话。I企业工会选举大会记录，编号：E-I-1411）

此外，争取到达基层工会换届选举大会现场，也是G区总工会保障基层工会选举独立自主展开的重要经验之一。在具体实践中，基层工会的运作往往更容易受到企业行政方的干预，尤其是在选举投票过程中。而上级工会派干部出席企业工会换届选举大会的行为，向企业行政方明确表达了上级工会对企业工会民主选举的支持，使企业行政方不敢轻易干涉投票过程，无形中也为企业工会之后开展工作提供了支持。

（三）独立运作的重要条件：企业资方的支持

企业资方是构成企业工会运作空间的重要行动者，其对工会的态度（积极支持或消极抵触）决定了企业工会日常工作能否顺利开展，直接影响工会能否实现对工人合法权益的有效保护。本文研究的A企业工会和E企业工会新一届工会委员会选举之所以能够实现较高程度的民主化，与企业资方对工会工作的支持有直接关系。这种支持的产生主要受两方面影响：一是日本企业文化；二是对工人集体行动的担忧。

由于具有日资背景，A企业和E企业以及G区其他汽配企业的总经理基本都是日本人，而且公司的高层领导也以日本人居多。这些被日本总公司派来中国的总经理和高层领导在日本几乎都有和工会打交道的经历，或者知道应该怎样与工会相处，所以比较容易接受中国工会，并对企业资方与工会建立关系有着积极的态度。对此，G区一家汽配企业总经理的看法具有一定代表性：

公司经营层和工会是一辆车的两边轮子。大家都知道，车两边的轮子，即使一边轮子的力量再强，如果能力不均衡的话，车也是没有办法向前走的。所以希望两边轮子向一个方向一致地努力。（G 企业总经理在工会换届选举大会上的发言，编号：E-G-1410）

企业资方对工会工作的积极认识，使企业资方不干涉工会委员会民主选举成为可能，并将工会工作视为构建和谐劳动关系的重要途径。在 G 区的非公有制企业中，根据 G 区总工会的判断，日资企业生产经营规范程度较高，如 JG 在汽配工联会例会上发言时提到：

（我们区）搞集体协商的企业，绝大部分在日资企业，日资企业绝大部分在汽配企业。在日资企业干工会真的是不错的，行政上还是支持工会工作的，不为难工会。（在工会）经费上不克扣，依法依规办。（G 区总工会 JG 的发言，编号：F-1501）

但是，从上文提到的 A 企业工会和 E 企业工会的选举发展历史可以知道，企业资方对工会工作的支持或对工会选举的不干预并非全部源自资方的自觉，背后还有工人集体行动所形成的劳工力量的抗争。外资企业的企业文化和管理方式等并不一定能够做到在本国和投资国完全一样，往往存在着本土化过程，其中包括对待工人和工会的态度与方式等。此外，日本总经理的定期轮换，增加了企业资方对工会工作和劳资关系态度的不确定性。在 A 企业和 E 企业的第一届工会委员会组建选举中，企业行政方均涉嫌通过安排行政管理人员做工会主席来操控工会。但是，2010 年之后，新调任的日本籍总经理表现出了对工会的尊重和重视，这为工会工作的顺利开展提供了基础。如果说 2010 年夏季的“停工潮”扭转了企业资方对工会的基本态度，工会开始进入独立运作路径，那么 2010 年之后工会的合法性不断增强，实质性提升了工会在企业中的地位，进一步巩固了工会的主体地位及其与企业资方的良性互动。

六、结论与研究反思

中国基层工会民主选举的重要性需要研究者将其放置于实现中国工会

有效运作的过程中来呈现、分析和理解。民主选举是提升基层工会合法性的重要路径，也是中国工会解决脱离职工群众、增强基层工会力量的重要方案。工会民主选举在中国并不是新现象，早在1949年新中国成立时，时任全总副主席的李立三就提出过基层工会民主选举的发展问题，但由于李立三被错误批判，基层工会民主选举制度和实践在当时并未取得突破。然而，作为中国工会一直在探索的一项重要工作，基层工会民主选举的进程并未停止。后来，随着一系列基层工会选举法律法规的陆续颁布实施，民主选举实践逐渐在基层有序推进，一些具有重要意义的探索不断发生。如果从民主选举的角度来看，美国沃尔玛公司（WalMart Inc.）全球第一家门店工会的建立，展现的正是中国工会如何通过基层民主“征服”向来排斥工会的强大跨国资本，是中国工会基层民主选举的一次重要发展。在具体实践中，基层工会选举类型多样，由于职工参与程度参差不齐和存在不同程度的党政介入，中国工会基层民主选举更多时候是海外劳工研究的批判对象，而且受到种种“限制”或“约束”的直选也并不被看好。[①] 但是，近些年，以A企业和E企业的新一届工会委员会选举为典型代表的基层工会内生型选举的持续发展表明，中国工会基层民主选举的动力来源，除了研究者已经分析到的党政要求、上级工会推动和外部力量介入之外，工人团结也是重要构成。这种动力演变带来了中国工会基层民主选举发展路径和工会运作逻辑的转变，与研究者习惯性从上而下审视基层工会民主未来发展形成对比，挑战了既有研究或乐观或悲观的各种判断和预测。由工人团结驱动的内生型选举，增强了基层工会的合法性，其过程充满了对选举制度规则的灵活运用和对选举实践经验的学习，表现出了基层工会具有的能动性。直选被诸多研究者认为是民主选举实践的最佳形式，然而本文对内生型选举的分析表明，与选举形式相比，职工参与的竞争程度更能影响选举的民主效果。其实，全面了解中国基层工会选举情况可以得知，

---

① Jude Howell：《中国工会改革面临的挑战：工会干部直选及其经验教训》，赵明华、赵炜、范璐璐主编：《中国劳动者维权问题研究：中国工会法60年与劳动法15年》，北京：社会科学文献出版社，2011年。

无论是在实践中，还是在制度规定中，基层工会选举强调的都是民主选举，而非直选。[①] 内生型选举发生的重要基础是基层民主实践场域的形成，包含工人、各级工会和企业等多个主体及其关系。内生型选举改变了基层工会在这个场域中的力量和位置，以及各主体间的关系。能否形成基层民主实践场域对工会内生型选举的产生和发展至关重要，直接关系着选举的民主程度和效果。

A 企业和 E 企业的工会换届选举表明了中国工会基层民主选举实践在不断演进。无论研究者对中国工会基层民主选举或中国工会的发展有着怎样的期待或担忧，工人和基层工会总能实践出“预料之外”的结果。而这就要求研究者能够对中国基层工会选举以及中国工会运作进行更加微观具体的观察和分析。只有这样，研究者才能发现相同制度结构下不同行为的细微差别及其重要意义。正如本文的分析，尽管都是基层民主选举，但是两个案例之间却存在着较大差异。这些差异不但影响了民主选举的质量，而且直接影响工会在日常工作中的作用发挥。对造成差异的原因和机制进行分析，可以帮助我们突破传统研究从制度性、结构性条件和约束切入分析中国工会基层选举的僵化思路，发现由“能动的”基层工会产生的各种实践。中国工会基层民主选举研究，需要把基层工会放在研究的中心位置，将工会选举本身视为一个自成系统的研究对象，细致刻画选举过程中的各种错综复杂场景，[②] 然后分析、归纳和总结其中蕴含的因果联系和机制。只有这样，研究者才能深入了解和洞察中国工会选举的发展现状与未来趋势，揭示深层次运作机制，从而准确理解中国工会及其民主选举的发生与发展。这是中国工会实践探索对理论研究提出的更高要求，是中国工会选举研究和中国工会研究实现重要理论突破的必经过程，是深入理解和阐释中国特色社会主义工会发展道路的必然要求。

---

① 周驷耕：《基层工会民主选举的实践性思考》，《中国工人》2013 年第 6 期。

② 例如林乐峰：《基层工会改革下的博弈：一个社会学个案的考察》，《清华社会学评论》（第 13 辑），2020 年。

The Endogenous Evolution of Grass-roots Trade Union Democratic Election in China: Empirical analysis based on the practice of Pearl River Delta

Tao Yang

Abstract: China trade union has the persistent problem of how to keep close contact with the workers, when it is embedded in the state construction system of CPC. As one of the important ways to reshape the legitimacy of grass-roots trade union, democratic election has become an important solution to this problem. According to the participation degree of workers and the involvement degree of the party and state power, the election practice of China's grass-roots trade union can be divided into four basic types: appointment election, indicator-based election, interventional election and endogenous election. Among them, in recent years, some enterprises unions in the Pearl River Delta continue to carry out endogenous election, which is a typical representative of the recent development of grassroots trade union democratic election in China. Through case comparison and analysis, this paper has the following findings: In the process of endogenous election, the enterprise trade union driven by workers' solidarity has strong agency, and the election process is full of flexible application of institutional rules and experience learning; Compared with the form of election, the degree of competition that workers participate in the election has influence on the democratic effect of election much more; Endogenous election can realize the gradual replacement of the grass-roots trade union organization, the accumulation of working methods and experience of the grass-roots trade union, and make the construction of grass-roots trade union organization and system more continuity; The field of democratic practice is an important basis for endogenous elections of grass-roots trade union.

Key Words: Endogenous election; Grass-roots trade union; Agency; The field of democratic practice

稿 约

《中国劳动研究》由中国工人出版社主办，聚焦我国劳动领域的前沿变化，关注劳动关系理论和应用研究的发展，倡导推进多学科交叉的学术争鸣，通过设置专题、劳动研究、工会研究等栏目，汇聚具有原创性、创新性、前瞻性和理论深度的研究成果，凸显对劳动者权益维护的理论关怀。现诚挚向海内外学界征集原创性稿件。稿件基本要求：

1. 来稿主题须与中国劳动议题相关。

2. 稿件篇幅 15000-30000 字，鼓励作者围绕一个问题或一个议题进行长篇细致讨论。

3. 稿件需符合学术写作规范和学术道德规范，论文重合度检测在 10%以下。

4. 本刊设有匿名评审程序，审稿周期为 1 个月。

本刊发稿不收取任何费用，辑录稿件将加入中国知网并发放稿酬。来稿请发送至：chinalaborreview@ sina. com.

《中国劳动研究》编辑部

2021 年 8 月